정신분석과 문화연구센터
무의식의 저널
Umbr(a)

충동의 몽타주

: 충동에 관한 18개의 텍스트

– 자크 라깡의 충동이론

정신분석과 문화연구센터

무의식의 저널

Umbr(a)

자크 라깡의 충동이론

충동의 몽타주

: 충동에 관한 18개의 텍스트

슬라보예 지젝/자크 데리다 외 지음

강수영 옮김

인간사랑

Umbr(a): A Journal of the Unconscious, On the Drive, No. 1(1997)

차례

역자 서문

'하늘은 스스로 돕는 자를 돕는다.'

열심히 노력하면 하늘이 그 뜻을 알고 도와줄 것이라는 의미다. 성실하고 노력하는 자에겐 천운도 따르리라는 기원을 담고 있다고도 할 수 있다. 여기서 하늘은 종교적 신을 지칭할 것이지만, 제도종교와 무관하게 하늘신이라는 세상의 이치와 섭리를 관장하는 존재를 가리킬 수도 있다. 정신분석이론에 익숙한 사람이라면 '하늘'의 자리에 '충동'을 대신해도 문제가 없으리라. 하늘을 충동으로 바꿔놓으면 스스로 돕는다는 표현도 새로운 문맥을 얻게 된다.

이 책에 수록된 논문의 몇몇 필자들이 해석하는 바, 정신분석의 충동이론에 개념분석의 토대를 제공한 원텍스트라 할 수 있는 프로이트의 논문「충동과 그 변이」의 독일어 원제를 어원적으로 풀면 '충동과 그에 따른 운명'이라는 뜻이 된다. 충동이 이끄는 대로 따라갈 때 생기는 온갖 변형들로 구축된 운명의 길이 바로 인간주체가 자신의 부여받은 생명을 다해가며 살아가는 인생의 궤적이란 의미이다.

성공과 행복의 신기루를 좇으며 "자본주의의 슬픈 진실"(다니엘 콜린스)로 살아가는 우리들은 충동이 지금 이 시간에도 우리에게 제공하는 '만족'을 깨닫지 못한다. 라깡과 밀러는 주체는 언제나 행복할 뿐 아니라 그 만족도가 너무도 큰 나머지 불편하고 불만을 느낄 지경에 이르기도 한다고 했다. 인간주체가 매번 충동을 통해 만족을 경험하고 있다면 왜 여전히 우리는 더 불행하고 고통을 겪으며 행복하지 않다고 말하는가?

우리는 '빗금 친'(소외된) 주체이다. 각자의 자아이상이 아무리 멀끔하고 완벽해보여도 그건 욕망을 작동시키는 환상 속의 이미지일 뿐, 우리 존재가 거하는 실존의 매트릭스에서 우리 모두는 소외되어 있다. 다만 그 소외의 실재를 가리기 위해 엉성하게 기운 환상의 옷을 걸쳐입고 있을 뿐이다. 인간이 옷을 입지 않을 수 없는 것처럼 환상 역시 필요불가결한데, 이 환상의 옷 아래로 충동이 작동한다.

이제 여기 18개의 충동에 관한 몽타주가 있다. 충동이라는 단 하나의 개념으로 다수의 논자들이 글을 쓰고 한 권의 책으로 묶어내는 일은 우리에게 흔치않은 기회를 제공한다. 누구든 충동에 관한 이 18개의 에세이를 읽고 나면 우리 몸에서 작동하는 충동이라는 기묘한 현상이 있다는 사실을 이해하게 될 것이다. 그것이 무엇인지 당장은 꼭 집어내어 말할 수 없을지 몰라도 막연하게나마 우리는 느낄 수 있다. 매순간 지속적으로 꾸준하게 포기하지 않고, 주체의 의식적 통제와 부인에도 불구하고 주체를 압박하는 그 무엇인가를.

인간주체로서 우리에게 충동은 필연이다. 내 안의 뭔가, 내 욕망을 지속적으로 방해하는 그것, 그 필연적 기표가 있다. 나를 대타자와의 불완전한 결속으로부터 떼어내어 다른 운명의 길을 가게 해줄 그 무엇을 통해 나는 특별하고 고유한 존재가 된다. 내가 '나'로서의 참다움을 유지하는 것은 다른 무엇[학벌, 가문, 재력 등]이 아니라 충동과 주이상스에 기원한다. 하지만 모두가 충동이 제시하는 운명을 따르지는 않는다. 그건 당연하게도 각자의 선택에 달린 문제이기 때문이다.

폴란드에 사는 베로니카는 천상의 목소리를 타고 난 성악가 지망생이다. 재능을 인정받아 콘서트의 독창자로 발탁되지만 공연 도중 쓰러져 사망한다. 프랑스의 베로니카는 우연히 방문한 폴란드에서 도플갱어와 조우하게 되고 그 후 재능을 좇아 전문음악가의 길을 가기보다는 평범한 인생을 택한 뒤 노쇠한 아버지의 집으로 돌아간다. 이 이야기는 폴란드 출신 영화감독 크쥐시토프 키에슬로프스키가 1991년에 만든 아름다운 영화 〈베로니카의 이중인생〉이다. 폴란드 베로니카의 죽음은 정신분석의 충동이 죽음충동이라는 정식을 예시한다. 베로니카는 무대 위에서 타고난 자신의 목소리를 최대한으로 뽑아 성스러운 노래를 부르다가 죽는다. 그녀의 고유한 존재가 절정에 달한 바로 그 순간은 그녀의 실존에는 치명적이었지만 그럼에도 불구하고 베로니카는 그 운명에 충실했다. 프랑스의 베로니카가 선택한 삶은 지젝의 표현을 따르면 '윤리적 배신'에 해당한다. 정신분석에서 윤리란 도덕적 판단과 전혀 다른 것으로서, 주체가 자신의 고유한 존재에 충실했는가, 혹은 이 책의 언어로 말한다면 충동이 이끄는 길을 따랐는가의 여부에 따라 결정된다. 여기서 어떤 삶의 행로를 선택하는가는 다시 한 번 전적으로 개인주체의 몫이다.

무덤 안 어둑한 곳에 천으로 목을 묶어 매달린 채 죽어간 안티고네는 라깡에 의하면 죽음충동의 화신이다. 이런 안티고네의 고집스런 의지를 그녀의 여자형제 이스메네는 '으스스하다'고 표현했다. 소포클레스의 비극『안티고네』에 등장하는 두 여인의 운명은 이처럼 달랐다. 오빠의 시신을 매장하기 위해 절대권위 왕의 명령을 어기는 일을 주저없이 행한 안티고네와 절대 절명 위기의 시대에 몸을 낮추고 왕의 법령에 충실히 따르기로 선택한 이스메네는 영화 속 두 명의 베로니카가 각각 선택한 운명의 고전적 판본이다. 폴란드 베로니카와 안티고네의 이야기가 전해주는 것처럼 충동의 길은 21세기 초 자본의 지평에 어른거리는 성공과 행복의 이미지와는 판이하다. 어쩌면 우리는 프랑스 베로니카와 이스메네가 택한 선택지가 우리를 안전하게 성공과 행복으로 이끌 것이라고 믿고 살아가는지도 모른다.

당신과 나의 기표는 $이다. 이 빗금 친 주체 기호 $를 파일에 입력시키기 위해 컴퓨터 자판에서 '달러' 표시를 찾아서 누른다. '빗금 친' 주체인 우리는 이렇게 자본주의의 낙인을 달고 살아간다. '빗금 친' 주체는 소위 '정상인'이라고 부르는 존재를 가리키며, 이 상징계 내에서 인간이 존재하는 불가피한 형식이다. 주체에 균열을 낸 이 빗금을 없애기란 불가능한 기획이다. 상징계 너머에서 주이상스는 폭력적인 공포를 자아내며 우리를 공격해 들어오기 때문에 서둘러 기표와 환상으로 방어벽을 쌓아야 한다. 우리는 매 순간 주이상스의 공격으로부터 안전하게 자신을 보호하려고 애쓰며 살아간다. 완전한 주이상스, 즉 완벽한 행복이란 불가능하며 초자아는 절대 제거되지 않는다. 다만 부분적으로 우리 몸에 장착된 충동의 파편들을 통해 우리는 다른 종류의 주체 시나리오를 쓸 가능성이 있다. 아주 불가능한 것만은 아닌 이 충동의 윤리를 따라갈 때 어떤 운명이 기다릴지는 그 누구도 장담할 수 없고 어떤 미래도 기약할 수 없다.

데리다의 위트가 전해주는 메시지에 따르면 어떤 선택을 하더라도 '끝'은 언제나 좋지 않다. 섬광처럼 화려한 불꽃으로 터져 나와 스러져 가는 안티고네와 같은 존재가 된다면 그 '나쁜' 끝을 조금 더 앞당기게 될 것이고, 안티고네와 정반대의 길을 선택한 이스메네 혹은 프랑스의 베로니카가 택한 길로 향한다고 해도 그 끝이 찾아오는 시간이 조금 늦추어질 뿐이다. 다만 하늘은 스스로 돕는 자를 도울 것이고 충동은 변함없이 환상의 헐거운 솔기를 통해 만족의 회전운동을 지속할 것이므로 자본의 신기루를 향해 쳇바퀴를 돌리면서도 우리는 늘 '행복'하다.

충동은 언제나 존재한다. 우리의 의식 여부와 무관하고, 만족의 대상도 가려 고르지 않은 채 지속적으로 주체를 압박한다. 충동은 우리 몸 안에 남은 유아시절 모성과의 일체감을 통해서 경험한 쾌락의 흔적으로서 모성의 목소리와 시선, 손길과 품, 그리고 그녀의 몸에 달린 젖꼭지를 빨던 저 원시적 경험은 사라지기는커녕 우리 몸 곳곳에 파편적으로 흩어져 남아있다.

엄지손가락을 쉴 새 없이 빨아대는 이유기를 훌쩍 넘어선 꼬마아이, 흰 종이 위에 물감을 뿌려대는 노회한 화가, 속도를 높여 달려가는 자동차에서 환각에 빠지는 중독자들의 몸, 혹은 질 좋은 스테이크를 와인을 곁들여 먹고 난 뒤 이어지는 대화를 끝낼 줄 모르는 사교클럽의 신사숙녀들 사이에 충동이 있다. 어린 아들을 잃고 상심한 아버지의 꿈에서, 갓 태어난 어린 아들이 아내의 젖꼭지를 빠는 모습을 보고 질투를 느끼는 새내기 아버지의 복잡한 심정에서 충동은 소리 없이 계속 작동한다.

종이 위에서 연필을 떼지 않고 사물을 그려보라. 어느 지점에선가 연필을 멈추고 '점프'를 해야 한다. 그래야 그림이 완성된다. 연필을 한 획으로 계속 이어나간 듯이 그린 것처럼 보이는 완성된 그림은 환상이다. 연필로 그린 밑그림은 여기 저기 일어난 단락을 덧칠하고 덧대어야 그럴듯한 그림으로 완성된다. 연필선의 점프와 단락에 충동이 있다. 일단 시작한 인생의 그림을 완성하려 한다면 누구나 충동을 감당해야 한다. 완성으로 향해가는 욕망의 운동은 충동이 일으키는 단절, 파편화, 단락과 균열, 브레이크다운을 해결하며 나아간다.

사회가 제시하는 말끔한 플랜을 마다하고 제 길을 더듬거리며 찾아 나서는 사람들은 우리 주변에 편재한다. 그저 눈에 띄지 않을 뿐이다. '자세히 봐야 보인다.' 모두가 안티고네처럼 충동의 광채를 뿜거나 베로니카처럼 자신의 재능에 목숨을 제물로 바쳐야 하는 것은 아니다. 다만 자본주의적 주인담론 안에서 소외된 주체로 살아남기 위해 기를 쓸 필요가 없다는 사실만 명심하자. 충동을 기억하고 말하라는 정신분석의 명령은 저 높은 곳에 실체로서의 일자를 놓아두는 대신 각자 내면의 충동을 '하늘'로 삼아 자기만의 고유한 운명을 따라가 보라는 제언이다.

여기 수록된 18개의 몽타주를 하나씩 끼워 맞추고 나면 오래 전 당신에게 보내졌으나 잊어버리고 있던 (혹은 도둑맞은) 편지 한 통을 받게 될 지도 모른다. 편지에 담긴 낯설지만 매우 친밀한 충동의 속삭임에 잠시 당신을 놓아두기를.

편집자의 말

충동을 말하다

"충동에 관해서 누가 좀 참신하게 말했나?"

이번『엄브라』는 충동에 관한 특별호[1]이다. 마감 무렵 관계자 한 사람이 위 질문을 툭 하고 던졌다. 아무도 선뜻 대답하지 못했다. 어떤 혁명적이고 획기적인 말을 누군가 했던가? 지금까지 무용지물이었던 충동의 개념을 혁신시킬 뭔가를 누군가 말했던가?

그렇지 못했다. 충동에 관해서 누구도 새로운 발언을 하지 않았다. 그래도 이 특별호를 만들려고 함께 애쓴 일 자체는 의미 있었다. 이번

『엄브라』 특별호가 충동에 관한 최초의 논문모음집이라는 사실만큼은 장담할 수 있다.

정작 물어야 할 질문은 왜 지금까지 이런 책이 나오지 않았는가이다.

충동은 늘 우리 곁에 있다. 돌진하는 소 떼, 달려가는 자동차, 몰아치는 비바람에 대해 우리는 종종 충동을 말한다. 그렇지만 어쩐지 충동이란 낱말이 인간에게 적용되기만 하면 비유로 변한다.[2] 사전에서 찾아보면 충동과의 관련성이 상당히 취약한 동의어, 가령 '경향' '성향' '자극' 등만 적혀있을 뿐이다.

20세기가 시작되었을 때 충동에 관한 이 애매하고 비유적인 개념이 심리학에서, 특히 정신분석의 어휘로 등장했다. 새로운 용어를 소개하기는 쉽다. 어떤 행위 x가 'x를 향한 충동'의 결과로 기술될 수 있다. 이와 같은 일반적인 명명법의 체계 속에서 충동이 양산되어 왔다.

프로이트는 충동을 둘러싼 이런 상황이 탐탁치 않았다. 1915년 프로이트는 이 무한히 양산되는 충동에 관한 담론을 끝내려는 목적으로 「충동과 그 변이*Triebe und triebschicksale*」를 출간했다.[3] 그는 충동이 개념이 되어야 한다고 주장했다.

어쩌면 일이 잘 풀려 갔을 수도 있었다. 프로이트가 자신의 추종자들이 겪는 혼란을 정리하려고 시도했던 것이 이번이 처음은 아니었다. 1920년 그는 충동의 개념을 죽음과 연결시킨다. 죽음과 충동을 과감히 연결시켜서 만든 '죽음을 향한 충동'이라는 그의 개념은 저항과 거부를 낳게 되었고 급기야 무관심의 외양을 띤 공분을 야기했다. 프로이트의 후학들은 충동을 잊지는 않았지만, 다른 용도로 사용하려 했다. 프로이트가 육체와 정신을 연결하는 경계 개념으로 처음 발표했던 내용이 정신분석에 진정한 과학의 위엄을 부여해줄 수 있는 것으로 한동안 동원되는 듯했다. 페니첼[4]을 읽어보라. 브레너[5]를 읽어보라. 충동 개념에서 정신분석의 단단한 생물학적 토대가 될 희망을 보았던 정신분석의 세대를 아무나 골라 읽어보라. 그 와중에도 충동은 늘 그렇듯이 아무 말 없이 계속 작동해왔다. 프로이트와 죽음충동의 개념은 공포로 가득했던 한 세기의 사건들을 통해서 그 정당성을 입증 받게 된다.

"충동에 관해서 누가 좀 참신하게 말했나?"

이 질문 대신 정신분석이라는 부족에 속하는 사람이라면 「충동과 그 변이」의 첫 문단에 담긴 경고를 신중하게 받아들였는지를 묻는 게 더 맞을지 모른다. 정신분석을 과학에 칭칭 동여매어 묶어두려는 시도는 프로이트가 경고했던 바로 그 실수에 다름 아니다.[6] 경험적 탐색이라는 좀 더 정확한 방법론을 통해서 포획될 때까지 언어의 저편에서 웅크리고 있는 동물적 사실이라고 충동을 가정한다면 우리도 예의 그 실수를 저지르는 게 아닌가? 우리의 과제는 충동에 관해 발언하는 행위를 통해서 충동에 목소리를 부여하고 귀 기울이는 일이다. 충동은 누군가 "충동에 대해 누가 좀 참신하게 말했나?"라고 묻는 바로 그 순간 우리와 가장 가까운 곳에 있다.

오늘날 누가 충동에 대해 말하는가? 충동이라는 이름을 함께 공유하고 있는 대중심리학적 개념으로부터 프로이트의 충동개념을 떼어내어 자유롭게 해주려는 몇몇 인내력 있는 독자들을 제외하곤 아무도 언급하지 않는다. 이번 호에서 그 몇 안 되는 이들 중 소수의 작업을 제시하게 되어 기쁘다.

"충동에 대해 누가 좀 참신하게 말했나?"

그렇다. 이번 호에 수록된 글들의 저자들은 충동에 대해 뭔가 새로운 것을 말했다. 그들의 '말하기'가 충동 주위로 어떤 회로를 만들었다는 의미에서 그렇다. 그 회로는 매번 뭔가 새롭게 말하는 행위의 주변을 돈다. 우리가 충동 자체를 대상으로 만들 때 바로 이 회전운동이 시작된다.

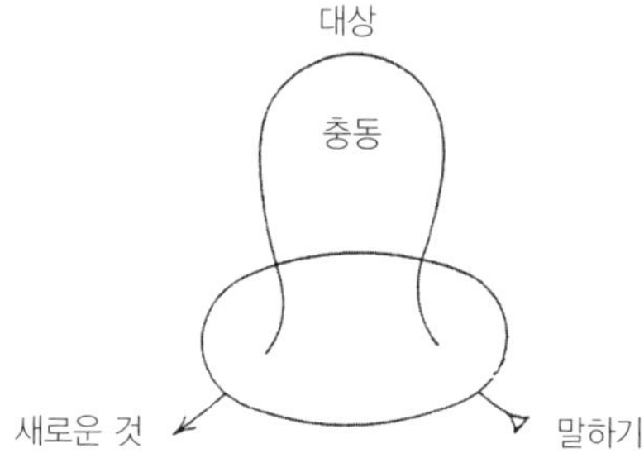

주

1 충동을 다룬 『엄브라』 특별호는 1997년에 출간되었다. 이후 충동이론에 관한 단행본들이 많이 출간되었고, 특히 죽음충동에 관한 학문적 관심이 높아졌다. 당시로서는 저널형식으로 더군다나 충동이라는 단일 주제로 집중해서 다수의 연구자들을 모아 한 권으로 엮은 경우는 최초라고 할 수 있다. 수록된 이론가들 중에는 이름을 대면 아는 국제적 명성의 저자들, 가령 리오타르, 데리다 등이 포함되었다는 점에서 이 한 권의 책을 통해 정신분석이론에서 충동개념이 차지하는 중요성을 확인할 수 있을 것이다(역주).

2 이 대목은 특히 충동에 해당되는 영어 drive에 관련된 것이다. 달리는 자동차, 소떼, 비바람 등 모두가 영어동사 drive를 사용한다. 또 이 동사가 인간의 행동이나 성품에 관해 사용될 때는 언제나 비유적 표현이 된다. 가령 you drive me crazy나 I am driven to music같은 문장에서 drive는 실제 운전을 하거나 달리는 행위가 아니라 비유적인 표현으로 성향이나 행동을 낳는 성품을 의미한다. 한국어에서는 이와 반대로 '충동'이란 표현을 사물에 사용하는 경우는 거의 없고, 개인이 스스로 통제 불가능한 행동이나 성향, 중독 등의 상태와 연관되어 사용된다. 또 영어와 달리 한국어에서 충동은 명사로서 '충동적'이거나 '충동적이다' 등으로 변용되며, 충동 그 자체로 동사로 사용되지 않는다. 영어 drive에는 물론 명사 용법도 있다(역주).

3 프로이트의 충동개념을 번역하는 문제와 정신분석이론에서 충동이론의 변천과정에 관한 내용은 여기 수록된 논문들에서 반복적으로 언급된다. 특히 프로이트전집의 영역자인 제임스 스트레치가 영어번역 상의 개념 문제를 각주 형식으로 다룬 바 있고 그 뒤를 잇는 다수 이론가들이 충동개념의 번역과 이론적 추이를 반복해서 다루어 왔다(역주).

4 Otto Fenichel: 비엔나 출신의 소위 정신분석 2세대 이론가(역주).

5 Charles Brenner: 보스턴 출신 미국정신분석가로 뉴욕정신분석학회장을 역임했다. 충동이론전문가이다(역주).

6 프로이트의 「충동과 그 변이」는 이렇게 시작된다. "과학이 명쾌하고 첨예하게 정의된 기본개념에 기초해서 세워졌다고 주장하는 얘기를 들어왔다. 실제로는

어떤 과학도, 아무리 정확한 과학이라도 그런 개념에서 출발하지 않는다. 과학적 활동은 현상의 기술에서 출발해서 분류하고 상호연관 짓고 집단으로 묶는 작업으로 구성된다. 현상을 기술하는 단계에서도 다루는 소재에 추상적 관념을 적용하지 않을 수 없다. 이런 관념들은 다른 곳에서 혹은 다른 것들에서 도출되며 분명 새로운 관찰에서만 비롯되지는 않는다. 후에 과학의 기본개념이 될 이 추상적 관념들은 대상소재를 연구하는 과정에서 점점 더 없어서는 안 될 요소가 된다. 처음에는 불가피하게도 일정하게 불명확성을 띠며 확실한 경계 짓기나 내용의 한도를 분명하게 지정할 수 없다. 이런 상황 속에서 우리는 관찰대상이나 소재에 반복적으로 적용함으로써 그 의미를 이해하게 된다. 이 관념들은 관찰대상에서 도출되는 것으로 보이나 실상은 그 대상에 부여되는 것이다."(역주).

충동의 몽타주

조운 콥젝

몸[1]이 앞으로 심하게 내동댕이쳐지고 창문에 머리가 크게 부딪쳐 유리가 박살이 났다. 유리의 파편들이 얼굴에 박혔고 두피에서 떨어져 나온 머리카락 뭉치가 서로 엉킨 채 부서진 유리창에 붙어있다. 운전대가 가슴을 뚫는다. 피와 정액, 기름과 냉각수가 한데 섞여 있다. 〈크래쉬〉[2]는 인간의 육체와 테크놀로지, 부드럽고 나약한 피부와 차갑고 단단하고 생명 없는 물질의 폭력적인 몽타주이다. 안에 들어있는 피부를 뚫고 지나가 그 밑의 뼈를 파고드는 것 같은 금속의 다리교정기 이미지는 원작 소설과 영화가 다루는 영역, 바로 그것을 묘사하고 있다.

이 영역은 정확히 무엇인가? 충동의 영역이다. 이 영화와 관련한 어느 인터뷰에서 데이비드 크로넨버그는 '생물학적 중독'에 대해 말한다. "중독이 인간의 진화로 융합되는 과정에는 뭔가 중요한 의미가 있다. 어떤 다른…… 과정을 몸에 결합시킬 때…… 자연스럽고 필수적인 신체의 일부가 된다……. 동물차원의 발전과정에 결합되어 필수적인 것이 된다. 이전에는 신진대사체계에 속하지 않았던 것이 들어와 다른 동물로 변한 것이다." 크로넨버그의 기묘한 공상 과학적 사색을 담고 있는 질문, "인간이 신진대사체계에 리세르그산(LSD)[3]을 갖고 태어났다면 어떨까?"는 작금의 현실을 염두에 둔다면 그닥 이상하게 들리지는 않는다. 인간은 대사체계의 일부로서 기표를 갖고 태어난다. **모든 중독은 바로 이 사실로부터 생긴다.** 「충동과 그 변이」에서 프로이트는 이미 크로넨버그주의자였다. "성 기능이 특수한 화학과정이라는 의미에서 다른 신체과정들과 다르다는 가정은 내가 알기론 생물학연구에서 에를리치 학파[4]의 가정이기도 하다[그러니 나만 그렇게 생각하는 것은 아니다]." 라깡은 프로이트의 가설을 매우 신중하게 살피고 나서 이렇게 동의를 표한다. "그렇다, 우리는 모두 LSD, 이 작은 문자들을 복용하고 있다."

〈크래쉬〉는 몸의 쇠락을 막아보려는 문화적 십자군의 최신작이다. 지난 몇 년 간 몸의 주체에 관한 에세이와 책들이 쏟아져 나왔다. 경계를 세우고 파편화되고 구멍 뚫리며 문신을 하고 한 겹 한 겹 벗겨져 나가고 갑옷을 씌우고 보정장치를 달고 장신구와 보호 장치를 무겁게 채우거나 사고나 전쟁으로 부상당하고 병마에 시달리고 나이 들어 노쇠하거나 스테로이드투약으로 탱탱해지고 기아로 바싹 말라가거나 거식증과 폭식증에 시달리는, 말하자면 성 구성된 육체에 관해서 수많은 글들이 생산되고 쌓여갔다. 육체의 보복이라고도 할 수 있을만한 이런 학문적 관심이 기표의 영토가 새롭게 확장된, 기표의 권력이라는 주제의 유례없는 발전이거나, 기표가 누리던 권력을 빼앗으려는 시도로 간주되었다. 다시 말해 우리는 몸의 구성에 관한 분석(몸은 재현을 상대할 때마다 어김없이 패한다)이거나 몸의 고집 센 물질성에 대한 집념(재현은 생물학에 늘 패한다)을 마주하게 된다. 어떤 경우든 기표에 집중해서 이론적 기초를 세운 결과 우리 존재가 몸으로부터 탈각되었고 **몸이 중요하다** *bodies matter*[5]라는 기본적 사실을 흐려버렸다.

몸이 중요하다는 식의 지적은 너무도 사소하다. 몸이 중요하지 않다는 말이 아니라, 그 사실이 전해주는 내용이 보잘 것 없다는 뜻이다. 단도직입으로 말하면 몸이 중요하다고 진술하면서—마치 몸을 간과해온 것에 대해 보복하거나 대응하려는 듯이—중요한 질문을 놓쳐버린다. 도대체 왜 몸이 문제란 말인가? 왜 우리의 심신은 그렇게도 많은 문제들로 곪아 터져 있는 걸까? (곪았다는 말은 정말 이 상황에 딱 어울린다.) 몸이 적당한 영양소의 섭취를 목숨을 위협할 정도로 거부하거나, 눈에 보이는 모든 것을 닥치는 대로 집어삼키려고 작정한 듯이 보인다는 사실을 어떻게 설명할 것인가? 왜 몸은 창조적이거나 생산적인 대신 금지되거나 강박적인가?

이런 질문들을 프로이트는 충동이론을 통해 추적한다. 이론은 기표나 몸을 희생하지 않는다. 이론은 변형 몽타주를 통해 기표와 몸을 결합한다. 충동은 우리의 육체적 존재에 대해 각성하라고 요구한다. 이런 깨달음은 본능을 통해 동물에게서 일어나기 보다는 충동을 통해서 우리 내부에서 일어나기 때문에 육체적 존재는 물질적 환경과 어긋나게 된다. 몸은 생물학과 싸운다. 잘못 적응된 상태에 놓인 우리는 종종 생물학과 물질적 환경의 희생자가 되지만 이따금씩 승자가 되기도 한다. 우리는 생물학과 물질적 환경을 통제하거나 때로는 착취하기도 한다. 대학살의 희생자이자, 이따금 흔치 않은 경우 문제적 방식으로 구원자가 되기도 하는 우리는 충동의 변이들과 조화를 이루어 행동한다……. 하지만 사회적 명령이나 몸의 명령들을 따르지 않는다.

이런 시각에서 〈크래쉬〉를 다시 살펴보자. 이 소설과 영화는 언뜻 죽음충동을 도식화한 것으로 보이지만, 소설과 영화가 아무리 유사해 보여도 궁극적으로는 각기 다른 양상을 띠면서 파괴성을 강조하고 있다. 소설에서 J. G. 발라드는 제임스 발라드라는 이름의 가공인물을 만들어낸다. 이 가공의 인물이 자신의 창조주와 맺는 관계는 매우 흥미롭다. 제임스는 정확히 말해 J. G.가 아니기 때문이다. J. G.는 제임스와 동일화되지 않고 소설 속 인물이 자신이라고 인정하지도 않는다. 물론 그는 제임스를 자신의 이름과 거의 같은 이름으로 지칭하기는 한다. 이 두 이름 사이엔 소설가와 허구적 인물을 구별해줄 단순한 차이란 존재하지 않는다. 다만 두 사람이 함몰되지 않도록 해주는 일종의 틈새가 있다. J. G.가 창조하는 세상에는 정서의 환기가 완전히 결핍되어있지만 (그래서 사실 이 소설을 앉은 자리에서 몇 페이지 정도라도 읽어내는 일은 힘겹다), 이 소량의 위트, 이 열림은 독서경험에 세련된 즐거움을 불어 넣어준다. 신이 창조한 세상은 죽었지만 우리는 창조의 행위를 통해서 파멸로부터 구원받는다. 이 창조는 틈새를 통해서 명백히 드러난다.

영화에선 상황이 다르다. 크로넨버그는 J. G.가 했던 것과 같은 방식으로 제임스와 관계를 맺지도 않고 그럴 수도 없다. 대신 영화감독은

본이라는 인물과 동일화된다. 이 인물은 자동차사고에 집착하고 그것을 재연하며 때로 영화로 만든다. 감독이 본과 동일시한다는 사실은 중요하다. 영화에서 창조주와 인물의 관계를 규정하는 것은 분리가 아니라 대리관계이기 때문이다. 우리는 소설이 영화로 만들어지면서 생긴 이 [분리에서부터 대리관계로의] 변이를 결과물에서 목격할 수 있다. 영화 〈크래쉬〉는 충동보다는 성관계를 다룬다. 만족된 충동이 아니라 성관계가 영화의 핵심이다. 영화에서 피부와 크롬의 교접은 남녀 간의 교합을 위한 미장센에 불과하다. 소설 『크래쉬』가 승화라면 영화 〈크래쉬〉는 징후이다. 영화에서 충동은 억압되어있고 만족이라는 거짓 표상으로 복귀한다.

육체화embodiment에 관해 쏟아져 나오는 책들은 몸과 몸 자체의 억제된 운명들, 우리의 몸 속 충동의 다양한 변이들을 구별하는 데는 거의 전적으로 무지하다. 이번『엄브라』는 몸을 생산하는 것, 즉 충동에 몸을 재장착해서 생명을 불어넣어주려는 시도로 기획되었다. 이 중요한 기획에 가능하면 많은 저자들을 불러 모으기 위해서 우리는 짧은 분량의 글을 청탁했다. 이런 방식으로 충동에 관한 일련의 예비적 개념들을 모으고, 충동을 그것과 유사해 보이는 다른 개념들, 가령 욕망, 주이상스, 소대상 등등과 구별하려고 했다. 이 에세이들의 몽타주를 통해서 몸에 이르는 새로운 길을 열기를 희망한다.

주

1 이 책 전반에서 body는 몸, 육체 또는 신체로 번역했다. 한국어의 몸이 육체와는 달리 마음과 정신을 포함한 용례로 사용된다는 점을 고려해서 문맥에 따라 물질적 신체를 의미할 경우에는 육체 또는 신체로, 정신과 마음, 또는 심리적 상태까지 아우른다고 여겨지는 대목에서는 몸으로 번역했음을 밝힌다(역주).

2 1973년에 나온 영국작가 J. G. 발라드의 소설로 자동차충돌사고를 경험하면서 성적 흥분을 느끼는 페티시즘에 관한 내용을 다룬다. 1996년 데이비드 크로넨버그 감독이 영화로 만들었다(역주).

3 맥각알칼로이드에서 유도된 강한 환각작용을 가진 합성물질. 1943년 앨버트 호프만이 처음 합성했다. 뇌 조직에서 세로토닌 작용을 억제해서 이상행동을 유발한다고 알려져 있다(역주).

4 Paul Erlich: 유대계 독일출신 과학자로 매독치료법을 발견했다고 알려져 있고 혈액세포구분법을 만들어서 혈액관련 질병치료에 도움을 주었다. 폴에를리치 연구소를 세웠다(역주).

5 페미니즘 철학이론가 주디스 버틀러의 책 제목을 빗댄 표현으로 몸의 물질성에 대한 관심을 환기시킨다. 조운 콥젝은 버틀러를 라깡의 정신분석이론에 준해서 비판하는데 앞장선 바 있어 이 대목에는 버틀러의 해체주의적 몸 이론에 대한 비판이 담겨 있다(역주).

필연이 충동이다[1]

자크 데리다

나는 종종 이렇게 자문하곤 한다. "도대체 왜 그 좋은 것을 해체하려고 들지?"

이 질문에 대한 유일한 대답은 우리 안에, 혹은 내 안에 이 좋은 것을 원하는 욕망을 거스르려는 뭔가가 있다는 것이다. 하지만 이 거부 혹은 저항은 어디서 오는가? 나는 그것에 이름을 붙여주었다. 이따금 대문자로 사용하기도 하는 필연Necessity이다. 필연[2]을 대문자로 쓸 때는 단수로 사용해서 사적이며 개별적인 인간의 필연이라는 의미를 강조한다.

나는 필연을 감당해야 한다. 좋은 것을 향한 욕망, 현존, 혹은 현존의 형이상학을 향한 나의 욕망이 결코 이루어질 수 없으며 반드시 한계와 마주하게 된다는 것, 그리고 내 욕망이 이루어지지 않는다는 것을 내가 인정하지 않을 수 없게 만드는 뭔가, 혹은 누군가, 또는 어떤 사물 x가 있다.

내 욕망의 성취, 현존을 향한 욕망의 완성은 다름 아닌 죽음이다. 좋은 것, 절대 선은 죽음과 동일하다. 동시에 필연성, 즉 내가 필연이라고 부르는 그 일자the One는 매우 폭력적인 방식으로 내게 가르친다. 일자의 가르침은 내 욕망이 채워질 수 없다는 것, 현존이란 없다는 것을 인정하게 만든다. 현존은 항상 분리되어있고 분열되었으며 차이와 공간에 의해 표지되어 있다는 사실을 나는 인정하게 된다.

그러므로 이 필연은 나쁜 한계이며 "내가 충분히 향유할 수 없게 하는" 어떤 것이다. 하지만 동시에 이 한계는 내 욕망의 조건이다. 이 한계가 정해지면 나는 곧 죽음에 이르게 된다. 그것은 죽음이다. 그렇다. 이 모든 것의 끝은 나쁘다.

아시다시피, 종국에는 "어쨌거나 끝이 좋지 않을 거야."

그러니 필연이 충동이다.

주

1 이 글의 약간 변형된 형태의 대본이 〈Minutes to Go〉 앨범에 녹음되어있다. 자크 데리다의 허락을 받아 여기에 수록한다. [여기에 언급된 앨범은 구체적인 서지사항이 명기되지 않아 현재 찾을 수 없지만 유튜브에서 "Deconstruction & Necessity"(해체와 필연)라는 제목으로 데리다의 육성이 담긴 이 글의 내용을 들을 수 있다. 이번 『엄브라』에 수록된 원문텍스트와 녹음내용은 일부 다를 수 있다. https://www.youtube.com/watch?v=ty506jQnL28(역주)].

2 데리다가 사용한 용어 'necessity'는 철학적 개념인 '필연'으로 지금까지 일어났고 앞으로 일어날 모든 일들이 필연적이라는 의미를 담고 있어 우연과 우발성과는 반대되는 개념이다. 데리다는 '필연'이란 개념을 통해 욕망을 거스르고 방해하며 인간의 운명에 필연적으로 정해진 죽음이라는 한계로서 충동을 제시한다(역주).

충동에 관하여

다니엘 콜린스

공식적인 정신분석의 역사에서 충동 개념을 정신분석이론에 도입한 사람이 프로이트라는 주장은 더 이상 논쟁거리가 될 수 없다. 또 그의 후계자들 중 라깡이 프로이트의 충동 개념을 진지하게 받아들여 발전시켰다고 말하는 데도 누구도 이의를 제기하지 않으리라.

하지만 이런 주장에는 필경 해명이 뒤따르기 마련이다. 공격충동을 처음 제시한 사람이 알프레드 아들러[1]라는 사실은 대다수의 프로이트주의자들에게 좀 의외일 것이다. 1908년 프로이트가 『쾌락원칙을 넘어서』에서 죽음충동을 이론화하기 18년 전의 일이다. 아들러는 충동의 변형이라는 개념도 도입했다. 충동이 정반대로 변형되고, 또 다른 목표로 전치되며, 자기 자신에게로 향해간다는 내용을 포함하고 있다. 이 모든 일은 프로이트의 「충동과 그 변이」[2]가 나오기 7년 전에 일어났다.

마찬가지로 대부분 라깡주의자들은 아들러가 충동의 목록에 보기와 듣기를 포함시켰다는 사실에도 놀랄 것이다. 혹은 융이 인간존재의 생물학적 본능은 심리에 직접 작용하지 않고 오직 상징의 매개를 통해서만 가능하다고 했다. 놀랍지 않은가.

그렇다면 왜 충동의 발견과 이론적 발전의 공을 아들러와 융에게 돌리지 않는 걸까?

그 이유는 아들러가 프로이트와 결별하면서 충동이론을 폐기했기 때문이다. 뿐만 아니라 아들러의 충동이론은 여전히 생물학에 머물러 있었다. 그의 충동이론은 개념적이기보다는 기술적이다.

융의 경우 상징계에 의한 본능의 매개라는 그의 이론—"에너지의 육욕화"—은 라깡의 것과는 사뭇 다르다. 융의 '상징계'는 유추와 유사성에 기초한 재현적 질서이다. 따라서 라깡의 상상계에 더 가깝다. 융의 질서는 언어학적이지 않다. 융은 생물학적 본능이 상징적으로 매개된 후 방향을 틀어 상징을 생물학적 기능으로 만들어 버린다고 주장했다.

간단히 말해 아들러는 충동이라는 용어를 사용하긴 했지만 개념을 제시하지 않았고 융은 충동이라는 용어를 개념으로 적용하긴 했지만 온전치 않았다.

의심할 필요도 없이 '충동'이란 용어는 프로이트가 꼼꼼한 개념화 과정을 통해 충동이론을 선포하기 이전부터 정신분석이론에서 사용되었다. 프로이트의 공은 충동을 개념으로 만든 것이다. 프로이트의 「충동과 그 변이」는 1915년에 출간되었는데, 정신분석 연구의 긴 역사가 시작되는 시점에 쓴 이 글에서 그는 자신의 입장을 명확하게 진술한다.

따라서 프로이트가 이 글을 과학에서의 개념 구성에 관해서 언뜻 생뚱맞아 보이는 문단으로 시작하는 것은 우연이 아니다.[3] 여기서 프로이트는 정신분석의 충동이론이 개념적이어야지 기술적이거나 경험적이어선 안 된다고 주장한다. '용어'와 '개념' 사이의 차이를 이해하기 위해서는 그 용어자체로 되돌아가야 한다.

'충동'이라는 말

이 논쟁은 잘 알려져 있다. 프로이트의 독일어 'Trieb'를 번역하면서 제임스 스트레치—프로이트의 영역 정본의 대표편집자이자 주요 번역자—는 영어에서 동일한 어원을 갖는 'drive'를 거부하고 'instinct'를 선택했다. 스트레치는 정신분석적 의미를 갖는 명사용례가 'drive'에 없다고 주장했다. 그 이후 여러 주해자들이 충동과 본능은 다르다고 계속 지적해왔고 프로이트가 동물적 본능을 의미할 때는 독일어의 'Instinkt'를 사용했다고 설명했다.

만일 이것이 단지 오역의 문제일 뿐이라면 비교적 쉽게 해결할 수도 있다. 가령 20년이 지난 후 그 누구도 셰리단[4]이 라깡의 논문 제목을 "충동의 해체"라고 번역했다고 해서 데리다를 염두에 두었다고 생각하지 않는다. 그저 셰리단의 실수로 받아들인다. 그러나 스트레치의 'Trieb' 오역은 정신분석에 출몰하는 유령이 되었다. 따라서 여기엔 뭔가 더 있다.

우선 스트레치의 입장은 어느 정도 옳다. 'drive'라는 영어단어는 정신분석적 의미의 명사로서는 옥스퍼드사전의 초판본에 등장하지 않는다. 1933년 부록에도 없다. 그러나 1971년 부록에 등장하는 명사 drive의 일곱 번째 개념에는 '심리학적'이라는 표지가 달려있다. 이런 정의 하에 제공된 첫 인용문은 1888년에 출간된 저널 《정신》 8호의 165쪽의 한 구절이다. 이 날짜가 프로이트 보다 앞서 있음을 주목하라. 인용문은 "Trieb, 영어에서 이 단어에 꼭 맞는 적당한 용어는 없다"는 간단한 문장이다. 이 정의에 포함된 또 하나의 인용문은 찰스 브래너의 『정신분석 기초 교과서』의 한 대목으로, 충동이 "유전적으로 결정되는 심리적 구성소"라고 진술한다. 이 개념은 틀린 것이긴 하지만 1955년 스트레치가 영역 정본을 펴내기 고작 2년 전에 drive라는 말이 포함된 상태로 브래너의 책이 출간되었다. 같은 기간에 안나 프로이트와 에고 심리학자[5]들이 "본능적 충동instinctual drive"이라는 표현을 사용한다. 마치 이 두 단어를 합쳐놓으면 번역문제가 해결될 듯이 여긴 듯하다. 이 모든 증거—1925년 세실 M. 베인즈[6]도 포함해서—는 스트레치가 등장하기 오래 전부터 이 개념을 둘러싼 환경이 혼탁했음을 시사해준다.

'Trieb'의 영어번역에 관련된 문제 때문에 많은 사람들은 독일어에 의존해왔다. 나는 독일어로의 회귀라는 이 선택에 대해서 늘 의구심을 품어왔다. 영어로 모호한 이 단어가 프로이트의 모국어로는 완벽하고 분명한 의미를 담지하고 있다는 가정을 함축하기 때문이다. 마치 우리가 독일어를 말할 수 있다면 프로이트를 완벽하게 이해할 수 있다는 듯이 말이다. 내가 소장하고 있는 1877년판 독일어-영어사전—역시 프로이트 이전에 출간된 것이다—은 'Trieb'를 통상적이며 예상 가능한 동의어 목록인 'impetus,' 'motive,' 'impulse,' 'inclination'으로 정의한다.[7] 그렇지만 'Trieb'가 프로이트가 이 용어를 도입했던 시기에 독일어 원어민에게 즉각적으로 명확하게 이해된다는 증거는 없다.[8]

'충동'이라는 용어는 단지 번역이 어려워서가 아니라 프로이트가 그 용어를 채택했던 시기에 새로운 개념이었기 때문에 문제적이다. 프로이트의 'Trieb'와 이 단어가 이전에 사용된 용례 혹은 개념 사이에는 단절이 있다. 스트레치는 이 용어가 프로이트 이전에 영어에는 존재하지 않았다고 말했는데, 그건 틀린 말이 아니다. 다만 새로운 개념을 지칭하기 위해서 올바른 용어를 선택하는 데는 실패했기 때문에 그는 틀렸다.

따라서 충동의 개념은 프로이트로부터 시작된다.

프로이트의 충동은……

정신분석이 충동의 개념 없이 첫 15년 동안 잘 진행되었다는 사실은 충격적이다. 우리는 『기획』[9]과 「세 가지 에세이」에서 충동이론의 기초사항들을 발견할 수 있다. 하지만 정신분석 초기에는 욕망의 해석에 집중했다고 봐야 한다. 정신분석은 소망, 실수, 농담과 꿈을 해석함으로써 시작되었다. 첫 15년 동안 정신분석은 소망의 억압을 다루었다. 그 뒤 1915년 또 하나의 공식이 제출된다. 바로 충동에 대한 보호기제이다. 이 두 가지 공식은 절대 통합되지 않았다. 마치 두 개의 정신분석이 있는 것 같았다–욕망의 정신분석과 충동의 정신분석.

충동은 정신분석에 꽤 늦게 도입되어 이미 존재하는 이론과 어울리지 않게 장착된 듯이 보인다. 문제는 충동을 도입한 이유이다. 충동개념은 오캠의 면도칼[10] 원칙을 위반한 셈이다.

프로이트가 충동의 원리를 정신분석에 도입해야 한다고 느꼈다면, 그 이유는 오로지 충동이 고집스럽게 자신을 주장했기 때문이다. 마치 욕망의 해석이 충동이 출현할 공간을 깨끗이 닦아서 마련해 둔 듯하다.

충동은 마침내 프로이트의 "Triebe and Triebschicksale," 당연히 '충동과 그 변이'라고 번역되어야 할 제목의 글에 출현했다. 스트레치가 'Triebe'을 잘못 번역했지만, '–schicksale'에 해당하는 'vicissitudes'라는 번역은 사실 꽤 괜찮다. 이 단어는 변화 혹은 변형이란 의미의 라틴어 'vicis'에서 왔다. 독일어 'schicksal'이 '운명'이나 '숙명'을 의미하지만, '보내다'라는 의미의 동사 'schicken'과 연결되며, 종국에는 '일어나다' 혹은 '발생하다'는 의미의 'geschenhen'과 관련되므로 'schicksal'은 '미리 결정된'이란 의미의 '숙명'이 아니다. 오히려 '자신의 운명을 찾으러 나가다'라는 의미의 '운명'이다. 프로이트의 제목에 담긴 의미는 "충동과 그것이 자신의 길을 따라갈 때 발생하게 될 모든 일들과 일체의 변화와 변형들"이 된다.

과학철학과 관련된 서두로 운을 뗀 후 프로이트는 자신이 이 기본개념, 즉 충동에 대해서 "모든 각도에서 그 내용을 채우려고 시도해 보겠다"라고 썼다. 프로이트는 '각도'seite라고 말했다. 라깡이라면 '차원' niveaux이라고 할 것이다.

첫째, 생리학의 차원은 반사의 아치형 구조, 즉 자극과 반응의 모델을 제공한다. 이 모델은 뜨거운 스토브에서 손을 떼는 반사적 행위 정도로 단순하다. 운동반응은 외부에서 자극을 받으면 손을 빼게 한다. 프로이트는 외부적 자극은 "단일한 충격으로 작동"하는 성질이 있다고 했다. 그러나 충동은 이 반사의 아치형 모델에는 적합하지 않다. 충동은 "언제나 지속적인 힘으로" 작동하기 때문이다. 또한 충동은 내재적으로 작용하므로 "충동에 저항하며 도망치려 애써봐야 소용없다." 프로이트 이론에서 이 충동–자극을 표현하는 더 적절한 용어는 '욕구'이다. 프로이트는 여기서 매우 신중하게 생리학적 차원의 개념을 발전시켜간다. 그는 여기까지 구축해온 논의를 토대로 "충동–자극은 신경체계가 모든 자극을 피하려는 관습적 의도를 포기하게 함으로써 끊임없이 일어나는 불가피한 자극의 유입을 유지한다"라고 말할 수 있게 되었다.[11]

생물학적 차원에서 프로이트는 충동이 "정신과 육체 사이의 경계개념"이라고 했다. 충동은 정신에 가해진 요구이며 그 요구의 자극에 대한 정신적 표상이다. 이 개념은 생리학적인 모델과는 매우 다르다. 프로이트는 충동의 네 가지 양상, 네 가지 모멘트를 생물학적 차원에서 소개한다. 네 가지 양상은 압박, 원천, 목표와 대상이며, 이 각각의 용어를 검토해보자.

첫째, 압박이다. 충동을 욕구의 압박으로 환원시키는 것은 개념적으로 쉽다. 논문 도입부에서 우리는 이 두 가지 용어를 혼동하게 된다. 하지만 프로이트는 욕구는 만족되면 소멸하지만 충동의 압박은 지속적이라고 설명하면서 욕구와 충동을 구별한다. 이 틈새로 라깡이 들어오게 된다.

둘째, 원천이다. 가령 프로이트가 소위 항문성격에 부여한 자질들을 떠올려 보면, 인색함, 완고함, 질서정연함 등이 항문에 기원을 두고 있다는 점을 이해하기 쉽지 않다. 왜 간단히 모든 충동은 정신적이라고 하지 않을까? 나아가 프로이트는 도라[12]의 신경증적 기침tussis nervosa이 성기의 흥분이 상반신으로 전치되어 나타난 증세라고 했다. 실제로 전이히스테리conversion hysteria의 두드러진 특징은 성감대가 아닌 신체 부위들이 에로틱해지는 것이다. 그렇다면 어떤 성감대가 우위를 갖고 어떤 성감대가 부차적인지 어떻게 알 수 있는가?

만일 원천이 상상할 수 있는 것보다 다양하다면, 목표는 그보다 더 다양하다. 충동의 목표는 프로이트에 의하면, "매번 만족이다." 하지만 그는 계속해서 이렇게 쓴다. "동일한 목적으로 향하는 다양한 방법이 있을 수 있다." '목표'와 '목적'에 해당하는 프로이트의 독일어는 Ziel과 Endziel이다. 라깡은 이 두 단어의 차이를 강조한다. 프로이트는 만족을 얻는 방법은 어떤 것이든 상관없다고 한다. 단테의 예를 들어 보면, 베아트리체를 얻을 수 없다면 나는 『신곡』을 쓸 것이다. 어느 쪽이든 상관없다.

마지막으로, 충동의 대상이 있다. 대상을 통해서 충동은 만족을 얻는다. 프로이트는 다소 유창한 말투로 대상이 "충동에서 가장 다채

롭다"라고 말한다. 가령 지금은 새벽 2시. 술집 영업이 곧 끝날 시간이다. 다행히 당신은 그리 까탈스러운 편은 아니라서 어디라도 상관없다.

그래서 우리는 만족을 얻은 후에도 지속적으로 남아있는 압박과 몸의 어떤 부분과도 전치될 수 있는 원천, 어디를 지시하더라도 100% 정확한 목표와 "그게 무엇이든 전혀 문제되지 않는" 대상을 갖고 있다. 이제 이 모순적이며 역설적인 비-속성들의 목록이 어떻게 충동을 규정하는지 물어야 할 차례이다.

만일 지금까지 내용으로도 충분하지 않다면, 이제 이 글은 마지막 단계로 향해가고 있다. 생리학적이고 생물학적인 차원을 다루고 나서 프로이트는 우리가 의식의 차원에서 거의 충동을 배울 수 없기 때문에 "정신분석적 탐색이 …… 앎의 중요한 원천으로 남아있다"고 말한다. 그리고 우리는 마침내 유명한 네 가지 변이 — 정반대로의 역전, 주체 주변의 회전, 억압과 승화 — 를 도입하게 된다. 라깡은 이 목록이 네 가지 양태의 생물학적 목록과 관련되었다고 추론했다. 이 두 목록을 함께 묶으면 거의 모든 것들이 반드시 충동과 더불어 일어나게 된다. 그래도 여전히 충동은 남아있다. 이 많은 변화에도 불구하고 지속해서 남아있는 이 충동은 도대체 무엇인가?

…… 그리고 라깡의 충동

밀러가 알려준 바에 따르면 1958년까지 라깡은 욕망과 충동을 구분하지 않았다. 1960년대 초에 비로소 라깡은 충동을 재검토하기 시작한다. 충동을 재이론화하는 과정에서 라깡은 프로이트주의에서 라깡주의적 충동개념으로 변화해간다. 프로이트의 혼란스러운 이론을 수정하는 긴 여정을 시작한 것이다. 이렇게 말한다고 해서 내가 이 두 이론가에 대해 손쉬운 평가를 내리려는 것은 아니다. 프로이트의 혼란은 생산적이었다. 충동을 사유할 때의 프로이트는 혼란스러웠던 만큼 절정에 올라 있었다. 1915년부터 1920년대 초엽에 이르는 시기에 완전히 새로운 개념이 만들어졌다. 그 뒤 프로이트의 충동이론은 에로스와 타나토스 사이의 대립으로 안착한다. 이 대립적 개념구성에는 미흡한 구석이 있었지만 프로이트 자신은 생을 마감할 때까지 만족스러워 했다.

「주체의 전복」[13]에서 라깡은 1960년까지 진행해 온 충동에 관한 강의를 담는다. 이 글에서 그 유명한 욕망의 그래프가 최종적인 형태를 갖추게 된다. 이 그래프를 통해서 충동의 흔적을 따라가 보자. 우선 그래프의 하단은 다음과 같다(그림 1).

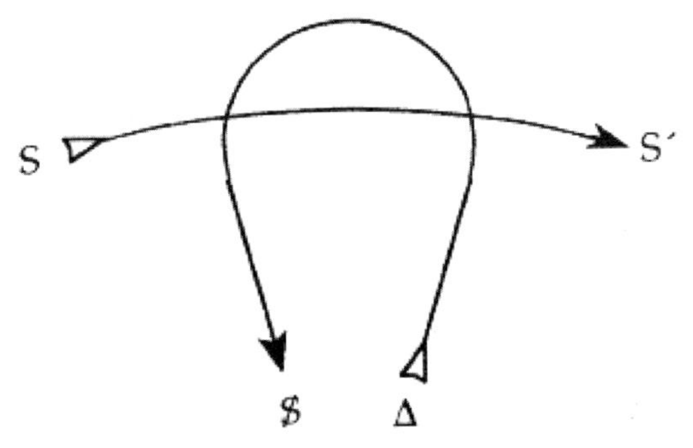

[그림 1]

여기 기표들의 연쇄를 두 차례 뚫고 지나가는 원환이 있다. 이 원환의 오른편(Δ)에 놓인 환영 상태의 전-언어적 의도가 왼쪽의 빗금 친 주체로 향해 간다. 기표들의 연쇄는 여기서 단순한 물질성의 상태임을 기억해야 한다. 이 원환구조 이전에는 오직 음소들의 물결만 있을 뿐이었다. S에서 S′로 움직이는 벡터는 한쪽에서 다른 쪽으로 진행해 가면서 어떤 일을 성취하는 선은 아니다. 사실 우리는 두 번째 그래프에서 이 선이 뭔가를 이루기는커녕 상실하고 있음을 확인할 수 있다. Δ에서 $로 달려가는 원환은 의미의 효과를 기표의 연쇄에서 만들어낸다. 이 과정에서 의미의 연쇄는 소거되고 오직 순수한 잔여물, 순수한 목소리만을 남긴다.

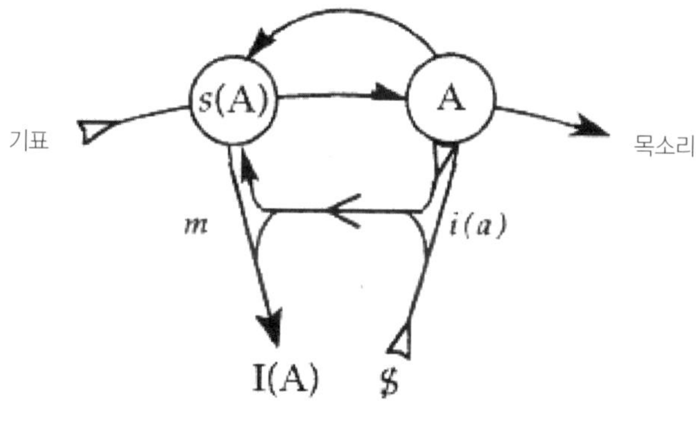

[그림 2]

두 번째 그래프에서(그림 2) 두 개의 교차지점은 코드 A와 메시지 s(A)의 장소로 표시된다. 공시적 코드가 통시적 의미화를 제공한다. 라깡에 의하면 이 두 교차점은 각각 장소와 맥동pulse[14]이다.

여기서 알아둘 것은 완성된 그래프(43쪽에 수록된 그림 3)의 상부가 정확히 같은 방식으로 작동한다는 점이다. 여기서도 역시 원환을 발견하게 되는데, 이 차원에 놓인 원환은 주이상스의 원을 거세로 환원시킨다. 이는 다름 아닌 몸으로부터 주이상스의 소거이다.

여기서 원환의 첫 번째 교차점은 충동($ ◇ D)이다. 이 공식이 의미하는 것은 "상징적 요구와 관련된 빗금 친 주체"이다. 충동에 해당하는 수학기호는 단일한 문자나 상징이 아니라 관계라는 점을 인식해야 한다. 충동은 단순하지 않고 절합되어 있다. 충동은 생물학적 욕구가 아니며, 충동을 구성하는 심리적 차원에서 그 표현을 찾는 "유전적으로 결정된 심리적 구성소"도 아니다. 생물학적 욕구는 심리적 차원에서 직접적으로 표상될 수 없다.

충동이 상징적 요구와 주체의 관계라는 사실을 인정하면서 나는 라깡의 네 가지 담론 모델을 따라 '요구의 담론'[15]을 구성하는 것이 가능하다고 제안하고 싶다. 우선 생물학적 욕구 Δ가 있다. 이것은 상징적 요구 D에 따라 표현된다.

$$\frac{D}{\Delta}$$

이 요구는 대타자에게 향한다.

$$\frac{D}{\Delta} \longrightarrow A$$

그리고 대타자에 의해 기표화된 것으로서, 담론의 생산물은 욕망 d 이다.

$$\frac{D}{\Delta} \xrightarrow[//]{} \frac{A}{d}$$

이 담론의 진실은 생물학적 욕구이지만, 우리는 이것이 현실적 항목으로서 담론에 진입하지 않고 오직 미지의 x로서만 진입한다는 사실을 인식해야 한다. 그리고 이 미지의 x가 담론에서 의미화 되려면 기표가 도입되어야 한다.

$$\left[\frac{S}{\not D} \cdot \frac{\not D}{X}\right] \xrightarrow[//]{} \frac{A}{d}$$

이 공식은 바로 재현표상[16]의 함수이다. 즉 기표가 (결여된) 표상 x를 재현하게 된다.

욕망의 그래프를 계속 읽어보자. 우리는 라깡이 그래프 상단의 첫 번째 교차점($ ◇ D) 을 언급할 때 하단의 해당부분을 언급하기 위해서 사용했던 것과 정확히 동일한 용어를 사용하고 있음을 주목해야 한다. 바로 "기표의 금고"이다.[17] 라깡이 신경증환자의 경우 충동들의 목록을 작성하는 것이 가능하다고 말하는데 바로 이 기표의 금고를 의미한다.

그런데 이 차원에서 작동하는 의미화작용이란 무엇인가. 바로 대타자의 결여에 대한 기표 S(Ⱥ)이다. 주체가 상징적 요구와 관계를 맺는다는 것은 대타자의 결여를 의미한다고 할 수 있다. 혹은 좀 더 자세히 말하면, 완성된 그래프의 오른쪽 하단부에서 시작해서 주체 $가 대타자 안에서, 그리고 대타자 A에 의해서 소외되어있음을 발견하게 된다. 그리고 주체의 욕구를 요구($ ◇ D)로서 상징적으로 표현해야 한다. 이 상징화 과정에 대해 돌아오는 대답은 대타자 안의 결여의 기표 S(Ⱥ)이다. 결여는 주체s(A)에게 의미화 되고 대타자와의 동일화 I(A)를 결여로 서술하게 된다.

다시 말해서 언어에서 발생한 주체의 소외로 주이상스가 몸으로부터 소거된 후 욕망하는 대타자와 동일화되는 과정이 일어난다. 우리는 이제 어떻게 라깡이 욕망을 법에 의존하고 대타자와 거세에 의존한 것으로 공식화했는지를 알 수 있다.

1964년 라깡은 「프로이트의 '충동'과 정신분석가의 욕망」[18]이라는 제목의 연설에서 충동과 욕망의 관계를 이론화한다. 라깡은 충동을 본능으로 환원시킨 것은 매우 심리학적인 사유라는 발언으로 연설을 시작한다. 여기서 우리는 번역이나 용어선택의 결과 탓이라고만 할 수 없는, 충동을 이해하는데 방해가 되는 뭔가를 마주하게 된다. 라깡은 충동과 본능을 심리학적으로 등식화하는 것을 "자연 속 도덕의 가정"이라고 부른다. 왜 도덕인가? 만일 충동이 본능이라면 만족의 대상은 자연적으로 선한 것으로서 모든 충동에는 각기 어울리는 적합한 대상이 있게 된다. 심리치료를 경험해본 사람이라면 이 '적합한'이란 단어가 심

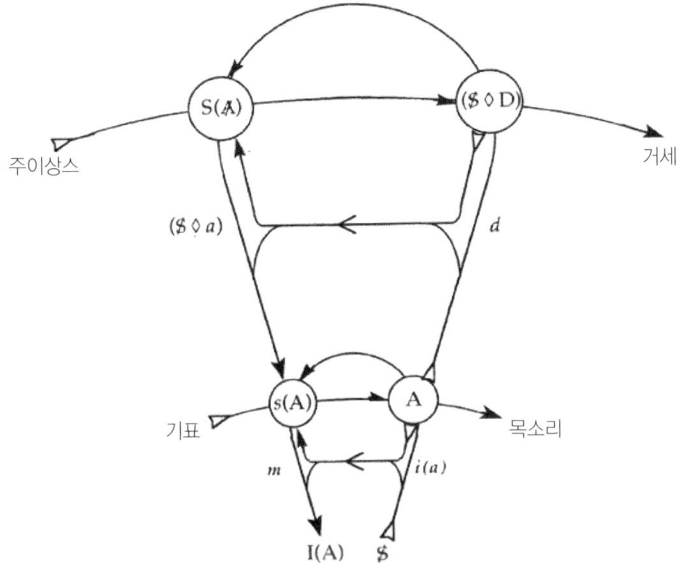

[그림 3]

리학적 사유에 얼마나 중요한지 알 것이다. '적합한 행동', '적합한 반응', '공격의 적합한 출구', '적합한 관계' 등의 표현들에서 사용되는 방식을 떠올려 보라. 여기엔 도덕주의가 어른거린다.

그러나 충동은 본능이 아니다. 라깡은 충동개념에 대한 다른 정의를 제시하면서 충동은 "주체와 욕망을 나누는" 것이라고 한다. 여기서 최종적으로 욕망과 충동의 관계가 정립된다. 하지만 도대체 이것은 무슨 뜻인가? 성급하게 결론을 내리기 전에 시간이 필요하다. 이 정의를 충분히 이해하기란 매우 어렵기 때문이다.

욕망은 주체의 다른 쪽, 대타자의 쪽에 있다. 어떻게 충동이 이 둘 사이에 개입하는지, 이 둘의 구분을 어떻게 충동이 만드는지를 이해하기는 어렵다. 따라서 이 둘이 나뉘지 않는다면, 다시 말해 주체와 욕망이 같은 자리에 놓여있다면 어떤 일이 일어날지를 상상해보자. 그런 경우 심리학자들이 옳을 것이다. 욕망은 순수한 욕구로 환원될 테니까. 소망Wunschgedenken은 욕구의 순수한 표상이 되고, 언어는 기표들의 체계로 욕구를 표현하는 도구가 될 것이다. 가장 조야한 형태의 심리주의가 유효성을 얻게 된다. 당신은 가난하게 자랐기 때문에 불안정한 겁니다. 이 불안정한 감정이 부를 향한 당신의 욕망을 만들어낸 거지요. 그러나 라깡은 생물학적 욕구는 대타자를 통해서, 상징적 요구라는 우회로를 거쳐야하기 때문에 욕망의 틈새가 열린다고 한다.

이제 우리는 문장의 다음 부분을 생각해보자. 라깡은 욕망이 "그 분리[주체와 욕망의 분리]와 분리의 원인인 대상 사이의 오인된 관계에서만 유지되며, 이것이 환상의 구조"라고 한다. 다시 말해서 주체는 욕망으로부터의 분리를 만족의 대상으로부터의 분리와 혼동한다. 라깡은 같은 글 앞부분에서 "욕망은 욕망의 욕망"이라고 했다. 이것은 순수한 욕망이며 의고적 욕망이다. 그것이 논리적으로 선험적이라는 의미에서 (시간적으로는 선험적이지 않다) 그렇다. 바로 이것이 문제다. 이 순수한 욕망이 어떻게 대상들을 향하게 되는가. 상징적 요구가 만족의 대상을 얻는 것을 향해가기 때문에 주체는 대상을 통한 만족이라는 환상 속에 자신의 욕망을 유지시키게 된다. 이것은 주체가 욕망으로부터 자신이 분리된 것을 소대상으로부터의 분리로 오인한 결과이다. 이 때문에 충동이 주체와 욕망을 가르는 것으로 규정된다.

$$\overset{\text{욕망}}{d} \xrightarrow{\overset{\text{충동}}{(\$\lozenge \mathrm{D})}} \overset{\text{환상}}{(\$\lozenge a)}$$

충동의 윤리

> 정신분석적 관점에서 보면 우리의 유일한 죄의식은 자신의 욕망 혹은 충동(이 경우 아마도 욕망과 충동 모두)을 포기한 데서 비롯된다.
>
> – 자크 알랭 밀러[19]

> 내 말 들어보오. 나는 방랑자
> 당신에게 조촐한 범례의 이미지를 제시해주러 왔소.
>
> – 앙토냉 아르토[20]

라깡이 욕망과 충동을 연결시키는데 성공했다는 사실은 역설적이게도 두 개념의 정제된 비관계를 통해서 좀 더 명쾌하게 드러난다. 『세미나11』의 끝부분에서 라깡은 욕망에 대해 "충동 때문에 동요되지는 않는다. 문제의 사물이 금지되었다는 사실 이외의 어떤 기반도 갖지 않은 텅 빈 욕망, 미친 욕망이 있다"고 말한다.[21] 충동에 관해서 밀러는 이렇게 말했다. "주체 안에는 사랑에 대한 요구와는 전혀 관계없는 어떤 요구가 있다 ……. 대타자를 목표로 삼지 않는 요구이다."[22]

이제 명확하게 개념으로 정립된 독자적인 욕망과 충동의 개념들로 무장한 채 우리는 무엇이 충동을 욕망의 그림자에 그렇게도 오랫동안 숨겨놓았는지를 물어야 한다. 충동을 이해하지 못하게 방해한 것은 무엇인가? 지금까지는 스트레치의 오역에 의해서만 그 방해가 표현되었을 뿐이었다. 이는 역사적 연구가 필요한 프로젝트이다. 라깡은 우리를 위해서 적어도 한 가지 답을 제공해 주었다. 그는 왜 심리학자들이 충동과 본능을 혼동하게 되었는지 설명한다. 라깡은 심리학자들이 "대체로, 그리고 그 자체로 …… 기술 관료주의적 착취에 봉사하기" 때문이라고 했다.[23] 이 시대에 충동을 감추고 있는 것은 자본주의의 이데올로기이다. 자본주의는 일터로 출근해서 반복적 과제를 수행하며 광고에 나온 물건을 구입한 뒤 집으로 돌아오는 생활을 매일 똑같이 자신의 생명이 소멸할 때까지 반복하는 것이 자연스럽다고 믿는 노동자대중들이 필요하다. 「주체의 전복」에서 라깡은 신경증적 주체는 대타자의 요구를 자신의 욕망과 혼동하며, 대타자의 요구를 환상의 공식에서 만족의 대상으로 대체함으로써 욕망을 충동으로 환원시킨다고 했다. 확실히 이것은 자본주의사회에서 사는 주체가 자신에게 가해지는 착취에 참여하는 방식이다.

이 지점에서 우리는 충동의 윤리를 정립할 수 있다. 이 윤리는 자본주의에 봉사하는 충동을 해방시킨다. 이와 관련된 두려움, 즉 해방된 충동이 무정부주의로 귀결될 것이라는 두려움은 실제 충동과는 아무 상관이 없다. 그보다는 욕망과 법의 관계에 관련되며, 이런 충동에 관한 근거 없는 두려움이 충동을 착취에 더 종속시킬 뿐이다. 해방된 충동은 착취를 마치 자연스러운 것인 듯 속이는 이데올로기로부터 충동을 떼어낼 수 있다.

우리는 라깡이 『세미나7』을 욕망과 충동의 관계를 명확히 세웠던 해에 썼다는 사실을 기억해야 한다. 그의 『윤리』는 욕망이라는 시각에서 먼저 설명되었다. 하지만 나중에 『텔레비전』에서 충동의 윤리를 구성하는 요소들을 하나하나 설명한다. 이 윤리는 성자의 윤리이다. 성자의 임무는 쓰레기가 되는 것이라고 라깡은 말한다. "구조체제로 인해 초래된 것을 구현하기 위해서, 말하자면 주체, 즉 무의식의 주체로 하여금 자신의 욕망의 원인이 되도록 하기 위해서이다."[24]

라깡이 말하고자 하는 바는 이것이다. 자본주의의 주인담론 안에서 진실($)이 되려고 노력하지 말라. 빗금 친 주체로서 당신은 이미 자본주의의 슬픈 진실이다. 그보다는 소대상, 생산품의 잔여물, 쓰레기가 되려고 노력하라. "그것이 나의 원칙이며 자본주의 담론에서 탈출하는 방법이다."[25] 그러나—물론 언제나 '그러나'가 있기 마련이다—우리가 충동의 윤리를 그저 혁명의 프로그램으로만 취급하지 않기 위해서는 라깡의 경고에 주목해야 한다. 자본주의 담론으로부터의 탈출이 "만일 소수에게만 일어난다면 그것은 진보가 아니다."[26]

성자가 된다는 것, 윤리적이라는 것은 결코 혁명적이어야 한다는 의미는 아니다. 마르크스주의 혁명의 안타까운 역사만 봐도 알 수 있다. 혁명이 9시부터 5시까지 일하는 직업이 되어버리지 않았는가. 즐기라는 초자아의 명령은 우리가 욕망과 충동을 포기하고 혁명지도자가 내린 지시로 쉽게 둔갑할 수 있다. 당 지도부의 지시는 '영구혁명'이라는 개념에 포장되어 보존되지만, 기껏해야 혁명가들의 주이상스를 무한히 지연시키는 것에 불과하다.

정신분석의 윤리는 혁명적이거나 집단적이기보다는 차라리 엄격히 개인적이며 늘 역설적인 원 투 펀치 주위로 구성되는 듯이 보인다. 1) "즐겨라!" 다만 2) 주이상스는 오직 함축적일 뿐이다.[27] 혹은 1) "너는 언제나 반역할 권리가 있다." 다만 2) "어떤 반역도 초자아를 사라지게 하지 못한다는 것을 알아야 한다." 혹은 1) "주이상스는 이미 포기되었다." 다만 2) "네가 버리지 못한 그 초라한 잔여물을 포기하지 말라."[28]

충동의 윤리는 — 욕망의 윤리 못지않게 — 역설에 붙들려 있지만, 불가능한 윤리는 아니다. 충동을 기억하고 있기만 하면 된다. 충동을 잊어버리는 것은 포기를 의미하고 대타자에게 우리의 주이상스와 함께 충동을 넘겨주는 것이다. 정신분석의 역사에서 충동은 억압의 변이를 거쳐 왔다. 충동은 잊혀져왔다. 라깡만이 프로이트의 개념이 던지는 도전에 대응했다. 하지만 우리도 이제 그 도전을 받아들일 수 있다. 당신의 욕망을 포기하지 말라. 당신의 충동을 잊지 말라. 충동에 대해 발언하라.

주

1 아들러는 프로이트, 융과 함께 독일의 3대 정신분석이론가이자 심리학자로, 한국 독자에겐 베스트셀러『미움 받을 용기』를 통해 대중적으로 알려졌다(역주).

2 여기 수록된 논문들 중 일부는 "본능과 그 변이"라고 알려진 스트레치의 영역본 제목을 그대로 사용하기도 하는데 이 글의 필자 콜린즈는 '본능' 대신 '충동'을 의도적으로 제목에서 사용한다. 한국어 번역에서는 저자들의 선택과 별도로 프로이트 글의 제목은 모두 "충동과 그 변이"로 번역했다(역주).

3 편집자의 말 주6번에 역주로 첨가된 인용된 프로이트의 글 첫 대목 참조(역주).

4 라깡의 영역자로 유명한 앨런 셰리단이다.『에크리』와『정신분석의 네 가지 개념』을 영역했는데,「충동의 해체」라는 제목으로 영역된 글은『네 가지 개념』에 수록되어있다(역주).

5 안나 프로이트는 프로이트의 딸로 자아심리학을 발전시키는데 공헌했다. 자아심리학은 무의식 등 프로이트의 핵심 개념들보다는 자아의 방어메커니즘과 적응작용에 더 집중한다. 하인즈 하트만이 안나 프로이트와 함께 자아심리학의 대표이론가로 꼽힌다(역주).

6 세실 베인즈는 프로이트의 영역자로 알려져 있고 특히 안나 프로이트의『자아와 방어메커니즘』을 영역한 것으로 유명하다(역주).

7 프로이트가 처음 사용한 '충동'의 번역문제는 영어권 뿐 아니라 한국 연구자들 사이에서도 여전히 진행되는 논의이다. 한국어로 '충동'을 '욕동' 등의 신조어로 사용하려는 시도가 있지만 이 책에서는 기존의 용어 '충동'을 선택했다. 정신분석이론의 개념어 번역에 관해서는 별도의 논문이 필요할 만큼 단순히 역주처리로 해결될 문제는 아니지만, 이 책에 한해서 간략히 밝히면, '충동'개념에 대한 별도의 신조어보다는 '충동'에 담긴 한국어의 관용적 어법과 의미에 정신분석적 의미를 첨가해서 '충동'이라는 낱말의 적용범위를 확장시키는 것이 프로이트와 라깡이 사용하는 충동개념에 더 충실한 번역어라고 생각한다. 우리말에서 충동이 사용되는 맥락에도 프로이트와 라깡이 이론적으로 발전시킨 충동개념도 포함되어있다. 일상어와 개념어 간의 어법 상 혼란스러움 그 자체가 '충동'개념의 본질적인 성격과도 어울린다고 본다(역주).

8 편집자의 말에서 '경향', '성향', '자극' 등으로 번역되어 언급된 용어들이며 이 대목에서는 '동기'가 목록에 추가되었다(역주).

9 완전한 제목은 『과학적 심리학을 위한 기획』이다. 빌헬름 플리스와의 서신을 묶어 1950년에 출간한 것으로 책의 제목은 편집자들이 부쳤다. 프로이트는 1895년에 플리스와 만난 뒤 귀가하는 기차 안에서 첫 원고를 쓰기 시작했다. 당시 프로이트가 관심 갖기 시작한 신경증에 관한 이론을 담고 있다(역주).

10 Ockham's razor: 스콜라 철학자이자 신학자인 오캠의 윌리엄이 정립한 철학적 방법론. 동일한 예측을 담고 있는 하나 이상의 가설이 있을 때 가능하면 최소의 가정을 담고 있는 것을 선택하는 방법으로, 복잡한 가설보다 실험해서 입증할 가능성이 높다는 의미에서 간단한 가설을 선호하는 것이다. 세간에 알려진 '간단한 해결책이 최상이다'라는 속설과는 전혀 다른 과학적 방법론이라고 한다(역주).

11 "Instincts and Their Vicissitudes." Sigmund Freud, *Collected Papers*, vol. 4 (New York: Basic Books, 1959), 60–83쪽.

12 프로이트의 사례연구 중 히스테리증상을 겪은 여성이다(역주).

13 "The Subversion of the Subject and the Dialectic of Desire in the Freudian Unconscious."*Écrits: A Selection* (New York: Norton, 1977), 292–325쪽. 여기 제시된 욕망의 그래프는 『에크리』 프랑스어 완본 "Subversion du sujet et dialectique du desir dans l'inconscient freudian"(Paris: Éditions du Seuil, 1966), 793–827쪽에서 발췌한 것이다.

14 맥동pulse: 맥박운동처럼 무의식의 주체가 기표를 통해 즉각적으로 나타났다 소멸되는 방식을 의미한다. 라깡의 분리주체개념은 단지 상실과 소외만을 의미하는 것이 아니라 기표에서 기표로의 연쇄적 운동에 존재하는 틈새로서의 주체를 등장시켜 기표의 전환에서 파생하는 순간적 섬광처럼 동적이고 생성적인 개념을 제시하게 된다(역주).

15 그러나 이 담론의 사용은 순수하게 교육방법론적일 뿐 라깡의 네 가지 담론에 덧붙여 '다섯 번째 담론'을 소개하려는 시도는 아님을 명심해야 한다. 라깡의 네 가지 담론은 전혀 다른 차원에서 작동한다.

16 Vorstellungsreprasentanz: '관념적 표상체'라고도 번역된다. 충동은 관념과 정

동, 혹은 정서로 표현되는데 무의식은 언어로 구성되어있다는 라깡의 테제에 기반해서 충동이 상징적 기표를 통해 관념화 혹은 표상되는 방식이다(역주).

17 "Subversion," 314쪽/817쪽.

18 *Reading Seminar I and II: Lacan's Return to Freud*. Richard Feldstein, Bruce Fink and Maire Jaanus (New York: SUNY Press, 1996), 417–421쪽에 브루스 핑크의 영역으로 수록됨.

19 Jacques–Alain Miller, "A Reading of Some Details in *Television* in Dialogue with the Audience." *Newsletter of the Freudian Field*, 4.1&2 (Spring/Fall, 1990), 15쪽.

20 20세기 초 프랑스의 극작가로 잔혹극의 주창자로 알려져 있다. 글의 출전은 원문에 나와있지 않다(역주).

21 *The Four Fundamental Concepts of Psycho-analysis*. Jacques–Alain Miller 편집. Alan Sheridan 번역(New York: Norton, 1977), 243쪽.

22 "Love's Labyrinths." *lacanian ink* 8 (Spring 1994), 12쪽.

23 "Freud's 'Trieb'," 417쪽.

24 Jacques Lacan, *Television: A Challenge to the Psychoanalytic Establishment*. Joan Copjec 편집. Denis Hollier, et al. 번역(New York: Norton, 1990), 15쪽.

25 같은 글, 16쪽.

26 같은 글.

27 "Subversion," 319쪽/821쪽 참조

28 Jacques–Alain Miller, "Duty and the Drives." *Newsletter of the Freudian Field* 6.1 &2(Spring/Fall, 1992), 15쪽.

욕망 : 충동 = 진리 : 앎

슬라보예 지젝

자크 알랭 밀러는 '분석의 구성'이라는 개념이 분석가가 언제나 옳다는 (의심스러운) 주장에 좌우되지 않는다고 한다(이 주장에 의하면 분석가가 제안한 구성을 환자[1]가 받아들일 경우 분석가의 구성이 옳다는 것을 환자가 직접 승인하게 된다. 환자의 거부는 저항의 신호이며, 역으로 분석가의 구성이 진실을 담고 있다는 사실을 마찬가지로 승인하게 된다). 오히려 이 주장을 역으로 뒤집어서 정의상 피분석가는 항상 틀린다. 이 점을 이해하기 위해서 앎과 진리라는 한 쌍과 상관된 또 하나의 쌍인 구성construction과 해석interpretation을 구별해야 한다. 해석은 언제나 피분석가와 분석가 사이의 상호주관적인 인식의 변증법에 뿌리를 두고 있는 몸짓이다. 해석은 무의식의 특수한 형태와 관련된 진리의 효과를 목표로 삼는다(꿈, 증상, 언어실수 등). 주체는 해석자가 제시한 의미화과정에서 스스로를

'인식'하도록 기대된다. 자신을 정확히 주체화시키고 제시된 의미화과정을 '자신의 것'으로 취해야 한다("그래 맞아, 세상에. 정말 그게 나예요. 나는 진짜 이걸 원해요"). 해석의 성공은 이 '진실효과'에 의해 가늠되며 피분석가의 주체위치에 미치는 영향의 정도에 따라 측정된다(지금까지 깊숙이 억압되어온 트라우마적 조우의 기억을 불러오게 되고 격렬한 저항이 일어난다). 이 과정과 정반대되는 구성(가령 근본적 환상의 구성)은 결코 주체화될 수 없는 앎의 지위를 점하고 있어 주체가 자신에 관한 진실로서 취할 수 없다. 이 진실은 자신의 존재 가장 깊숙한 핵심에서 인정하는 것이다. 구성은 순수하게 논리적인 설명력을 갖는 가정으로서 어린아이의 환상인 "아이가 매 맞고 있다"의 두 번째 단계와도 같다("내가 아버지에게 매 맞고 있어요"). 이 환상은 프로이트가 강조한 대로 무의식의 심연에 놓여 있어서 결코 기억나지 않는다.

> 두 번째 국면은 가장 중요하면서도 기념비적이다. 하지만 어떤 의미에서는 이 국면이 현실적 존재를 갖지 않는다고 말할 수 있다. 결코 기억되지 않으며, 의식화하는데 성공할 수 없다. 분석의 구성에 해당하는 이 국면은 현실적 존재를 갖지 않는다는 바로 그 이유 때문에 필요하다.[2]

이 국면이 "결코 현실적 존재를 갖지 않는다"라는 사실은 물론 라깡의 실재가 갖는 위상을 제시한다. 우리는 이와 관련해서 "실재에서의 앎", 즉 '머리 없는' 비주관적 앎을 알고 있다. 비록 (혹은 차라리 바로 그 이유 때문에) 주체의 존재에 놓여있는 중핵을 언어화하는, "네가 바로 그것이다!"라는 진술의 일종이지만, 그런 가정은 '나'를 **탈주체화**한다. 즉 '나'는 라깡이 '주체적 빈곤'이라고 부른 것을 거쳐야만 '나'의 근본적 환상을 가정할 수 있다. 혹은 다른 식으로 말하자면 해석과 구성은 서로에게 증상과 환상으로 마주선다. 증상은 해석되어야 하는 것이고 근본적 환상은 (재)구성되어야 한다. '머리 없는' 앎이라는 이 개념은 라깡의 강연에서 시기상 다소 늦게, 1970년대 초에 앎과 진리의 관계가 심각한 변화를 겪고 난 후에 출현하게 되었다.

이 '초기' 국면, 즉 1940년에서 1960년까지 해당되는 기간에 라깡은 주류 철학에서 주체의 발화지점을 무시하는 '주인 없는' 객관화된 앎과, 존재론적으로 개입하고 영향을 받는 '주인 있는' 진실 사이의 대립관계라는 함수 안에서 움직인다. 정신분석 진료실에서는 아마도 강박신경증 환자와 히스테리 환자 간의 명백한 대조를 통해서 이 대립관계가 가장 잘 드러날 것이다. 강박신경증 환자는 진실이라는 변장을 한 채 누워있다. 사실적 정확성의 차원에서 그의 진실은 대체로 사실이지만 그는 사실적 정확성을 이용해서 자신의 욕망에 관한 진실을 감춘다. 가령 내 적수가 브레이크 고장으로 자동차 사고를 당했을 때 사람들에게 내가 그의 차 가까이에 간 적이 없고 따라서 브레이크 고장과 아무 관련이 없다고 애써 길게 설명한다고 하자. 그것이 사실이라고 해도, 여기서 '진실'은 그 사고가 나의 욕망을 현실화하고 있다는 사실을 내가 감추려고 하기 때문에 발생한다. 이와 반대로 히스테리 환자는 거짓말로 변장한 채 진실을 말한다. 내 욕망의 진실이 내 말의 '사실적 정확성'

을 왜곡하는 것으로 드러난다. "이렇게 상담을 시작한다"고 말하는 대신에 "이렇게 상담을 끝낸다"고 말할 때 내 욕망은 명백히 드러난다. 정신분석 치료의 목표는 이 경우 사실적 정확성에서부터 히스테리적인 거짓말로 관심을 재조정하는 것이다. 이 거짓말은 자기도 모르게 진실을 발화하고 나서 진리의 자리에 들어선 새로운 지식으로 향해간다. 이 지식은 진실을 숨기는 대신 진리효과를 만들어내는 것으로서 라깡이 1950년대에 "꽉 찬 발언"이라고 부른, 주관적 진실의 울림이 담긴 발언이다. 이와 같은 진리의 개념은 물론 키에르케고르에서부터 하이데거에 이르는, 고작 '사실일 뿐인 진리'를 멸시하는 오랜 전통에 속한다.

하지만 1960년대 말부터 라깡은 만족을 제공하는 '머리 없는' 앎의 하나인 충동에 점점 더 관심을 기울이기 시작한다. 충동과 관련된 앎은 진리와는 어떤 내적 연관성을 갖고 있지 않다. 발화의 주체적 위치는 없는 것을 감추는 게 아니라 그 자체로 비주체화되었거나 진리의 차원에 존재론적으로 선행하기 때문이다(물론 존재론적이라는 용어는 여기서 문제적이다. 존재론은 개념상 진리에 관한 담론이기 때문이다). 따라서 진리와 앎은 욕망과 충동에 관련된다. 해석은 주체의 욕망이라는 진실에 다가가는 것을 목표로 삼는다(욕망의 진실은 진실을 향한 욕망이다. 이 점을 우리는 의사(疑似) 하이데거 식으로 표현하고 싶은 유혹에 빠지게 된다). 반면 구성은 충동에 관한 앎을 제공한다. '머리 없는' 진실과 같은 패러다임적 사례는 (죽음)충동의 '맹목적 고집'을 보여주는 근대과학[3]에 의해서 제공되지 않는가? 근대과학은 자신이 치르게 될 비용에는 주의를 기울이지 않고 자기 앞에 놓인 길을 따라간다(미생물학, 유전자 조작, 분자생물학 등의 경우). 여기서 만족은 앎 그 자체로부터 제공될 뿐 과학적 앎이 봉사한다고 알려진 어떤 도덕적 혹은 공동체적 목표의 달성이 아니다. 오늘날 만연한 모든 '윤리위원회'는 유전자조작이나 의학적 실험 등의 적법한 절차를 위한 규칙을 세우려고 시도하는데, 궁극적으로 어떤 내재적인 한계(쉽게 말해 과학적 태도라는 내재적 윤리)도 모르는 과학의 진보를 향한 가차 없는 충동을 인간의 목표라는 제한적 틀 속에 재기입하려고 애쓰면서 과학에 '인간적 얼굴'을 부여하려고 하고 있지 않는가? 오늘날 일상적인 지혜란 "과학적 장치를 통해 자연을 조작하는 탁월한 능력과, 이 막대한 힘을 우리가 인간적으로 행사할 수 있는 능력보다 앞서 있다"는 것이다. 결과적으로 "충동을 따르라"는 전형적인 현대적 윤리는 적합한 조치를 취할 기준에 따라 삶을 영위하고 삶의 제반양상을 선이라는 보편적 개념에 따르도록 하려는 전통적 윤리와 충돌하게 된다. 물론 문제는 이 두 가지 윤리 개념 사이에 어떤 균형도 가능하지 않다는 점이다. 과학적 충동을 생명-세계의 제한규정으로 재기입하는 개념은 가장 순수한 형태의 환상이다. 어쩌면 가장 근본적인 파시스트적 환상일 것이다. 이런 종류의 한계 짓기는 어떤 것이든 과학의 내재적 논리와는 이질적이다. 과학은 실재에 속한다. 주이상스적 실재의 한 양식으로서 과학은 상징화작용의 양태들과 사회적 생활에 영향을 미치는 방식에는 무관심하다.

물론 과학적 장치의 구체적 조직, 그 가장 추상적인 개념적 체계에 이르는 과정은 '매개'되어있다. 그러나 근대과학의 가부장적이고 유럽중심적이며 기계주의적이고 자연 착취적 편향을 식별해내는 게임 전체는 사실상 과학과는 무관하다. 과학은 과학적 기계의 작동 속에서 실현되는 충동에 다름 아니다. 하이데거의 입장은 여기서 아주 모호해진다. 아마도 과학이 선험적으로 진리의 차원을 놓치고 있다는 명제를 가장 세련되게 주장했다는 이유로 하이데거는 너무 쉽게 무시된 듯 보인다. "과학은 생각하지 않는다"라고 그는 주장하지 않았던가? 다시 말해, 개념상 과학은 그 철학적 토대, 과학적 기능이 갖는 해석학적 지평을 반성할 능력이 없다. 게다가 이 무능력은 어떤 방해물이라기보다는 과학이 무리 없이 작동하기 위한 가능성의 실증적 조건이 아니던가? 하이데거의 주장이 갖는 중요성은 차라리 근대과학 그 자체는 어떤 제한되고 실체적[4]이며 '사회적 조건이 부여된' 선택지(특정한 사회적 집단 등의 이익을 표현하는 것)로 환원될 수 없으며, 그보다는 역사적 순간의 실재로서, 모든 가능한('진보적'이고 '반동적'이며 '기술관료적'이고 '생태적', '가부장적'이고 '페미니스트'인) 상징적 우주들 속에서 "언제나 동일하게 남아 있다"는 점이다. 하이데거는 과학이 서구자본주의지배나 가부장제적 억압 등의 도구라고 주장하는 제반 유행하는 "과학에 대한 비판들"은 과학적 충동의 "단단한 중심핵"에 다가가지 못할 뿐 아니라 일체의 의심도 없이 그 핵심을 그저 내버려두고 있다는 사실을 잘 알고 있었다. 라깡은 과학이 좀 더 근본적 의미에서 '실재'적이라는 사실을 덧붙인다. 과학은 하이데거적 존재Being의 시대가 갖는 역사성의 관점에서 조차 엄격히 비역사적인 담론의 첫 번째(그리고 아마도 고유한) 사례이다. 이 시대는 존재의 드러남disclosure을 역사적으로 결정한 지평들과는 본질적으로 무관하다.[5] 정확히 말해 과학이 "생각하지 않는다"는 조건에서만 과학은 안다. 이 [과학적] 앎은 진리의 차원을 무시하고 있으며, 가장 순수한 형태의 충동이다. 라깡은 하이데거에 다음과 같은 내용을 덧붙인다. 근대과학에 작동하고 있는 이 철저한 '존재의 망각'이 단지 가장 큰 '위험'으로만 인식되어야 하는가? 거기에는 '해방적' 차원도 있지 않는가? 존재론적 진리를 과학의 구속받지 않는 기능으로 중지시키는 것이 이미 일종의 형이상학적 봉쇄를 '통과하고' '넘어서는' 것은 아닐까?

정신분석 내에서 절대 주체화될 수 없는 충동의 앎은 주체의 '근본적 환상'이라는 앎의 형태를 취한다. 이 환상은 주체가 주이상스로 접근하지 못하게 통제하는 매우 특수한 공식이다. 다시 말해 욕망과 주이상스는 본질적으로 적대적이며 배타적이다. 욕망의 존재이유(혹은 리처드 도킨스의 표현을 따르면 '효용함수'[6])는 자신의 목표를 실현하거나 완벽한 만족을 찾는 것이 아니라 욕망의 재생산이다. 그럼에도 불구하고 욕망과 주이상스를 한 쌍으로 묶는 것은 가능할까? 어떻게 욕망의 공간 안에 최소한의 주이상스를 보장할 수 있을까? 이것은 라깡의 그 유명한 소대상에 의해서 가능하다. 소대상은 욕망과 주이상스의 통약 불가능한 영역을 매개해준다. 정확히 어떤 의미에서 소대상은 욕망의 대상-원인인가? 소대상은 우리가 욕망하고, 얻으려고 애쓰는 것이 아니다. 그보다는 욕망을 작동시키고 욕망에 일관성을 부여하는 형식적 프레임이다. 욕망은 환유적이다. 한 대상에서 다른 대상으로 옮겨간다. 이 모든 전치들을 통해서 욕망은 최소한의 형식적 일관성을 유지한다. 어떤 실증적 대상에서 마주치게 되는 환상적 성질들이 우리가 이 대상을 욕망하게 될 것이라고 보장한다. 소대상은 욕망의 원인으로서 오직 이 일관성의 형식적 프레임일 뿐이다. 이와는 다소 다른 방식으로 동일한 메커니즘이 사랑에 빠진 주체를 통제한다. 사랑의 자동작용automatism은 뭔가 우발적이며 전적으로 무관심한(리비도적인) 대상이 미리 주어진 환상적 위치를 차지하게 될 때 작동하기 시작한다. 사랑의 이 자동적 발현에서 "성관계란 없다." 즉 파트너와의 조화로운 성관계를 보증하는 어떤 보편적인 공식이나 매트릭스가 없기 때문에 환상의 역할이 생긴다. 성관계의 보편적 공식이 부재하므로 모든 개인은 자신만의 환상, 즉 성관계를 위한 '사적인' 공식을 발명해야 한다. 남자에게 여자와의 관계는 오직 그녀가 그의 공식을 채울 때에만 가능하다. 프로이트의 환자였던 유명한 늑대인간의 공식은 "등을 돌린 채 두 손 두 발을 바닥에 대고 엎드린 채 뭔가를 닦거나 빨래를 하고 있는 여자"이다. 이런 자세를 하고 있는 여자를 보면 자동적으로 그는 사랑을 느낀다. 오래된 그리스와 로마의 조각상 모델을 따르는 존 러스킨의 공식은 초야에 조각상에서는 찾을 수 없었던 음모를 아내 몸에서 보게 되자 희비극적인 실망감에 빠지게 된다. 음모를 발견한 사건은 그를 완전히 성불능으로 만들었다. 그는 아내가 괴물이라고 확신한다.[7]

최근에 슬로베니아의 페미니스트들은 몸에 달라붙는 수영복을 입은 여성들의 선탠이 잘된 엉덩이를 "각자 자신만의 지수가 있다"는 문구 아래 제시하는 썬 로션 광고포스터에 분노했다. 물론 이 광고는 다소 저속한 이중 의미를 사용했다. 광고 문구는 겉으로는 썬 로션의 자외선지수가 다양하게 고객의 피부에 맞게 제공된다는 의미를 전하고 있지만 광고의 효과는 매우 분명한 남성 우월주의적 해석에서 비롯된다. “남성들은 개별 여성들의 지수, 그녀만의 특수한 촉매제를 알고 있다면 그녀를 흥분시켜 취할 수 있다”는 의미다. 근본적 환상에 관한 프로이트의 핵심은 남성이든 여성이든 주체는 자신의 욕망을 통제하는 ‘지수’를 가지고 있다는 것이다. “두 발과 두 손을 바닥에 짚고 엉덩이를 자신에게 향한 채 엎드린 여성”은 늑대인간의 지수이다. 음모가 없는 조각상 같은 여성은 러스킨의 지수이다. 이 ‘지수’를 우리가 알고 있다는 사실 자체에 어떤 형태로든 고양된 정신 따위는 없다. 이 앎은 주체화될 수도 없는 심리적인 것이며 기묘하며 공포심을 일으킬 정도이다. 그 앎은 주체를 ‘탈소유화’함으로써 ‘위엄과 자유를 넘어서’ 꼭두각시 같은 차원으로 우리를 강등시킨다.

주

1 정신분석의 임상은 일반 의학과 달리 분석가와 피분석가 혹은 내담자의 관계이지만, 원문에 '환자'라는 단어가 사용되었기 때문에 원문에 따라 '환자'로 번역한다(역주).

2 Sigmund Freud, "A Child is Being Beaten." *Standard Edition*, vol. 10, 185쪽.

3 Jacques-Alain Miller, "Savoir et satisfaction." *La Cause freudienne* 33, Paris 1996.

4 ontic: 하이데거의 개념으로서 실제적이고 물질적이며 사실적 존재 그 자체, 여기 있는 것으로서의 실체적 존재를 의미한다(역주).

5 하이데거는 『존재와 시간』에서 인간이라는 존재를 현존재Dasein라고 부른다. 이는 세계 속에 현재 존재하고 생활하며 타자와 맺는 관계 속에서 자신의 존재를 스스로 결정하면서 살아가야 한다는 의미이다. 이 현존재의 '존재'를 실존이라 부른다. 이런 고찰을 통해 그는 스스로 드러내는 있는 그대로의 모습을 나타내는 것을 현상학이라고 불렀다. 여기서 '무관'하다는 것은 무관심하거나 무시한다는 뜻이 아니라 하이데거적 존재가 역사적으로 결정된 시간성에 국한되지 않는다는 의미이다(역주).

6 효용함수란 화폐단위로 표현된 가치와 효용간의 관계를 나타낸다. 이 대목에서 지젝은 리처드 도킨스의 유전자와 생명체간의 관계에 대한 언급을 인용하고 있다. 도킨스는 살아있는 자연에게 신의 효용함수는 유전자의 재생산이라고 했다. 즉 유전자가 생명체의 수단이 아니라 생명체가 유전자의 재생산을 위한 수단이며, 이와 마찬가지로 욕망의 효용함수는 만족이 아니라 욕망의 재생산이라는 것이다(역주).

7 1965년 러스킨의 전기 작가 메리 루티엔스가 주장한 것으로 혼인 첫날 밤 아내 에피의 음모를 보고 놀라 발기불능이 되었다는 속설이다. 이를 뒷받침할 증거는 없고 확인된 사실은 러스킨이 신방에 아예 들어가지 않았으며 성관계 없이 6년 동안 결혼생활이 지속되었고, 나중에 에피가 이혼신청을 하면서 이혼사유로 발기불능을 들었다는 것이다. 러스킨이 부인과 성생활을 하지 않은 이유 중 가장 신빙성 있는 이유는 러스킨의 소녀취향이라고 알려져 있다(역주).

충동의 만족

레나타 살레츨

충동은 무엇보다 주체가 기표의 주체가 되어 상징적 구조에 통합되는 작용을 거치고 난 뒤 남은 잔여물로 이해될 필요가 있다. 주체가 발화존재가 되면 그 혹은 그녀는 더 이상 동물적인 본능만으로 섹스할 수 없다. 하지만 그저 상실만 겪는 게 아니라 주체에게 지속적인 압력을 가함으로써 주체를 본질적으로 표지해주는 어떤 힘을 만나게 된다. 이 힘을 라깡은 다양한 이름으로 부른다. 리비도, 충동, 혹은 라멜라.[1] 이러한 이름 짓기를 통해 라깡은 프로이트 이론에 색다른 시각을 제공한다.

프로이트에게 리비도는 무엇보다 주체가 성적 만족을 다양한 방식을 통해 취할 수 있는 능력과 관련된다. 섹스만이 아니라 주체는 먹고 배설하고 바라보고 말하고 글을 쓰는 행위를 통해 성적 만족을 얻는다. 리비도는 항상 리비도 대상과 연결되어있다. 이 대상은 단순한 물질적 대상이라기보다는 라깡이 소대상이라고 부른 것이다.

주체에게는 오직 부분충동만이 존재하며 순수한 의미의 성기중심 충동은 없다는 점이 중요하다. 주체는 부분충동에 의해서 결정되는 한편 대타자, 즉 사회적 상징구조의 장에 의해서 결정된다. 이미 프로이트의 이론에서도 가령, 사랑은 충동의 차원이 아니라 대타자 쪽에 기초해 있다. 그리고 이 대타자의 장에서 성기중심 충동을 닮아있는 어떤 것이 형성된다.

충동은 상징화 과정에서 남겨진 잔여물이지만 대타자의 장과 무관하다고 할 수는 없다는 점에서 역설적이다. 시선의 충동을 예로 들어보자. 시선의 충동에서 주체는 대상을 바라보거나 응시할 뿐 아니라 자신을 응시의 대상으로 만들기도 한다. 따라서 관음증 환자는 비밀리에 뭔가를 관찰하고는 있지만 중요한 것은 [시선의] 주체가 오히려 대타자에 의해 응시받기를 바란다는 점이다. 시선의 충동에서 주체는 대타자를 보완해줌으로써 완성시키는 대상의 자리에 자신을 놓는다. 대타자는 이 주체를 응시하면서 즐기도록 되어있다. 따라서 시선의 충동에서 주체가 만족을 얻기 위해서는 반드시 대타자가 필요하다. 라깡은 여기서 노출증 환자의 예를 제시한다. 이 환자에게 노출의 대상은 노출한 자신을 대타자가 바라보고 있다는 조건하에서만 의미를 갖는다. 노출증 환자의 희생자가 보이는 공포심이나 불편한 반응은 노출 행위를 통해 자신이 응시될 것을 안다는 전제에서만 의미를 갖는다. 마찬가지로 가학증 환자에게도 같은 얘기를 할 수 있다. 가학증환자가 희생자에게 가하는 고통은 반드시 대타자의 응시가 전제되어야 한다.

라깡은 "충동의 경로는 쾌락원칙과의 관계에서 주체에게 허용된, 유일한 형태의 위반이다"라고 했다.[2] 쾌락원칙은 상징계적 법으로서, 충동의 만족과 관련된 주이상스의 맹공을 막기 위한 안전장치이며 항상성 유지로 이해할 수 있다. 프로이트이론에서도 충동은 쾌락원칙 너머에 존재하는데, 라깡은 여기에 충동과 연결된 위반은 어떤 식으로든 상징계 자체의 허가를 받은 것이라고 덧붙인다. 충동이 대타자와 관련되어있는 한 주체는 대타자로부터 위반의 허가를 받게 된다.

충동과 욕망은 각각 상징계 구조와 다른 방식으로 관계를 갖는다. 욕망은 본질적으로 법에 연결되어있다. 욕망은 늘 금지되었거나 사용할 수 없는 것을 찾는다. 욕망의 논리는 따라서 다음과 같다. "이걸 하는 것은 금지되어있어. 하지만 나는 그래도 할 거야." 충동은 이와 반대로 금지를 개의치 않는다. 충동은 법을 극복하는 것과는 무관하다. 충동의 논리는 이렇다. "나는 이걸 하고 싶지 않아. 하지만 그래도 하고 있어." 따라서 충동 안에는 모순적 논리가 작동한다. 주체는 어떤 것을 할 욕망이 없으면서도 바로 그것을 하면서 즐긴다.

라깡의 이론에서 충동은 역설적으로 항상 만족을 얻지만, 욕망은 만족되지 못하고 끝없이 한 대상에서 다른 대상으로 옮겨가면서 새로운 제한과 금지를 만든다. 충동은 지속적인 압박이며 소대상 주변을 돌면서 주이상스, 즉 고통을 주는 만족감을 생산한다.

자크 알랭 밀러는 라깡의 후기 세미나에서 소대상, 즉 충동이 그 주변을 도는 대상은 특별한 종류의 만족으로 이해되어야 한다고 지적한다. "충동에 조응하는 대상은 대상으로서의 만족이다."[3] 밀러가 지적하듯이 만족을 찾는 충동은 도착을 닮아있다.

도착증 환자에게는 단순한 섹스 외의 방식으로 성적 만족을 추구하는 것이 매우 중요하다. 하지만 도착증은 신경증과는 다르다. 신경증 환자는 늘 만족이 결여되어있고 자신이 원하는 것이 무엇인지 모른 채, 한 대상에서 다른 대상으로 옮겨 다니면서 끝없이 자신의 욕망의 본질에 대해 묻는다. 이와 대조적으로 도착증환자는 만족감을 느낀다. 그들은 대상을 찾아내어 성적 만족을 얻는다. 이것이 바로 도착증환자가 정신분석을 요구하는 경우가 드문 이유이다. 혹은 그들이 정신분석을 찾을 때는 자신이 찾은 만족이 적합한 것인지를 궁금해 할 때뿐이다(핑크의 글 참조). 도착이 이성 파트너와의 만족을 추구하지 않는 것과 마찬가지로 충동 역시 이성 파트너를 향하지 않는다. 오로지 리비도 대상을 향하고, "대상으로서의 부분적 만족"[4]을 향한 충동만 있을 뿐이다. 따라서 충동은 부분대상, 즉 소대상의 주변을 돌고 이 회전은 정확히 만족을 구성한다.

욕망이 지속적으로 질문을 하고 있다면 충동은 질문이 멈추는 곳에서의 무기력함을 제시한다. 여기서 충동의 역학은 도착과 닮아있다. 도착증환자는 어떤 허락도 요청하지 않는다.

라깡에게 충동의 최종심급은 언제나 죽음충동이다. 파괴적 힘인 죽음충동은 끝없이 주체가 상징계적 우주에서 발견한 지지대들을 손상시킨다. 이에 비해 욕망은 역설적으로 보호의 역할을 담당한다. 법에 종속되어 있는 욕망이 무법적 충동과 그것에 결부된 공포심을 일으키는 주이상스를 달래주기 때문이다. 욕망의 주체는 동일화의 주체이다. 이 주체는 상징계적 우주 안에서 끝없이 지원받을 수 있는 지점을 찾는다. 이 지지대는 바로 주체가 자기동일화를 통해 정체성을 얻게 되는 자아이상이다. 이런 동일화의 지점은 스승, 연인, 분석가 등이 될 수 있다. 반대로 충동의 차원에서는 더 이상 동일화란 존재하지 않고 오직 주이상스만 있다.

욕망이 하는 일은 환상을 열고 주체를 위해서 충동의 주이상스에 가면을 씌울 시나리오를 만드는 것이다. 욕망은 이처럼 쾌락원칙에 붙잡혀있지만, 충동은 쾌락원칙 너머로 향한다. 밀러의 해석에 의하면 역설적으로 주체는 항상 충동의 차원에서는 행복하다. 비록 주체는 충동으로 인해 실제 심하게 고통을 느끼고 그 끔찍한 압박으로부터 벗어나려고 몸부림치지만, 이 고통 속에는 주이상스가 작동한다. 이 말은 주체가 의지할 수 있는 가장 큰 행복이 이 고통스런 만족에 다름 아니라는 것을 의미한다.[5] 라깡의 후기 저작에서 핵심 쟁점은 어떻게 분석의 주체가 자신의 충동을 해결하기 위해서 대타자의 욕망이 일으키는 끝없는 동요를 포기하게 되는가이다. 주체를 동요하게 만들어 자발적으로 분석을 받으러 나서게 하는 가장 본질적인 질문은 대타자의 욕망에게 묻는 "나는 무엇인가?"이다. 그리고 분석의 전 과정은 이 질문에 대한 대답을 찾는데 할애된다. 라깡은 분석의 끝에 주체가 답을 얻게 된다고 한다. 답은 바로 대타자의 욕망이 실제 주체 자신의 욕망이라는 것이다. 그렇지만 어떻게 주체는 이 대답에 이르게 되는가? 콜레트 솔러가 지적하듯이 대타자나 주체 모두 이 대답을 할 수 없다. 대타자는 대답을 제공할 수 없다. 우리는 대타자와 함께 기표들의 계기를 발견하겠지만 이 계기는 주체를 완전히 제시할 수 없고, 고작 또 다른 하나의 기표를 위해서만 주체를 제시할 수 있을 뿐이다. 한편 대타자에는 결여가 있다. 라깡의 이론에서 이 결여는 기표들 사이의 간극으로 이해되어야 한다. 반면 발화의 주체가 놓인 장에서는 기표들의 계기 사이에 분리가 생긴다. 이 분리는 주체이고 또 근본적 결여를 표상한다. 이 때문에 주체는 앞의 질문에 대한 답을 할 수가 없다. 따라서 뭔가 다른 것이 그 대답에 도달해야하고, 그것은 바로 충동이다. 콜레트 솔러는 말한다. "'기표 너머에서 주체는 무엇인가?'라는 질문에 대한 대답은 충동이다. 따라서 주체와 대타자 사이의 간극, 교차, 혹은 공허는 비어있지 않았다. 그 공허 안에 뭔가가 들어온다. 그것은 바로 소대상이다. 소대상은 논리적일 뿐 아니라 신체적 일관성이며, 라깡이 말한 대로 잉여주이상스이다."[6] 충동은 다만 질문에는 침묵으로 답한다. 입을 다문 채 행동으로 만족시킨다.

라깡에게 충동은 본질적으로 주체를 분열시키는 것이며 주체의 '진정한 의지'(의식적인 의지는 아니다)이다. 그 자체로 "충동은 주체가 자신 안에서도 어쩌지 못하고 막을 수 없는 어떤 것이다."[7] 그러나 충동은 역설적으로 우리를 타자로 이끌어가며 나와 다른 누군가를 사랑의 대상으로 만든다. 여기서 우리는 다시 충동의 부분적 성격을 떠올리지 않을 수 없다. 한 사람 전체를 대상으로 취할 때 우리는 충동의 차원이 아니라 사랑을 하는 것이다. 그래서 사랑을 지각하는 동안 우리는 항상 타자를 온전히 사랑한다. 깊이 사랑에 빠져있는 동안 우리는 늘 그 사람에게 이끌리는 이유를 정확히 알지 못한다. 그의 모든 것은 내게 매력적이며, 처음에는 이상해 보였던 것들도 사랑스럽게 받아들인다. 사랑을 할 때 우리는 매혹된 상태에 빠져 사랑하는 사람을 완전하고 이상적으로 여기게 된다. 사랑의 지각은 우리가 소대상과 사랑에 빠진 것이며, 우리가 사랑하는 연인은 정작 이 소대상을 갖고 있지 않다는 사실을 감춰 버린다.

충동과 욕망 사이의 구별에 관한 상기한 논의에 따르면 소대상은 역설적인 대상으로 이해되어야 한다. 이 대상은 결코 성취할 수 없는 욕망의 대상인 동시에 이미 얻은 충동의 대상이다. 이제 라깡이 전이에 관한 세미나에서 제시한 주장을 받아들일 수 있다. 우리가 상대를 사랑하는 이유는 그가 분열되고 욕망하는 주체이기 때문이다. 하지만 충동에 관한 라깡의 후기 저작을 고려하면 다음과 같은 사항을 덧붙여야 한다. 누군가를 사랑의 대상으로 만드는 것은 그가 자신의 충동을 만족시키는 방식에 관련된 주이상스이다.

여기서 주체와, 타자의 충동과 욕망 사이에는 역설적인 이끌림이 일어난다. 우선 사랑하는 주체는 타자가 욕망하는 주체이기 때문에 매혹된다. 이 말은 사랑받는 주체는 다음과 같은 질문 때문에 동요된다는 의미이다. 타자는 무엇을 욕망하는가? 사랑받는 주체는 타자의 욕망의 대상이 되기를 소망한다. 다른 한편 사랑하는 주체는 타자의 주이상스 때문에 동요되면서 매혹된다. 증오심의 경우(증오는 언제나 사랑과 한 쌍을 이룬다), 가령 인종차별주의나 민족주의에서 주체가 타자를 거부하는 이유는 다른 무엇보다 타자가 즐기는 방식 때문이라는 사실은 잘 알려져 있다. 타자의 이해할 수 없는 주이상스는 모든 종류의 환상을 불러일으켜서 타자가 음식이나 음악 등을 즐기는 방식을 증오하게 된다. 또 다른 차원에서 사랑의 경우 우리는 이런 종류의 타자의 주이상스에 대한 이끌림(이런 매혹은 언제나 혐오로 변할 수 있다)과 만나게 된다. 이 주이상스는 타자의 응시, 목소리, 냄새와 웃음, 미소 등에 기입되어있다.

불안에 관한 세미나에서 라깡은 수수께끼처럼 말한다. 주이상스를 겸손하게 욕망 앞에 몸을 낮추게 하는 것은 오직 사랑이다.[8] "욕망은 대타자의 욕망"이라는 의미에서 욕망이 근본적으로 대타자에 의지하고 있다고 이해되어야 한다면, 대타자의 욕망 이면에 있는 것, 최종심급에서 우리의 욕망을 움직이게 하는 것은 대타자의 참을 수 없는 주이상스라는 사실을 덧붙여야 한다. 대타자에 우리가 매혹되는 이유는 단순히 그 혹은 그녀의 욕망이 아니라 충동 때문이다. 충동은 타자를 뭔가 행동하도록 만든다. 아무리 고통스럽더라도 그 행동을 하게 된다.

주

1 lamella: 얇은 판이나 조각, 박막이라고도 번역되는 라멜라는 라깡이 상징질서 안에서 죽지 않는 괴물처럼 남아있는 대상-리비도를 지칭하기 위해 사용한 표현이다. 태아가 자궁을 뚫고 나올 때 달걀을 깰 때처럼 얇은 막이 떨어져 나온다. 또 아메바처럼 평평하고 납작하지만 단세포생물체보다는 약간 복잡하고 성 구성된 존재의 몸에 유동적으로 붙어서 영생하는 어떤 힘이자 압력이 있다. 가령『이상한 나라의 앨리스』에 등장하는 고양이의 웃음 같은 것에 비유된다. 라깡에 의하면 라멜라는 존재하지 않지만, 고집스럽게 주장한다(역주).

2 Jacques Lacan, *The Four Fundamental Concepts of Psycho-Analysis* (New York: Norton, 1977), 183쪽.

3 Jacques-Allan Miller, "On Perversion." *Reading Seminars I and II: Lacan's Return to Freud*. Bruce Fink, Richard Feldstein, Marie Jaanus 편집 (Albany: SUNY Press, 1995), 313쪽.

4 같은 글.

5 Jacques-Allan Miller, *Donc*(미간행 세미나 1993-4), 5/18/94.

6 Collette Soler, "The Subject and the Other (II)." *Reading Seminar XI: Lacan's "Four Fundamental Concepts of Psychoanalysis."* Bruce Fink, Richard Feldstein, Marie Jannus 편집(Albany: SUNY Press, 1995), 52쪽. 충동의 침묵과 연결된 사실은 충동이 시간 속에 존재하지 않는다는 것이다. "충동의 만족이 갖는 시간적 구조는 순간성이다. 바로 힐끔 보는 순간이다. 곁눈질의 순간 주체는 구체적인 만족을 얻도록 해주는 어떤 것을 원한다"(같은 글). 따라서 신경증적 주체가 시선의 충동을 만족시키기 위해서는 그저 힐끔 보기만 하면 된다.

7 같은 글, 53쪽.

8 Jacques Lacan, *Angoisse*, Seminar 10 (미간행, 1962-3), 3/13/63.

충동들

엘리 래그랜드

「정신병 치료를 위한 예비적 고찰」(1957-1958)이라는 글에서 라깡은 수사적 질문을 던진다.

> 프로이트 이론에서 충동의 개념이 갖는 지극히 비순응적인 성질을 다시 떠올려야만 하지 않을까? 경향성, 즉 그것이 향하는 방향과 충동의 대상 사이에 존재하는 원칙의 탈정합성 말이다. 그리고 충동 자체의 본래적인 '도착' 뿐 아니라 어떤 개념적 체계, 말하자면 프로이트가 그의 작업 초기부터 어린아이의 성 이론이라는 표제 하에 제시해온 체계에 충동이 갖는 함의를 기억해야만 한다.[1]

1960년에는 「프로이트의 무의식에서 주체의 전복과 욕망의 변증법」이란 글에서 자신의 충동개념을 "기표의 금고"라고 부르면서, 라깡은 이렇게 쓴다.

> 주체가 요구를 받고 사라질 때 뭔가가 남게 된다. 요구 역시 사라진다. 오직 한 가지 예외라면 그 단절이 남게 된다. 단절은 충동이 서식하는 유기체적 기능으로부터 충동을 구별해내는 것 속에 남아있다. 즉 원천과 대상 양쪽 모두에 절합된 충동의 역전을 통해 드러난 충동의 문법적 기교를 의미한다…….[2]

이 두 개의 초기 진술로부터 우리는 무엇을 추론해 낼 수 있을까. 충동을 경험—경향성과 방향, 그리고 대상—뿐 아니라 개념화과정에서 비순응과 도착으로 묘사한 프로이트의 개념을 재검토할 때 라깡은 프로이트가 충동의 뿌리를 어린 시절의 섹슈얼리티에서 찾았다는 사실을 강조한다. 자신의 개념화과정을 제시할 때 라깡은 충동의 두 가지 양상을 지적한다. 충동을 "기표의 금고"로 지정하기 바로 직전 라깡은 진술의 차원에서 무의식의 주체는 지정할 수 없다고 말한다. 무의식의 주체는 자신이 말하고 있다는 것을 모르면서 뭔가를 발화한다. 무의식의 주체는 충동에서 "[주체가] 말할수록 발화에서 더 멀어져야 한다는 조건을 만족시켜주는" 유기적 지도그리기에 의해서 지칭된다.[3]

그래서 우리는 세 가지 부분으로 구성된 모순을 갖게 된다. 1) 결핍으로서의—즉 욕망하는—무의식의 주체는 충동의 주체와 동일하지 않다. 충동의 주체는 주이상스를 요구한다. 2) 주이상스의 요구는 결여와 욕망의 이중적 기능에 내포된 결핍과 협상하지 않는다. 3) 충동의 주체는 발화에 의해 취소된다. 그러나 라깡은 충동이 발화에서 '유기적'—구강적, 항문적 등 유기체적 발달 단계—지도그리기를 지칭한다고 말한다. 라깡은 이 모순을 언급하기 위해 결코 말을 많이 하지는 않았지만 나는 그가 욕망이 함축된 주이상스의 기능에서 (부분)충동들이 발화를 물질화한다고 말하려 했다고 이해한다. 그러나 이런 결론을 도출해내기 위해서 우리는 두 가지 차원, 즉 기술적인 차원과 물질적 차원을 고려해야 한다. 어떻게 충동은 언어가 충동을 침묵시키는데도 언어를 물질화 할 수 있는가? 그리고 어떻게 우리는 유추, 알레고리, 비유와 허구를 너머 증명할 수 있는 부분충동의 논리를 형식화 할 수 있을까?

라깡은 이 문제들을 11번째 세미나인『정신분석의 네 가지 기본 개념들』에서 충동을 프로이트의 네 가지 변이를 사용해서 묘사함으로써 해결하려고 시도했다.[4] 실재를 쾌락원칙의 방해물이라고 부르면서 그는 이미 프로이트의 죽음충동 쪽으로 실재를 위치시키기 시작한다. '쾌락원칙 너머'는 반복의 성격을 갖고 있으며 의지력과 의식적 의도에서 일정한 불가능성을 입증해준다. 만일 우리가 충동의 변증법에 주의를 기울인다면 멜라니 클라인이 주장했듯이 쾌락원칙은 환각상태에서조차 만족을 주지 않는다. 다시 말해 우리는 욕구와 쾌락을 구별해야 한다. 욕구의 대상은 그것이 뭐든 충동을 만족시킬 수는 없다. 가령 구강충동에서 우리는 입과 치아, 입술을 성감대의 한계지점으로 꼽는다.

위장이나 식도는 제외된다. 이 기관들은 영양섭취와 관련되어있고 먹는 행위에서 '만족'을 준다고 가정된 기관들이다.[5]

라깡의 설명은 위상학적이다. 성감대는 그 가장자리 모양의 구조 때문에 유기체의 나머지 부분들과 구별된다. 가장자리, 혹은 끝에서 어떤 것이 공허와 교환되어 구멍에 넣어진다. 구멍은 단일한 특성으로 한정되고, 어떤 이미지, 실체 혹은 소리의 효과로 채워진다. 뭔가 구멍에 들어가거나 나올 때 그렇다. 뜨개질 한 번 하고 진주 두 개를 단다. 뭔가가 만들어지고 꿰매진다. 공간의 구멍을 표지하는 단절의 행위는 공허가 텅 빈 것이 아님을 보증한다.

> 이 단절의 표지가 분석이론에서 묘사하는 대상에 명백히 현존하고 있음을 주시하라. 유두, 대변, 팰러스(상상계적 대상)와 소변줄기 등이다 (상상하기 힘든 목록을 덧붙인다면 음소, 응시와 목소리, 즉 무이다). 이런 특성, 이 부분적 성격이 대상들에 정당하게 강조되어 있으며, 이 대상들이 총체적 대상인 몸의 일부여서가 아니라 오직 부분적으로만 이 대상들을 만들어내는 기능을 나타낸다는 이유 때문에 적용가능하다는 것은 이제 분명하지 않은가?
>
> 이 대상들은 내 이론에서 한 가지 공통점을 갖고 있다. 이들은 어떤 거울상, 즉 타자성을 갖지 않는다. 이 대상들은 '내용물'이 될 수 있다. 혹은 의식의 주체로 간주될 주체의 안감 같은 것이다. 물론 어떠한 경우라도 뒷면은 아니다. 진술을 자청함으로써 자기 자신과 동의할 수 있다고 생각하는 이 주체는 이 대상에 불과하

다.[6]

언어학자 찰스 파일은 라깡이 "거울상이 옷을 빌려준 거울에 붙들릴 수 없는 대상"[7]이라고 시적으로 묘사한 것을 뒷받침하는 논리를 제공해준다. 사물에 대한 말의 효과 혹은 대상에 대한 이미지의 효과는 이 일반 원칙에서 비롯한다. 두 번째의 것이 첫 번째 것 대신 일어날 때마다 둘은 갈등관계에 놓인다. 따라서 두 번째 존재는 첫 번째 존재의 비존재성에 의존한다. 라깡은 존재하는 것은 "그림자의 그물에 걸린 실체이며 그 그림자로 부풀려진 질량을 도난당해서 또 다시 마치 실체인 양 그림자의 닳고 닳은 유혹을 유지시키려 하는 것"이라고 정의하면서 존재를 비존재로 만들려는 노력 때문에 야기된 문제를 지속적으로 다룬다.[8] 세미나 20『다시 한 번』(1972–1973)에서 라깡은 자신이 인정하는 유일한 실체는 주이상스라고 말한다. 뒤이어 라깡은 주이상스의 논리를 형식화한 뒤 겉으로 보기에 더 가시적이며 경험적으로 이해할만한 재현의 하나로서 잘 발달되고 복잡한 체계라고 부른다.

파일은 두 번째의 것이 설립되는 순간, 첫 번째 것은 비존재의 경사 위에 놓인다고 지적함으로써 갈등의 일반적 원칙을 구성한다. 여기/저기fort/da게임을 예로 들면서[9] 파일은 게임의 토대를 제공하는 사물—프로이트의 손자 사례에서 등장하는 실감개—은 반드시 파괴될 필요는 없지만 전치의 과정은 그 방향을 향해 있다고 했다. 다시 말해 언어는 속임수에 능한 억압의 비밀이다.

주체의 언어 습득은 창조 과정이 아니다. 차라리 언어가 주체를 창조한다. 이는 창조에 관한 단순한 개념을 역전시킨다. 단어는 충동 같은 것이 뚫어주면 시간적 차원을 띠게 된다. 이것은 물질성의 지점이며 단일체적 성질의 차원이다. 이런 의미에서 단어는 글쓰기 전에 온다. 단어는 비연속성의 영도zero-degree[10]를 유지한다. 갈등과 모순의 방식으로 단어에 거주하는 실재의 일부—라깡이 나중에 실재의 끄트머리 bout du réel라고 부른 것—이다. 단어 내부에 존재하는 이 긴장을 라깡은 위상학적으로 비틈이라고 부른다. 기대감과 소급적 작동을 통해서 문장의 의미를 문법에 묶어두기 훨씬 전에 대상들이 단어 속 결여 혹은 부족한 어떤 것의 시간적 차원을 위치시키면, 단어가 갖고 있는 이 비틈의 속성이 욕망의 첫 번째 대상원인과 함께 온다.

잔느 그라농-라퐁이 '일자'의 차원—단일체적 성질—과 실수 혹은 실책이 단어에 구멍을 형성한다고 말했을 때 다음과 같은 사실을 고려할 수 있는 길이 열렸다. 의사소통적 의미와 충동 사이의 갈등, 즉 단어 내부에 존재하는 요구는 단어 속에 비틈을 위치시키고, 가장자리와 한계, 그리고 단어가 에워싸고 있는 구멍을 통해서 현실에서 뭔가를 만들게 된다. 충동이 언어 속에 정서적 물질화로 진입함으로써 구체성의 차원이 열린다. 뿐만 아니라 단어 속 충동의 현존과 단어 그 자체 사이의 통약불가능성, 그리고 그 내부의 빈틈을 향해서도 열려 있다.

충동이 언어로 진입하게 되는 이 '일자'의 차원은 가장자리 없이 육체의 닫힌 표면과 관련된다. 반면 구멍들은 물질적 방식으로 표면을 생성하며 그것을 성감대로 만든다. 우선 불연속성과 상실의 구멍이고, 그 구멍들을 보기 위한 배경이 되는 옷감이나 장애물, 울타리가 성감대가 된다. 이런 생각은 최소한 무의식적 욕망을 충동과 연결시켜준다. 라깡은 충동을 언어 속에 담긴 요구와 같은 것으로 간주한다. 존재의 결여, 기표의 금고와 요구를 연결하는 방식에 노정된 곤경에 빠지게 되자 『세미나 20』에서 그는 간접적으로 해결책을 제공한다. 발화 자체가 성적 즐거움이 된다. "발화 역시 주이상스다." 아마도 이런 진술 때문에 데리다가 라깡의 강의가 음성 중심적이며 라깡이 문자보다 발화를 더 특권화한다고 주장했을지 모른다. 프로이트의 충동에서 라깡은 주이상스 개념만을 취한 뒤 충동의 문제학은 내버린다.

자크 알랭 밀러는 라깡의 곤궁을 다루면서 충동이 발언된 언어이며, 욕구의 **요구**, 사랑의 **요구**, 주이상스의 **요구**에 응답하는 무의식적 메시지라는 이론을 제공한다.[11] 그렇지만 라깡은 존재의 결여가 정신병에 걸리지 않은 인간 주체의 구조적 교수대라는 생각을 제시할 때부터 요구란 주이상스, 직접성, 결여의 결여 쪽에 있다고 주장했다. 욕망은 그와 반대로 사회적 연결고리, 사회적 법에 자리를 내준다. 욕망은 존재 속의 결여의 자리에서 작동한다.

주

1 Jacques Lacan, "On a question preliminary to any possible treatment of psychosis." *Écrits: A Selection*. Alan Sheridan 번역(New York: Norton, 1977), 189–190쪽.

2 Jacques Lacan, "The Subversion of the subject and the dialectic of desire in the Freudian unconscious." *Écrits:: A Selection*, 314쪽.

3 같은 글.

4 Jacques Lacan, Seminar XI (1964): *The Four Fundamental Concepts of Psycho-Analysis*. Jacques–Alain Miller 편집. Alan Sheridan 번역 (New York: Norton, 1977), 167쪽.

5 같은 글, 169쪽.

6 "The Subversion of the subject," 315쪽.

7 같은 글, 316쪽.

8 같은 글.

9 Sigmund Freud, *Beyond the Pleasure Principle* (1920). *The Standard Edition of the complete Psychological Works of sigmund Freud* (New york: Norton, 1953–1974), vol. XVIII, 14–17쪽.

10 글 혹은 언어에서 '영도'란 어떤 주장도 하지 않고 부정하지 않은 채 순수한 상태로 어떤 가치판단도 개입하지 않고 중립적일 때의 문체 혹은 그런 언어 상태를 의미한다(역주).

11 Jacques–Alain Miller, "La pulsion est parole." *Quarto,* no. 60 (July 1996), 14–15쪽.

돌진

줄리엣 플라우어 맥캐널

라깡은 프로이트의 본능 또는 충동에 관한 글을 자구 하나하나 읽고 프로이트 시대 뿐 아니라 라깡의 동시대 사람들조차 절대 받아들이기 어려운 내용을 이끌어내었다. 최근에 와서야 비로소 프로이트와 라깡의 이론이 신선한 방식으로 해석되고 있다. 특히 슬라보예 지젝의 연구가 주목받는데, 그는 도전의 윤리학이라는 진영에 충동을 위치시킨다. 또 조운 콥젝은 충동을 문화적이고 사회적인 무대에서 새롭고 비판적인 순간들을 지시하기 위해 묘사적으로 사용한다. 여기서 나는 프로이트의 작업에서 라깡이 발전시킨 특징들을 검토해보려고 한다. 라깡은 충동에 관해서 자신만의 새로운 해석을 제시했다.

라깡이 프로이트이론에서 이끌어낸 첫 번째 핵심내용은 '큰' 충동들, 즉 생명충동과 죽음충동이 본질적으로는 하나의 목표를 갖고 있다는 것이다. 생명의 목표는 단순히 말해서 죽음이다. 하지만 정신과 심리는 이 생명과 죽음의 순환 속에서 긴장을 겪게 되고 생사의 순환 과정을 완전히 이해하지 못한다. 프로이트는 충동이 "정신에 가해진, 활동하라는 요구"라고 했다. 충동은 정신노동을 하도록 우리를 몰아세운다.[1] 리비도를 차단하려는 노력, 혹은 죽음과 궁극적으로 결합되는 섹슈얼리티의 부분은 복합적이다.[2] 충동은 내부로부터 생겨나는 지속적인 흥분의 '표상'[3] 역할을 통해서 우리에게 활력을 준다. 정신은 이 가공할만한 주이상스로부터 우리가 쉴 수 있도록 주이상스를 어딘가로 발산시킨다. 그곳은 매개되지 않은 생명과 죽음의 장소로서의 실재가 아니라 정신화되거나 환각적인 대상들이다.[4]

충동, 즉 성적 충동은 우리를 정신적 활동으로 이끌고, 원초적 사물을 단어와 이미지로 대체하도록 해준다. 성적 충동과 성기에 기반한 섹스를 혼동하지 않기 위해서 우리는 성적 충동이 양성을 (재)결합하려는 목적을 갖는다는 생각을 바로잡아야 한다. 대신 성적 충동은 프로이트가 말한 대로 구성요소들의 집합이자 '합성'이고, 이를 라깡은 나중에 '몽타주'라고 부른다.[5] 몽타주는 충동의 부분성을 제시해준다.

이 '부분 충동들'은 이미 프로이트의 이론에서 '도착'(라깡이 나중에 도착적 구조로 지칭한 것과 혼동하지 말라)의 형태로 등장한다.[6] 부분충동은 성적 충동이 실재에 대항해서 정신이 설립하려고 시도하는 총체적 구조 내 취약한 지점을 찾아내는 방식을 드러낸다. '도착'은 정신이 일으키는 수치심, 겸양, 역겨움이라는 방어벽을 타고 넘어 가려는 충동의 시도이다.[7] 라깡의 부분충동은 프로이트의 것과 다르다. 라깡은 프로이트의 용어에 여전히 남아있는 도덕적 색채를 지워냈다. 프로이트의 용어는 부분충동을 다형질성의 여부와 무관하게 도착성에 단단히 연결시킨다. 라깡은 이 도착으로서의 부분충동을 진정으로 인간적인 유일무이한 순간으로 본다. 환상적 대상, 즉 소대상의 주변으로 회전하고 있는 부분충동은 인간의 정신적 생활에서 최초의 순간들을 개체 발생적이고 계통 발생적으로 제시한다. 정신은 이 소대상을 생명력의 표상으로 취하며, 따라서 소대상에는 주이상스의 실재 일부가 유지되어 있다.[8]

오늘날 이와 같은 취지로 라깡이 프로이트를 재발견해낸 작업은 그 의의가 매우 크다. 라깡은 기본적으로는 프로이트와 대립하지는 않지만 현 시대의 정신적—문화적—이론적 구성에 놓인 '불온한' 핵심을 전면으로 내놓는다. 슬라보예 지젝은 히스테리, 강박증, 도착증—이 세 가지 윤리와 반대되는 새로운 충동의 윤리를 통해 주이상스의 트라우마와 실제 대상의 필연적 상실을 지속해서 상기시키자고 주장하면서 이 불온한 핵심을 언급한다.[9] 실재에서의 향유 혹은 만족은 불가능할 뿐 아니라 공포 그 자체이다. 심리 앞에 예고 없이 향유가 갑작스럽게 등장하면(트라우마) 정신노동은 새롭게 자극받는다.

라깡이 묘사한 다양한 윤리는—히스테리, 강박증, 도착증—모두 소대상 주변을 돌아서 원초적 사물과 만나는 경로를 방해하도록 구성되어있다. 이 대상과의 만남을 놓쳐버림으로써 사회적 담론들—주인, 대학, 분석가, 히스테리아—을 생산하게 된다. 이 담론들은 일정 정도 부분충동의 중심에 놓인 소대상으로부터 나오는 정신적 에너지를 뽑

아내어 다양한 형식으로 사용한다.[10] 지젝은 새롭고 정화된 충동의 윤리를 요구한다.[11] 그 이유는 한편으론 서로 다른 윤리들이 작동하는 방식 때문이고, 다른 한편으로 오늘날 지배적인 윤리는 다름 아닌 '도착의 윤리'이기 때문이다. 이 시대 창궐하는 도착의 윤리는 프로이트의 '도착'이 애초에 표방했던 정신적 작용에 본원적이며 중요한 교란 작용의 싹을 잘라버린다. 트라우마를 새롭게 이해함으로써 불안을 쇄신할 필요가 있다. 이로써 심지어 자유분방하고 방탕하며 도착적인 윤리조차 우리의 창조적 에너지, 즉 부분충동을 소진하는 양식이라고 말하는 셈이 된다.[12]

일반적으로는 충동을 이런 식으로 기술하지는 않는다. 통상적인 시퀀스는 다음과 같다. 충동과 그 '대상'은 대타자의 요구에 의해 생산된다. 충동은 곧 욕망으로 대치된다. 욕망은 주체를 빗금치지 않은 대타자의 요구로부터 분리시켜 보호해준다. 충동의 대상은 이제 희석되고 베일에 싸이거나 변형되며 충동은 대체로 행복하게 오이디푸스적으로 구성된 상징질서 안에 통합되어 대문자 기표, 즉 팰러스와 아버지의 이름에 의해서 통제받게 된다.[13] 그런 뒤 주인의 담론이 요구의 재촉—충동의 중심에 있는 소대상의 형태로 나타난 주이상스—을 승화, 혹은 '정상적' 억압을 통해서 전체를 이롭게 하려는 목적의식에 따라 충동의 여분을 흡수해버리는 방식으로 관리하게 된다. 소대상—언어에서 비롯된 단절로부터 생성된 주이상스의 과잉—은 바야흐로 심연에 놓이게 된다. 충동은 제어되고 사회적 통제, 즉 대문자 아버지와 긴장과 갈등관계에 있는 개인에 의해서 사적으로 관리된다. 이야기는 이렇게 진행된다.

그러나 오이디푸스의 몰락이라는 관점에서 보면 이와는 사뭇 다른 충동에 관한 그림이 떠오른다. 우리의 사회문화적 질서—상징계—는 평형을 유지하기 위해서 '쾌락원칙'과 끝없이 순환하는 '현실원칙'에 더 이상 토대를 두지 않는다. 오늘날 어떠한 부성적 상징계도 평상심을 가지고 필수적인 균형 작용을 수행하고 있지 못하다. 상징계의 가장 심각한 모순들은 이제 백일하에 드러났다. 특히 주체의 존재 혹은 주이상스와, 상징계가 제공하고 있는 의미들 사이의 핵심적 모순이 드러났다. 충동은 이 폭로를 담당한다. 즉 한때는 주인의 목소리였던 것이 이제는 초자아의 목소리로 우리를 통제하고 과잉 규제하는 것임을 충동이 폭로한다. 그 결과 주인의 외설스러운 면이 노출되고 말았다. 충동은 이제 그 모습을 드러냈고 소리를 들려주었다. 초자아가 요구의 새로운 원천으로 밝혀지고 대상과 관련한 새로운 불균형의 원천임이 백일하에 드러났다. 이제 그것은 다시 부분충동들의 새로운 원천이 될 것인가?[14]

주이상스가 주인의 담론에 의해 흡수된 후 남겨진 사적인 잔여물이 아니라 공공의 정치적 요소가 되어버리자 충동은 중대한 윤리적 문제가 되었다. 한때 개인적인 부분으로 고려되었던 것이—주이상스가 상징적 언어로 흡수되거나 메말라버리지 않았더라도—이제는 다양한 방식으로, 가령 증상에서부터 징후로, 실착행위[15]에서부터 망상분열증paraphrenia에 이르기까지, 성도착증paraphilia에서 예술작품에 이르는 여러 형태로 나타나고 있다. 이 균열된 틈새로 흘러나오는 것들은 그것들이 삐딱하게 대항하는 상징계적 질서의 지배에도 불구하고 모습을 드러내며 들려온다.

여기서 조운 콥젝의 통찰력은 뛰어나다.[16] 그녀는 충동이 위상학적 위치를 바꾸었고 이제 오늘날 즐기라는 '의무'의 분위기 속에서 뚜렷하게 들려오고 가시화되어왔다고 말한다. 발화를 교란시키는 대신 충동은 발화 옆에 정좌를 틀고 앉아있다. 존재로서의 충동을 '상연'하는 이 현대적 형태는 상징계의 약속, 의미의 약속을 미리 비워낸다. 그것은 확실히 텅 빈 약속이었다. 하지만 때때로 부분충동에 의해 의미심장하게 무너질 수도 있었다. 연출된 충동은 "문화의 유일한 타자"로서 지니고 있던 칼날을 잃어버리는 과정에 놓이게 된다. 죽음에 대항한, 혹은 존재를 향한 생명의 엄밀하게 인간적 투쟁의 최후의 흔적은 어디서 찾을 수 있을까? 충동이 초자아적, 문화적 요구들을 교란시키는데 실패했다는 것은 그 요구들의 과잉된 권력을 지시해준다. 그 역은 성립되지 않는다.

주

1 충동은 (스트레치는 '본능'으로 번역했다) "정신에게 가해진 활동하라는 요구 조치"이다. "Three Essays on Sexuality"(1905), *The Standard Edition of The Complete Psychological Works of Sigmund Freud*. James Strachey 번역 (London: The Hogarth Press, 1953–1974), vol. 7, 168쪽.

2 라깡은 성기중심 섹스와 재생산—오이디푸스의 발달단계 전체—을 죽음의 영역에 둔다. "두 개가 하나가 된다." *The Four Fundamental Concepts of Psychoanalysis*, Alan Sheridan 번역 (New York: Norton, 1977), 150–151쪽 참조. 또 Juliet Flower MacCannell, *Figuring Lacan: Criticism and the Cultural Unconscious* (Lincoln: U of Nebraska Press, 1986), 158–163쪽 참조.

3 "당분간 [충동은] 자극의 지속적으로 흐르는 육체적 원천에 대한 심리적 표상으로 이해해 두자." SE VII: 168쪽.

4 프로이트는 이것을 "유기적 자극의 제거"라고 불렀다. SE VII: 168쪽.

5 Lacan, "The Deconstruction of the Drive." *Four Fundamental Concepts*, 169–170쪽.

6 오늘날에는 도착적 구조가 중요해졌다. 도착적 주체는 기표에 대한 자신의 복종을 거부하면서 결여나 대타자(발화와 사회적 계약의 조건)의 욕망을 통하지 않은 채 자신의 존재와 접촉할 수 있다고 주장한다. 이런 주장은 페티시즘 환자나 가학증 환자에만 국한된 것이 아니라 라깡에 의하면 과학자들에게도 확대될 수 있다. 이들은 프로이트가 『섹슈얼리티에 관한 세 가지 에세이』(SE VII:161쪽)에서 지적한 "충동의 이상화" 과정을 가속화시키고 있다.

7 SE VII: 151, 157, 161쪽.

8 라깡의 *Four Fundamental Concepts*에서 소대상은 항상 충동의 대상이다. 소대상은 무의식의 주체이며(242쪽) 생명력의 모든 표상들이다. 충동은 언제나 죽음충동이다(198쪽). 라깡의 소대상에 내재한 프로이트적 원천은 "쾌락 에고"이며, 이 에고는 "현실 에고"에 의해서 보충되고 대체된다. 프로이트의 "Formulations on the Two Principles of Mental Functioning", SE XII: 218–220과 주4 참조.

9 *For They Know Not What They Do: Enjoyment as a Political Factor* (London:

Verso, 1991), 271–273쪽.

10 주인의 담론은 가령 앎과 존재 사이의 (거짓)구별을 제공함으로써 법제정을 한다. 그렇게 함으로써 노예는 자신이 제공하는 노동에 대한 보상으로 앎으로부터의 배제를 의미하는 존재의 주이상스를 얻게 된다. 앎이란 주인에게 주어진 것이다. 히스테리 환자의 담론과 분석가의 담론이 주인의 담론에 대항하는 동안 주인 자신은 더 이상 완전히 지배하지 않는 것처럼 보인다. '과학'으로 알려진 도착은 가령 주인의 담론이 갖고 있는 법제적, 명령적 특성 일부를 유지하고 있다. 하지만 이 도착에서 주체는 자신의 의미나 존재를 실제로는 보유하고 있지 않다. 앎과 주이상스는 융합되어있다. 아마도 가학적 초자아는 당신의 주이상스를 알고 싶다고 말할 수 있을지 모른다. 빗금 친 대타자 쪽에 거세가 놓여있는 욕망의 마지막 그래프는 간결한 형상의 형태로 이야기를 전하고 있다. Lacan, *Seminar 17: L'Envers de la Psychoanalyse* (Paris: Editions du Seuil, 1991), 119–121쪽과 *Écrits: A Selection*, Alan Sheridan 번역 (New York: Norton, 1977), 315쪽.

11 *For They Know Now What They Do*, 272쪽.

12 Dean MacCannell(with Julia Flower MacCannell), "Social Class in Postmodernity: Simulacrum? Or Return of the Real?" Chris Rojek 편집, *Forget Baudrillard* (New York: Routledage, 1993).

13 임상의는 중립적 위치를 취해야 한다. 주체에—상징계에도—출몰하는 충동과 소대상은 그들의 자리에 새로운 기표가 도입되면 희석된다. Marie Helene Brousse, "Drive (I)," *Reading Seminar XI: Lacan's Four Fundamental Concepts of Psychoanalysis*. Richard Feldstein, Bruce Fink, and Marie Jaanus 편집 (Albany: State University of New York Press, 1995), 109–111쪽.

14 Juliet Flower MacCannell, *The Regime of the Brother: After the Patriarchy* (New York: Routledge, 1991), 1장 "The Primal Scene of Modernity" 참조.

15 parapraxis; 의도와 반대되는 무의식적 결함행동(역주).

16 *Read My Desire: Lacan Against the Historicists* (Cambridge: the MIT Press, 1994), 181–209쪽. 콥젝은 우리가 "치료의 일환으로 주이상스를 명령하는" 사회에 살고 있다고 한다. 주이상스는 이제 "의무"가 되어서 문화의 잔여물로 생

산된 "텅 빈 '사적' 공간을 보호하려는" 우리의 시도들을 망쳐놓는다.

성 구성과 충동

데이비드 멧츠거

『세미나23』의 도입부에서 라깡은 자신이 실재계, 상징계, 상상계로 구축한 심리구조에 집중할 것을 청중에게 요청한다. 그는 이 구조를 자신이 만든 '이단'이라 부르며 RSI, SIR, IRS[1]로 칭한다. 라깡은 이 세 가지 층위를 구성하지 않으면 자신이 정교하게 이론화한 '욕망'과 '충동'의 개념들이 뒤죽박죽이 될 것이라고 걱정했다. 이 글에서는 먼저 라깡의 '이단'을 부족한 대로 검토하고 충동과 욕망이 발생하는 방식을 이해하는데 라깡의 심리구조가 도움이 된다는 점, 그리고 라깡이 소대상, 대타자, 팰러스 등과 같은 용어를 어떻게 충동과 욕망의 차원에서 개념화했는지를 설명해보려고 한다. 그 다음에는 이런 용어들을 라깡이 개념화를 통해서 성 구성sexuation[2]이론으로 발전시켜가는 과정을 보여주고 마지막으로 라깡의 성 이론이 신경증, 정신병과 도착의 임상학적 구조로 확장되는 방식을 다룰 것이다.

1부[3]

소대상

상징계 S ──────────> 실재계 R

충동은 언어의 상징적 구조를 떠받친다. 하지만 이 상징적 구조는 상징적이지 않은 어떤 것, 즉 소대상을 갖고 있다. 어떻게 상징계가 그런 대상을 포함하고 있는 걸까? 필연[4] 때문이다. 소대상은 기표가 아니므로 상징계 질서 안에는 소대상을 위한 자리가 없다. 상징계적 질서는 소대상을 대타자의 자리에 매달아둔다. 소대상은 두 가지 가정을 지지함과 동시에 입증해준다: 1) 소대상은 대타자 없이는 작동하지 않기 때문에 **상징질서 바깥에 대타자의 것은 없다**nothing. 2) 소대상은 이 세상(실재의 외부)에서 기표가 아닌 유일한 것이기 때문에 **상징질서 바깥에 대타자의 뭔가 있다**something. 따라서 소대상을 위해 마련된 유일한 자리는 상징계와 실재계의 결합이다. 소대상은 상징질서가 있는 한 실재에 속하지 않고 대타자가 있는 한 상징질서에 속하지 않기 때문이다. 하지만 만일 실재계와 상상계 사이의 관계를 먼저 고려한다면 어떤 일이 일어났을지 주목해보자. 실재계와 상상계를 기준으로 소대상이 일부분이 되지 못하는 상징질서란 없기 때문에 소대상은 대타자의 자리에 있을 수 없다. 이런 상황에서 '어떤 기표'는 라깡이 (RS)라고 쓴 것이 소대상에 부여한 위치에서 기능한다. 어떤 기표(S1)가 히스테리아의 담론에서 작용하는 것과 마찬가지다. 그렇다고 대타자의 자리에 히스테리아가 지배기표를 놓는 것이 잘못되었다는 말은 아니다. 사실상 히스테리아는 옳다. 일단 대타자가 상징질서에 대한 주장의 '전부 아닌,' 즉 비총체적 소대상(a)을 포기하게 되면 충동은 소대상 주변에서 작동하면서 상징질서가 주체의 주이상스를 유지하기에 충분한 대타자가 된다는 것을 보여준다.[5]

S(Ⱥ)

상상계 I ————————————> 상징계 S

비록 주이상스를 대타자에 준하여 가정한다 해도 주체는 대타자에서 '만족'할 수 없다. 대타자는 상징계 바깥에 놓인 대타자의 존재를 고려하기 위한 조건(Ⱥ)을 만족시킬 수 없는 특정한 종류의 인간발화의 지점(S)이 된다 S(Ⱥ). 이 지점에서 주체는 전부 아닌 대타자not-all-the-Other-is도 아니고 대타자가 갖지 않은 전부all-that-the-Other-does-not-have도 아닌 기표(팰러스)에 종속되는 부담을 감당하는 법을 배우거나 배우지 않게 된다.

Φ

실재계 —————————> 상상계

주체가 기표, 즉 팰러스에 종속된다는 것은 무슨 뜻인가? 대타자를 대신할 실재적 혹은 상상계적 대체물이 없다는 뜻이며, 주체는 팰러스를 통해서 자신의 즐거움을 찾아야 한다는 뜻이다. 팰러스는 여기서 소대상과 다른 어떤 것으로 이해된다. 실재는 대타자를 '해석의 법들'(a)에 귀속시켜왔고 상징질서는 대타자를 잠재적 주체로만 주장해왔다: S(Ⱥ). 우리는 여기서 상상계의 질서가 대타자를 그대로 재현할 수 없음을 목격하게 된다. 대타자의 대타자는 없다. 대타자를 재현하려면 차이의 기표가 필요하다. 이 기표는 (S는 절대 아닌) 스스로 이해된 (Ⱥ는 절대 아닌) 대타자로부터 나온 (소대상은 아닌) 기표이다. 이 재현 작업은 충동이 맡는다. 실제로 대타자를 재현하는 일은 충동의 만족을 구성한다. 충동은 주체로 하여금 소대상을 취하거나 방출하도록 초대하는 듯이 보인다. 하지만 대타자의 현존이나 부재가 충동의 입장에서는 별 문제가 되지 않는다. 대타자가 어떤 존재론적으로 명확히 증명된 위치를 갖는가의 여부와 무관하게 충동은 만족된다(Φ). 충동의 만족은 소대상을 팰러스에 연결시켜서 대타자에게로 이르는 방식인 육화의 형태를 띠지 않는다. 그보다는 팰러스를 "내가 해도 될까요?"식의 요구로 개념화된 대타자로부터 떼어낸다. 라깡은 충동의 수학적 기호를 ($ ◇ D)로 표기해서 이 점을 충분히 전달한다. 우리는 빗금 친 주체, 즉 대타자를 위해 마련된 기표를 상실한 주체에서 출발한다. 그러나 환상의 공식 ($ ◇ a)에 포함된 소대상의 자리에 이 크고 살찐 D, 즉 요구가 들어선다.

충동과 요구의 관계를 다음과 같이 설명할 수 있다. 종이에서 연필을 떼지 않은 채 방의 그림을 그리려고 한다고 상상해보자(내 생각에 이런 형태의 그림그리기는 충동의 운동에 가깝다). 어떤 지점에선가(φ) 우리는 종이의 한쪽에서 다른 쪽으로 훌쩍 뛰어서 연필을 움직여 가야 한다. 그 지점, 속칭 거세의 지점은 실재를 이론화 해준다. 덧붙여서 바로 그 실재적 지점에서 주체는 요구한다. "내가 해도 될까요? 내가 할 수 있을까요?" 대타자는 네/아니오로 대답한다. 실제로 우리가 그것에 대해 말하기를 너무도 좋아하는 대문자(O)로 된 대타자는 틈새로 출현하거나(소대상) 훌쩍 뛴다(φ). 오직 대타자만 그렇게 할 수 있다. 혹은 대타자가 우리로 하여금 방(사물)을 충동의 차원에서—평평한 땅에서—덜 부분적으로 구현하게 할 수도 있다. 잭슨 폴록[6]의 '기법'에 쏟아진 호기심은 정확히 이런 조건에서 설명할 수 있다. [폴록의] 그림은 대타자가 실재의 바깥에 존재ex-ist하게[7] 될 위험을 초래하지 않으면서도 대타자에게 도움을 요청하는(나는 그것을 재현할 수가 없어요!) 뛰어넘기(물감을 뿌리기)의 외부에 있는 대타자(정해진 방향이 있는 공간)이기를 거부한다.

2부 성 구성 그래프

충동과 요구의 관계에 관한 위의 짧은 예화로부터 우리는 라깡이 위상학과 매듭이론에 갖고 있던 관심을 이해할 수 있게 되었다. 종이와 연필을 몇 개의 끈으로 대체하면 된다. 그러나 나는 좀 다른 방향을 택해서 다음과 같은 질문을 하려고 한다. "그렇다면 어떻게 우리는 라깡의 충동이론을 그의 성 구성 이론과 연결시킬 수 있을까?" 물론 성 구성이 위상학과 연관되지 않는 것은 아니다. 사실 라깡은 이 둘을 동시에 다루기도 한다. 현재 이 글의 한정된 범위에서 라깡이 왜 소대상—'요구'가 아니라—을 남성적 주체를 위한 '비밀 데이트'로 지정했는지 살펴볼 것이다. 이 질문에 대답하기 전에, 『세미나20』에서 제시된 라깡의 성 구성 그래프를 살펴보자.

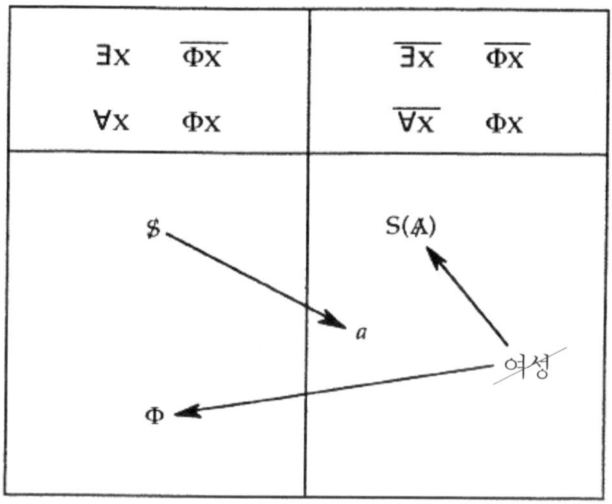

우리는 이 그래프를 어떻게 봐야할까? 소위 '남성적' 위치($)로부터 소대상은 대타자의 장소(성)를 차지한다. 소위 '여성적' 위치에서 실재에 있는 사라진 대타자에 대한 기표 S(Ⱥ)나, 부재한 어떤 것에 대한 기표(Φ)가 대타자의 장소(성)를 차지한다. 성 구성 그래프 위쪽에는 네 가지 논리적 가정이 있는데, 라깡은 주체가—남성이든 여성이든—부재하지만 가정되어있는 대타자와 맺는 관계를 구체화할 수 있게 해준다.

가정 1 $\exists x \quad \overline{\Phi x}$ 가정 2 $\overline{\exists x} \quad \overline{\Phi x}$

가정 3 $\forall x \quad \Phi x$ 가정 4 $\overline{\forall x} \quad \Phi x$

'남성 쪽'에는 두 개의 모순된 가설이 있다. 왼쪽 하단에는(가정3) 모든 x가(모든 기표의 주체성은 다른 기표들에 의해서 재현된다) 실재에서 부재한 것(팰러스)과 관계한다. 왼쪽 상단에(가정 1)는 적어도 하나의 x(주체성이 다른 기표에 의해 재현된 기표)는 실재에서의 부재(팰러스)와 아무 관련이 없다. 마찬가지로 '여성 쪽'에도 두 가지 모순된 가설이 있다. 오른쪽 하단(가정4)에서 모든 기표들이 실재와 무관한 것은 아니다. 오른쪽 상단(가정2)에서 실재와 어떤 관계를 갖고 있는 기표(하나의 잠재적 주체)가 단 하나도 존재하지 않는다.

오른쪽 상단(가정2)과 왼쪽 하단(가정3)은 물리적으로 등가적인 가설이다. 왼쪽 상단(가정1)과 오른쪽 하단(가정4)의 가설도 마찬가지다. 중요한 것은 오른쪽 상단(가정2)과 왼쪽 상단(가정1)의 가설이 모순적이라는 점이다. 둘 다 진실일 수 없지만 둘 다 오류일 수 있다. 따라서 네 가정의 진리가치를 결정하기 위해서는 다음의 논리적 선택지 중 하나여야 한다: (1) 또는 (2), (3) 또는 (4) 중 하나는 참이어야 한다 / (1) 또는 (2), (3) 또는 (4) 중 어느 것도 참일 리가 없다.[8] 이런 시각에서 볼 때 라깡의 성 구성 그래프는 소외(자체적 기반을 가진 기표와 주체 또는 대타자에 입각한 기표와 주체 중 하나)와 분리(자체적 기반을 가진 기표와 주체도 아니고 대타자에게 입각한 기표와 주체도 아니다) 사이의 관계에 다름 아니라는 사실을 제시해주며, 여기서 진리가 출현한다. 라깡은 이 진리를 『세미나 17』에서 주이상스의 "어린 여동생"이라고 불렀다. 즉 누구든 유일하게 자신의 증상만을 즐기게 된다. 성 구성의 기준에서 보면 소외는 누구나 남성과 여성 중 어느 하나를 반드시 선택해야한다는 것이고, 분리는 자신의 쾌락이 대타자(성)와 분리되어있다는 조건 하에서 자신의 증상을 선택하는 것이라고 이해될 수 있다. 여기서 선택하는 증상은 남성도 여성도 아니다(하지만 육체를 갖고 있다는 사실에 덧붙여서 남성이든 여성이든 존재할 수도 있다는 사실을 보장해주는 대타자로서의 자신의 증상이다).[9]

이 대타자와 관련된 마지막 사항은 라깡의 성 구성 그래프를 이해하는데 중요하다. 반복해서 라깡주의자들은 라깡이 생물학적인 젠더 구성에는 관여하지 않았다고 말한다. 그렇다면 라깡이 이 그래프에서 사회적 구성물로서의 젠더에 관여한다는 말인가? 내 대답은 부정적이다. 라깡주의적 시각에서 젠더의 생물학적 정의란 대타자(성)가 구현된 것이면서 존재하는 것임을 가정한다. 반면 '사회적 구성물로서의 젠더'에 관한 이론들은 대타자가 존재하지만 구현되지는 않았다고 가정한다. 라깡의 핵심주장은 이와 다르다. 대타자는 구현되어있지만 대타자가 몸을 갖는다는 사실이 반드시 필연적으로 대타자가 존재한다는 것을 의미하지 않는다.

3부 성 구성, 충동, 그리고 육체화

대타자를 구현하는 것은 무엇인가? 팰러스이다. 팰러스를 지원하는 것은 무엇인가. 충동이다. 충동을 지원하는 것은 무엇인가. 성 관계 없음non-relation이다. 이렇게 보면 라깡의 성 구성 그래프는 우리에게 충동의 효과들을 제시한다. 욕망과 달리 충동은 대타자의 현존이 필요 없다. 충동은 대타자에게 요구를 할 수는 있지만, 그 요구를(팰러스, 즉 대타자가 없는 행위) 대타자는 들어 줄 수 없다. 우리는 이것을 히스테리아의 담론에서 분명하게 확인할 수 있다. 히스테리아의 담론은 대타자의 팰러스를 가정하는 것에 기초한다. 어떻게 우리는 대타자가 팰러스를 갖고 있다고 히스테리아가 가정한다는 사실을 알 수 있나? 히스테리아는 이렇게 요청한다. "미스터 대타자님, 당신은 즐길 만큼 즐겼어요, 그러니 이제 대가를 지불하셔야죠." 물론 히스테리아는 여타 임상학적 구조들과 마찬가지로 욕망의 구조이다. 히스테리아의 '구조'는 욕망에 대한 욕망으로, 충동 없이 행동하려는 시도로 구성된다. "충동에는 어떤 논리적 필연성이 없다"라고 히스테리아는 말한다. "내 욕망은 팰러스를 지원하기 때문이지. 내 욕망은 성 구성의 논리를 지지하는 거야(Φ인 x의 존재여부)."

정신병자는 욕망, 충동, 성 구성 사이의 관계에 또 다른 차원을 제시한다. "대타자가 만족을 구현할 책무를 지기 때문에 팰러스란 없다. 따라서 이 비존재적 팰러스를 가정하고 지원하는 충동이란 없다." 정신병자는 진정성의 젠더 보증서가 필요 없다. 정신병자는 남성(실재의 전부이거나 상징계의 무)과 만날 때 자신이 여성(무의 전부)인 듯 가정한다. 즉 여성(무의 전부)은 남성(전부이거나 무)과의 만남을 이유로 자신을 여성으로 경험하게 된다. 이런 점에서 여성(전부이거나 무)[10]은 생물학적인 여성의 표지가 아니라 정신병적 결과물이다.[11]

왜 라깡은 정신병자가 자신의 젠더에 관해 보이는 확실성에 관심을 가졌을까? 왜 나는 정신병을 언급할 때 '그 혹은 그녀의 젠더'라고 하지 않고 '그녀의 젠더'라고 말하는 걸까? 정신병은 바로 '전부이거나 무로서 여성'을 창조해내는 한 가지 방식이기 때문이다. 도착(또는 아버지-전위(傳位)père-version[12])은 '전부이거나 무로서 여성'을 창조하는 또 다른 방법이다. 다만 도착증 환자가 '전부이거나 무로서 여성'에 대한 확실성을 함축하고 있는 반면, 정신병자의 '무의 전부로서 여성'은 실재의 전부이며 상징계의 무이기 때문에 정신병자에게 '확실성'을 준다는 점이 다르다. 아버지-전위[도착]에서 (실재계의) 무의 (상징계의) 전부인 여성에 대한 확실한 암시가 들어있다. 왜냐하면 '무의 전부로서 여성'은 외부적 지시가 박탈된 발명품 혹은 재현에 다름 아니라고 가정하기 때문이다. 즉 아버지-전위 환자는 대타자가 존재하지 않을까봐 너무 두려운 나머지 그녀를 위한 대리인 노릇을 하게 된다. 이 대역은 특정한 장소나 시간 혹은 어떤 대상이나 태도의 존재에 따라 좌우된다. 그러나 대타자는 말하도록 강요받으며 거세되어야하고 성 구성의 빗금 아래 놓여야 한다. 그렇게 되어야 그녀는 거세의 명령에 놓이지 않게 된다. 아버지-전위 환자에게 대타자는 팰러스가 자신을 재현하도록 허락함으로써 이 일을 한다. 아버지-전위 환자에게 대타자는 정체성을 담지하며 지구상에서 대타자의 재현물들에 의해서 해석되어야하는 욕망의 담지를 보장받는다. 충동은 팰러스를 도와서 아버지-전위 환자의 환상을 구현해내려고 한다. 이 환상은 가정의 형식으로 나타난다. "나는 네가 일자(따라서 대타자의 재현물)를 갖고 있다는 것을 알고 있어. 왜냐하면 내가 그것을 없앨 수 있기 때문이지." 혹은 "나는 내가 일자를 갖고 있다는 것(나는 내가 대타자의 재현물이라는 것)을 알아, 왜냐하면 네가 그것을 없앨 수 없기 때문이야." 다시 확인하지만 이것은 "그래 너는 나의 '전부이거나 무인 여성'이야"라는 말을 들을 만큼 오랫동안 아버지로서의 징후(팰러스와 페티시가 아닌)에 걸려든 정신병자의 방식은 아니다.[13]

이런 시각에서 정신병과 아버지-전위는 라깡에게 성 구성에 대한(아버지-전위의 경우 상징계의 전부 혹은 실재계의 무이고, 정신병의 경우 실재의 전부이거나 상징적 여성의 무) 한계이다. "성 구성에 대한 한계"라고 말함으로써 나는 어떻게 '대타자'가 주이상스(전체성, 또는 생물학적 몸에서의 '전부 또는 무')를 기입하는 방식으로 사용될 수 있는지를 설명하는 일에서 더 이상 앞으로 나아갈 수 없다는 것을 의미한다. 이런 과정에 참여하는 충동은 매우 중요하다. 충동은 우리가 성 구성에 제공하는 대타자의 재현(Φ)에 만족감을 느끼도록 도와주기 때문이다.

주

1 RSI는 상상계의 상징계를 실현 혹은 실재화하는 것이고 SIR은 실재계의 상상계를 상징화하는 것이며, IRS는 상징계의 실재를 상상하는 것을 의미한다. 가령 RSI는 종교적 담화이고 IRS는 정신분석적 담화이다(역주).

2 '성화' 혹은 '성차화', '성적 구성' 등으로 번역되어온 라깡의 sexuation은 세미나『얼빠-짐』에서 제시된, 양성이 거세와 주이상스의 양식에 기초해서 구성되는 공식이다. 이 책에선 '성 구성'이라고 번역했다(역주).

3 1부는『세미나20』의 도식을『세미나23』의 시각으로 재정립하려는 내 의도를 반영하고 있다.

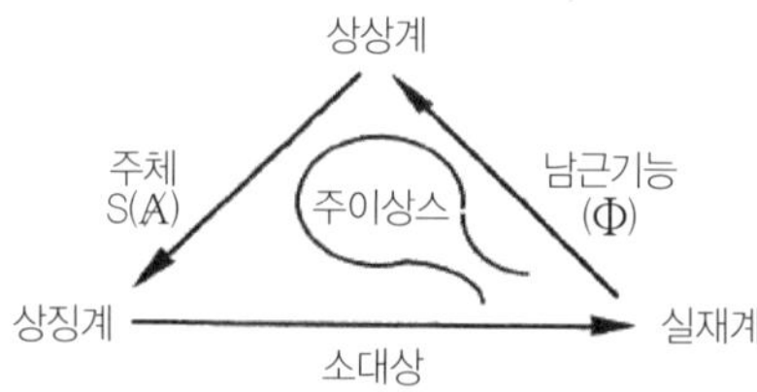

4 앞서 데리다의 글에서 제시된 철학적 개념인 '필연'은 여기서도 상징계 내 소대상의 존재와 관련해서 적용되고 있다. 기표가 아닌 소대상의 자리는 상징질서에 없지만 소대상은 상징계에 필연적으로 존재하는 어떤 것이다(역주).

5 그래서 이 '전부 아님'은 어디에서 오는가? 사과와 오렌지를, x와 y를, 아는 것과 모르는 것을 비교한다고 상상해보라. 라깡은 이런 비교와 대조는 '전부 아님'의 범주를 만들어내게 된다고 했다. 어떻게 그런가? 가령 이렇게 말할 수 있다고 치자. "모든 사과와 오렌지는 과일이다. 어떤 과일은 오렌지이고 사과이다. 어떤 사과와 오렌지도 과일이 아닐 수 없다. 어떤 과일은 사과와 오렌지가 아니다." 이제 '전부 아님'이 이것들과 어떻게 어울리는가? 어울릴 수 없다. 만일 전부 아님이 이 논리적 범주들과 어울린다면, 삼단논법은 작동하지 않는다. 어쨌든 삼단논법은 다음의 두 가정에 토대를 두고 있다. 1) 하나의 기표는 다른 기표로 번역가능하다(긍정논법). 2) '기표의 세계에서 전부 아닌 것'은 없다(배제된 중간항의 법칙).

6 Jackson Pollock: 미국 추상표현주의 미술을 대표하는 화가로 캔버스에 물감을 뿌리는 기법을 사용하여 캔버스의 개념을 재현과 표현에서 행동의 공간으로 바꿈으로써 회화의 정의를 혁신시켰다는 평가를 받고 있다(역주).

7 본문에는 영어의 exist의 음절을 나누어서 ex–ist로 표기해서 존재가 내재적 초월의 형태를 띠고 있음을 나타낸다(역주).

8 만일 (1)이 참이라면 (2)는 거짓이고 (3)은 거짓이며 (4)는 참이다.
만일 (2)가 참이라면 (1)은 거짓이고 (3)은 참이며 (4)는 거짓이다.
만일 (3)이 참이라면 (1)은 거짓이고 (2)는 참이며 (4)는 거짓이다.
만일 (4)가 참이라면 (1)은 참이고 (2)는 거짓이며 (3)은 거짓이다.
만일 (1)이 거짓이면, (2)는 미결정이며 (3)도 미결정이고 (4)는 거짓이다.
만일 (2)가 거짓이라면 (1)은 미결정이고 (3)은 거짓이고 (4)는 미결정이다.
만일 (3)이 거짓이라면 (1)은 미결정이고 (2)는 거짓이고 (4)는 미결정이다.

9 다시 말해서, 소외와 분리는 전부가 아닌 것(a)이 대타자의 탈존재의 약속을 완성시키도록 도와주는 것에 관한 것이다. 이것은 또한 환상이라고 알려져 있다. 무엇보다 라깡이 환상을 두 개의 "기표의 세계에서 전부 아닌" $ ◇ a에서 구성된 것으로 설명했다. 이 두 개의 전부 아님 ($, a)은 소외(V)와 분리(A)의 논리적 작동으로 함께 묶여 있다. 소외에서 주체($)는 자신을 대타자의 장(앎, S2)에 위치시킨다(S1). 기표로서(대타자의 어떤 것)의 주체는 자신을 오직 다른 기표를 위한 주체로 발견할 뿐, 그 자신을 위한 주체이거나 그 자체로서의 주체는 아니다. 분리에서 주체는 자신의 일부를 대타자가 아닌 것으로 발견한다. 주체(단순히 대타자의 어떤 것은 아닌)는 자신을 대상으로 보지만 오직 무를 위해서, 어느 누구도 아닌 것을 위한 것이다. 소외와 분리는 빗금 친 주체와 소대상을 함께 환상으로 묶어둔다. 아마 우리는 빗금 친 $와 소대상이 대타자의 부재를 지시한다고 말할 수도 있다. 그러나 그들이 함께 소외(이 기표이거나 저 기표 혹은 다른 기표가 …… 대타자를 위한 것이다)와 분리(어떤 기표도 또 그 나머지도 대타자를 위한 것이 아니다)로 묶일 때 빗금 친 주체와 소대상은 우리가 대타자의 불가능한 현존과 함께 그리고 그 속에서 작동하는 방법이 된다. 또 대타자와 함께 그리고 그 속에서 작동하는 것을 거세 혹은 주이상스라고 말할 수도 있다. 확실히 불가능한 현존이 얼마나 끔찍한 것인지를 궁금해

하는 것은 합리적이다. 이에 대한 답은 '불가능한 현존' 그 자체에 뭔가 실재적인 것이 있다는 것이다. 여기엔 두 가지 이유가 있다. 1) 실재의 대타자는 없다. 그리고 환상의 차원에서 생각할 때 대타자의 부재(혹은 '대타자의 대타자는 없다')는 스스로 징후로 드러낸다(대타자가 있다는 것을 보증해주는 것). 2) 실재에는 팰러스가 없다. 다시 말해 대타자는 우리가 욕망하는 것이 아니다. 비록 사람들이 항상 그것을 향해 돌진하는 것처럼 보여도 그렇다. 대타자의 불가능한 현존은 우리가 원하는 것이 라깡이 경영하는 사랑중국집의 메뉴에는 없다는 것을 볼 수 있게 해준다. 우리는 사랑하기를 원하지 않는다. 우리는 사랑받기를 원한다. 우리는 대타자이고 싶다. 그래서 '메뉴판에 있는 모든 것' 혹은 '메뉴판에 있는 어떤 것'을 주문하는 것만으로는 안 된다. '메뉴판에 없는 것'을 주문해선 안 되고 '메뉴판에 없는 어떤 것'도 도움이 되지 않는다. 우리가 주문해야할 것은 우리가 원하는 전부가 아닌, 대타자의 전부 아님이다. 그것은 뭔가? 환상은 아니다. 대타자의 실재적 자리를 차지하는 어떤 것, 바로 징후이다.

10 바로 직전까지 괄호 안에 '무의 전부'로 지칭된 여성이 여기서 '전부 혹은 무'로 바뀐 것은 정신병자가 자신이 생물학적 남성임에도 남성을 만나 자신을 여성으로 가정하기 때문에, 이 여성은 남성의 '전부 혹은 무'의 흔적을 가진 여성이 되는 것이다(역주).

11 '전부 혹은 무'는 대타자의 대역(소대상)을 대타자가 되도록 만드는 방법이다. 만일 이 대타자에게 어떤 실재적인 것이 없다면, 대타자는 그것을 불러 온 게임의 규칙과 떼어낼 수 없다. 만일 이 대타자에 어떤 상징적인 것이 없다면, 법의 '그림'이라고 이해된 활동들로부터 떼어낼 수 없게 된다.

12 영어의 도착에 해당되는 perversion을 프랑스어로 아버지라는 의미의 père와, version에 해당하는 부분을 분리해서 만든 조어다. 도착증이 대타자의 대상의 자리에 자신을 기꺼이 놓아두고 대타자의 충동과 쾌락의 도구가 되려는 이상증세이므로 version의 영어의미를 활용해서 '전위'라고 번역했다. 프랑스어에서 version은 다양한 의미를 갖는데, 해방, 놓여남, 밖에 내놓음 또는 외부로 나가다 등이 있다(역주).

13 여기서 다룬 아버지-전위는 쉽게 '가학증의 논리'와 '피가학증의 논리'로 부를 수 있는 것으로 발전된다. 데이비드 린치 감독의 영화 〈블루 벨벳〉이 한 예이

다. 분명 데니스 포퍼가 연기하는 인물에게 아이를 빼앗는 행위는 대타자의 재현물이 '작동하게' 하는 것이지만(대타자성을 말하도록 한다) 귀를 떼어내는 것은 '그렇게 하지 못한다.' 왜 그런가? 영화는 이 질문에 대답해줄 수 없다. 가장 예측 가능한 방식(말하자면 플래시백의 형태)이라면 모르겠다. 하지만 린치는 이 방식을 매우 신중하게 피하고 있다. 티브이영화로 만들어진 〈시빌〉[유아기에 조현병환자인 엄마에게 학대를 받아 다중인격증을 앓은 여성의 자전적 이야기(역주)]은 이와 반대로 플레시백으로 구성되어있다. 도덕적 학대는 끔찍하다. 사람들은 학대받았기 때문에 미쳐있다. 그러나 이 영화에서 대타자가 말하도록 하는 것이 팔린다는 것(TV, 서커스나 혹은 사회적이건 공적인 형태의 정신분석에서건) 외에 우리는 무엇을 얻을 수 있는가?

충동에 관한 발언: 충동의 개념과 관련된 임상학적 요소

제임스 클로고스키

정신분석에 대한 불신이 갈수록 커져가고 지속되고 있음은 분명하다. 특히 미국에서 그렇다. 『히스테리아 연구』(1895)가 출간된 이후 한 세기 동안 정신분석을 과학으로 정립하려는 어떤 희망도 — 행동과학, 인문과학 등 — 전부 사라져버렸다. 이런 현상은 프레드릭 크류스[1]의 『기억전쟁』과 같은 '연구'의 출간과 생명행동과학의 득세 등이 그 증거이며, 정신분석 자체의 물리적 구조에 따른 내재적 방해(소파에서 보낸 수년 동안 비싼 가격을 지불했던 대화, 알 수 없는 것은 아니지만 알려지지 않은 것에 대한 '이론', 정신분석 체제의 배타적 성격)에 의해 조장되었다. 미국의 주류 임상학자들에게 환영받는 것은 차치하고라도 그들로부터 인정받을 만한 정신분석의 핵심적 기여는 물론이고 지엽적이나마 미미한 업적조차 찾기란 어렵다. 그러나 적법한 임상적 이론으로서 정신분석이 사라져버리면 임상 그 자체에 발생하게 될 손실은 크다. 어떤 담론보다도 정신분석은 주체로서의 인간존재를 위해 아무런 장소도 마련하지 않은 객관성이 초래할, 재난에 가까운 결과들과 언제든 싸울 태세를 갖추었다고 말할 수 있다. 이 짧은 글은 라깡의 주체성개념을 충동의 관점에서 개략적으로 살펴볼 요량으로 마련되었다. 충동개념을 주체성과 결부된 임상학적 요소들의 맥락에 두는 것이 나의 목적이다. 미국에서 일어나고 있는 정신분석의 소멸은 주체성의 침식상태를 가리키고 있다.

충동의 토포스

'충동'에 관해 말하는 것은 언어를 통해서 대상을 전유하려고 하는 것이다. 그것은 '충동'이라는 이름의 기능을 통해서 — 기의의 구조와 — 기표에 내재한 역설적 잠재력을 활동시킨다. 그렇게 되면 충동개념의 근본적 역설이 도입된다. 충동이라는 말은 '성 충동'이란 말에서처럼 정신 현상의 생물학적 토대를 제공한다. 이 용어의 역설적 성격은 체계적으로 집약된다. 충동의 개념은 주체성의 생물학적 변수들에 기능적 한계를 부여한다. 충동을 '육체화'하고, 생물학적 토대로 환원시키려는 노력은 언제나 잔여물을 남긴다. 항상 뭔가가 남게 된다. 이 '남은 것', 혹은 잉여는 충동과 그 표상이다. 주체는 이 잔여물에 부착된 것으로 이해될 수 있다.

「충동과 그 변이」에서 프로이트는 이 역설에 대해 이렇게 발언한다.

> 만일 우리가 생물학적 시각에서 정신생활을 고려한다면 '충동'이 정신과 육체 사이의 경계에 위치한 개념으로 등장한다. 충동은 유기체 내부에서 비롯되어 정신에 도달하려는 자극의 심리적 표상물이며, 충동이 육체와 맺고 있는 관련성 탓에 정신에게 부과된 요구의 척도이다.[2]

그 뒤 「무의식」에서 프로이트는 역설적으로 이렇게 쓴다.

> 나는 의식과 무의식의 대립을 충동에 적용할 수 없다는 의견을 갖고 있다. 충동은 결코 의식의 대상이 될 수 없다. 오직 충동을 재현해주는 관념만이 의식의 대상이 된다. 게다가 무의식에서조차 충동은 생각 이외의 다른 것으로는 재현불가능하다. 충동이 그 자체를 생각에 부착하거나 정서적 상태로 드러내지 않는다면 우리는 그것에 대해 아무것도 알지 못한다.[3]

따라서 충동은 정신과 육체의 경계선 위에 놓은 개념으로 존재하는 심리적 표상으로 이해되어야 한다. 그러나 충동 그 자체로는 '재현'의 방식을 통하지 않고는 의식적 객관성에 절대 도달할 수 없다. 이 '경계'는 주체의 재현구조에 의해 결정된다는 점에 주목할 필요가 있다. 라깡에게 이 재현 구조는 마치 언어'처럼' 작동한다.

혹자는 충동이 이런 종류의 '대상'이어서 '생각'이외에는 '의식의 대상'이 될 수 없다는 것이냐고 물을 수도 있다. 어떤 종류의 '생각'이 그것을 재현하는가? 게다가 언제나 '나의' 충동인데, 그런 관념과 재현의 주체는 누구이며 혹은 무엇이란 말인가? 실제로 어떻게 재현은 작동하는가? 누구를 위해서, 무엇을 위해서, 또 무엇이 재현되는가? 라깡에게 대상으로서의 충동(독일어로는 Trieb, 프랑스어로는 pulsion)의 표상은 소대상이다. '관념'은 환상fantasm이다. 이 환상은 라깡이 현실(실재라는 임상학적인 범주와는 대립되는)이라고 부른, "언제든 입어도 되게 마련된" 의상에서 항상 발견된다. 1966-1967년 환상에 관한 세미나에서 라깡은 소대상을 원초적 의미[4]로 만든다. 그것은 원초적 "지시대상, 원초적 현실이며, 남겨진 의미이다. 모든 담론의 끝에 사유로 남아있는 것이며, 말하자면 시인이 자신이 말하는 것이 뭔지도 모르고 쓰고 있는 것이다."[5] 이 대상, 충동의 표상인 사물은 서구의 담론에 흔치않은 객관성 개념을 도입한다. 이 객관성은 결여의 주변으로 구성된 것으로, 매듭이나 원환체와 유사하다. 이 결여와의 관계에서 주체의 위치는 주체가 기표와 맺는 관계를 결정한다. 이 관계는 주체성에 관한 라깡의 설명에서 매우 중요하며, 특히 임상학자들에게 긴요하다.

주체와 기표의 관계 구조

라깡의 주체개념은 복합 함수적이다. 즉, 주체개념과 연관된 함수들의 집합은 다양하며 매우 고도의 복합적 알고리듬과 규칙에 따라 작동한다. 많은 규칙들(대체로 분석가들을 위한 규칙)은 무의식의 규칙이다. 그 중 하나는 주체가 무의식의 주체라는 개념이다. 그 자체로 주체는 기표의 함수에 따른 생산물이자 결과물이다. 라깡 이론에서 주체성이 생산되는 방식을 보여주는 한 예는 무의식이 충동과 임상학적으로 맺는 관계를 다루는 라깡의 방식에서 찾아볼 수 있다. "무의식은 발화된 언어[파롤]가 주체에 미치는 영향이며 발화된 언어의 효과들 속에서 주체가 자신을 결정하는 차원이다. 이에 따라 무의식은 언어처럼 구성된다."[6] 그렇다면 발화의 차원에서 주체는 언어의 잔여물이나 '효과'다. 발화된 언어, 즉 파롤의 차원이 라깡에게는 임상의 본질적 차원이다.

그보다 앞서 그는 분명한 변이공식을 제공한다. "주체에 미치는 발화의 효과들을 무의식에서 반드시 보게 된다. 이 효과들은 아주 원초적이어서 주체가 주체로서의 지위를 갖도록 결정한다."[7] 다시 한 번 주체는 결과물이자 잔여물이며 생산품이다. 라깡은 이것을 분석가가 함께 있다는 사실 그 자체로 일어나는 무의식의 순간적 동요보다 더 근본적이라고 생각한다. 라깡에게 기표는 우리가 '주체형성'이라고 부르고 싶은 것의 전체과정을 촉발하는 것이다. 이 과정 없이는 어떤 분석도 가능하지 않다. 기표는 분석을 선행한다.

임상적 차원에서 이 사실은 진단과 기술의 측면에서 중요성을 띤다. 특히 정신병자의 '탈주체적' 담론 같은 것을 다루려고 할 때 그렇다. 이 범주는 주체가 생물학적으로 결정된 위치에 충분히 가깝고, 순수하게 생물학적 담론에 자신을 기입함으로써 구성되는 차원이다. 이 주체는 과학의 빗금 친 대타자에 속한다. 그러나 정신병의 경우라도 주체가 도달해야하거나 그렇게 되어야할 무엇인가가 전혀 없지는 않다. 어떤 형태로도 유의미한 재현을 갖고 있지 못하거나 '젠더화'될 수 없는 순간들이 있긴 하지만 여전히 주체는 있다. 물론 오직 타자들과의 관계에서만 가능하다.

소대상의 기능

『세미나 11』에서 라깡은 무의식의 주체와 몸을 구별하려고 애쓴다. 라깡은 지속적으로 무의식 자체의 개념을 기표와 연결시킨다.

> 무의식은 주체에 발화된 언어가 미치는 영향의 총합이다. 이 차원에서 주체는 자신을 기표의 효과들로부터 구성한다. 이는 주체라는 용어에는 …… 주관적 현상에 필요한 살아있는 층위나 혹은 어떤 실체를 지정하지 않는다는 것을 잘 보여준다……. 그러나 데카르트의 주체는 의심이 그 자체로 확실성으로 인정되는 순간 나타난다…….[8]

여기서 다시 주체와 주체형성의 과정은 잉여와 잔여물의 차원에 놓인다. 주체는 라깡이 결여의 차원으로 지정한 곳에 놓여있다. 주체가 그곳에서 만나는 대상은 원초적으로 상실된 대상이다. 이것이 모든 충동의 대상이며, 욕망을 '원인하는' 대상인 소대상이다.

이런 방식으로 라깡은 충동을 주체의 순수하게 경험적인(수량적인) 영역으로부터 제거할 토대를 만들고, 충동의 개념을 의미화의(양질적) 차원으로 집어넣는다. 그는 충동의 임상학적 논리를 기표의 논리에 따라 구조된 논리적 공간에서 그 재현물인 소대상의 기능을 통해서 결정한다. 결국에는 충동이 부분충동, 말하자면 결코 완전해질 수 없는 만족을 향한 충동임이 밝혀진다. 그러나 충동의 '밀기'는 지속적으로 만족의 틈새와 결핍을 가로질러 남아있다. 충동에 대한 만족의 이 내재적 결핍을 위한 재현물은 소대상이다.

소대상—라깡은 자주 그저 a라고 줄여서 사용한다—은 본질적 결여에서 출현하며 그 결여를 표지한다. 따라서 기표 그 자체의 기능처럼 충동은 재현적 소대상을 통해서 주체의 담론에서 결여의 기능을 기입하는 일에 봉사한다. 주체 자신은 언제나 항상 빗금 친 대타자 Ⱥ의 담론에 기입되어있다. 다시 말해서 결여의 기능은 공시적이며 그 흔적을 주체(S)와 대타자(A)의 차원을 가로질러 남겨둔다. 그것은 소대상의 생산으로 '현실화'된다. S와 A의 관계는 잔여물 소대상을 생산한다.

$$f(a):\ (S-A)$$

게다가 충동의 차원에 임상적으로 접근하는 일은 소대상을 만들어야 가능하다. 충동의 기능을 보여주는 일상 속 사례가 있다. 친구들이 저녁식사 중이나 식사가 끝난 후 음식에 대해 나누는 격식 차린 대화를 떠올려 보자. 대화가 단순한 만족과 관련된다면 얘기를 나눌 필요가 없다. 라깡은 이렇게 말한다. "소대상은 구강충동의 기원이 아니다. 소대상은 원시적 영양섭취의 범주로 도입되지 않는다. 어떤 영양섭취도 영원히 결핍된 대상의 윤곽을 제공해주지 않으면 구강충동을 만족시킬 수 없다는 사실로부터 소대상이 도입된다."[9] 원초적으로 결여된 것은 충동의 완전한 만족이다. 혹은 반대로 이 만족의 불완전한 성격은 주관적 경험이 시작할 때부터 주체의 결여를 작동시킨다.

라깡은 2년 후 환상에 관한 세미나에서 이 문제를 다시 다룬다. 이 세미나는 『세미나 11』에서 사용된 것과 매우 흡사한 언어를 사용한다. 그는 소대상이 다음과 같은 결과라고 한다.

> ……논리적 작동…… 생체 안에서도, 살아있는 사람을 위한 것도 아니다. [소대상은] 정확히 말하면 몸이 갖는 어떤 혼동된 의미의 결과가 아니다. 반드시 생명의 살일 필요도 없다. 물론 살일 수도 있다. 결국 소대상이 살이라고 해도 사정이 그다지 나빠지진 않는다. 그렇지만 무엇보다 이렇게 전혀 이해되지 못한 몸이라는 개체에서 뭔가 논리적 구조의 작동을 위해 준비가 된 어떤 것이 있는 것처럼 보인다. 그리고 이것이 무엇인지 우리가 결정해야 한다. 그것은…… 응시이고 목소리다. 몸에 연결되어 있지만 떼어낼 수도 있는 이것들이 소대상에 연관된 것이며 따라서 소대상을 다루기 위해서는 우리 자신을 제한할 필요가 있다. 그 이유는 논리적 엄정성에 따라 뭔가 제시하도록 준비된 어떤 것이 필요하다고

> 신호를 보내야하기 때문이다. 환상을 다루는 방식을 따라 가는 도정만으로는 어디에도 도달할 수 없다. '그것을 입을 준비가 되어있어야'할 필요가 있다.[10]

"제시하도록 준비된 어떤 것"이란 물론 소대상이다. 라깡의 '소대상'을 예시하는 사례들은 여기/저기 게임에서 사용되는 실감개, 다양한 신체물질과 어린아이가 의미화과정의 지위로 올려놓은 신체부위들이다. 위니캇[11]의 변이대상 기능이 이 범주와 관련되어있다. 칸트의 공식을 다시 표현해보면, 아마도 변이대상 = a 라고 말할 수도 있다. 즉 주체와 실제 세계 사이의 경계선을 가로지르는 어떤 대상이라도 소대상 역할을 한다.

이론과 실천의 경계

라깡에게 소대상의 개념은 충동의 기능에서 중심을 차지한다. 이것은 욕구의 만족을 넘어서 담론에 있는 뭔가의—부분충동을 재현하는 소대상—위치를 표지한다. 충동은 결코 생물학적 순환을 완전하게 하는 것에 만족하지 않는다. 진정 기표 그 자체의 기능과 마찬가지로 소대상은 육체와 담론 사이의 분열을 표시한다. 뭔가가 그곳에 빠져있다. 가령 생물학적 행동과학과 신경과학의 연구를 통해 뭔가를 그곳에서 발견하고 싶을지 모른다. 기표와 뉴런 사이의 연결점이나 연속성 같은 것일 수 있다. 일부 미국의 분석가들은 여기서 기회를 놓친 듯이 보인다. 소대상의 기능은 신경과학을 의미화의 차원으로 이끌어줄 수 있다.

환상에 관한 라깡의 세미나로 돌아가 보면 기표는 많은 분석가들이 인정하는 정도 이상으로 근본적인 역할을 한다는 것을 알 수 있다. 라깡은 기표가 실제로 주체를 '만들어[젠더화]'[12]낸다고 했다. 기표는 단지 주체를 '지정하기'만 하지는 않는다. 라깡은 주체는 "원래 그곳에 없었던 것"이라고 했다. 주체는 그곳에 없었다. 기표가 주체를 '만들어' 내야 존재한다. 다시 말해 이것은 기표의 논리에 관한 문제이다. 여기서 어떻게 이것이 임상적 개입의 문제와 관련되는지를 지적할 기회가 생긴다. 만일 환자가 갈등 속에 있거나 고통을 느껴서 병원에 온다고 하면, 그건 아마도 그가 주체로서 '존재하지 않는' 상태이기 때문이 아닐까? 즉 주체는 욕망이 문제가 되는 것에 기표와 어떤 관계도 갖지 않는다. 주체는 대상에 불과한 것이 되어 '고통'받는다. 혹은 리어의 광대처럼 단지 사물일 뿐이어서 고통스럽다.

생명행동과학연구자들에게 중요한 문제는 주체성의 서로 다른 차원들 사이의 틈새와 분열, 탈골을 감당할 수 없다는 점이다. 기표의 차원과 뉴런의 차원 사이의 불연속성은 신경과학에서는 수용 불가능해 보인다. 마치 기표 그 자체는 인간의 목소리나 문자의 아름다움에 깃든 덧없음이란 점에서 뉴런과의 물리적 연결점을 갖는 것과 같다.

아마 역설적으로 그래야하는지도 모른다. 라깡의 용어로 말하면 이 불연속성이나 탈골은 주체의 자리를 도입하며 주체는 신경과학이나 생명행동과학연구의 대상이 아니다. 이런 과학적 연구들의 대상은 뉴런의 기능이지 의미화과정이 아니다. 그리고 의미화과정은 기표의 주체, 즉 한 기표가 또 다른 기표에게 제시하는 주체를 도입한다. 기표는 연구자를 위해서 주체를 제시하지 않는다. 라깡은 "살아있는 층위"를 의미화차원으로부터 분리하는데 동의할 것이다. 우리는 어떤 생명체의 신경학적 체계에서 결여된 것이나 없어진 것을 발견하길 기대하지 않는다. 그럴 경우는 역기능적 손상일 때 뿐이다.

주체는 뇌에 생긴 상처가 아니다. 주체는 기표의 기능에 의해서 뇌에서부터 언어의 상징적 차원으로 전치된다. 그렇지만 현대 신경과학의 범위에서 아마도 기표가 특정한 신경계 네트워크의 산물이라고 말할 수도 있다. 뉴런과 기표 사이의 공간이 연속적이거나 심지어 직선적이지 않기 때문에 뉴런에서 기표로의 이력현상의 기능[13]과 유사한 '뛰어오르기'가 있다는 것을 받아들여야 한다. 주체의 상태가 생물학에서 상징계로 변해간다. 이런 상태의 변화에서 뉴런은 의미화기능으로 고양된다고 말해야 한다. 주체는 의미의 문턱에서 떨려나는—희미하게 사라지는—일만 남았다. 주체가 담론에서 의미를 만들어낼수록 두뇌 자체는 생각나지 않는다. 물론 두뇌를 나타내려고 노력할 경우를 제외해야 한다. 확실히 뉴런 없이는 기표가 없다. 그리고 변증법적으로도 기표 없이 뉴런은 없다. 그것이 바로 과학적 노력이 갖는 근본적 역설 중 하나이다. 과학자 없이 과학은 존재하지 않는다.

신경과학적 발견과 주체성에서 언어의 의미화과정 사이의 관계는 이 글의 범위를 넘어선다. 여기서는 분석이론의 진화는 소대상의 기능에 따라 뉴런과 기표 사이에 수립된 관계에서 매우 뚜렷하게 상당한 결실을 맺을 수 있는 잠재성을 갖고 있다고 말하는 것으로 충분하다. 이 둘 사이에는 기능적 관계의 토대를 형성하는 근본적인 탈골이 있다. 이 관계는 적절한 기입을 아직 찾지 못하고 있다. 그렇지만 이 기입의 결여는 결코 무의미한 것으로 취급될 수 없다. 물론 많은 미국인들은 여전히 이 점을 이해하지 못한다.

기표와 뉴런 사이의 관계를 구축하는데 중요한 점은 다름 아닌 주체의 '탈존재성'이다. 이 주체는 분석의 치료담론에서 환자의 발언된 말을 통해 치료하는 과정에서 생산된—'젠더화된'—주체이다. 이것은 기표의 주체이다. 주체들은 그들의 의미를 상실하고 증상이 되어버린 관계들에 의해 포착된 치료를 시작한다. 물론 증상의 원초적 의미는 일종의 고통이다. 정신과치료는 이 고통을 뉴런차원에서 다루려고 하지만 분석의 작업은 잔여물, 즉 주체를 수용할 준비가 되어있다. 이것이 몸을 치료해도 분석적 증상을 고칠 수 없는 이유이다. 분석적 증상은 뉴런의 살아있는 층위에 존재하지 않는다. 몸의 치료가 증상을 치유할 수 있는 경우는 언제나 분석적 증상이 아니었다. 결코 또 다른 기표를 위한 주체의 문제가 아니었다.

라깡의 이론이 미국의 임상분야, 혹은 더 일반적으로 문화담론에서 주체성의 재난과도 같은 소멸을 다룰 수 있는 힘이 있는지는 확실치 않다. 분명한 것은 이런 재난은 무의식의 진화나 재구조화의 부정이 아니라 주체를 위한 장소가 결여된 '객관적' 의미의 고통스럽고 종종 비극적인 발생이다. 이곳이 주체가 임상학적 개입의 수행을 통해서 '만들어질' 장소일 수도 있다. 이 임상적 개입의 목표는 주체를 기표와 연결시키는 것이다. 그것으로부터 주체는 또 다른, 두 번째 기표를 위한 준비를 할 것이다. 주체는 그때 사물로 남아있지 않을 것이다. 주체는 사물이 아니다.

주

1 Frederick Crews:미국의 에세이작가이며 문학비평가로 캘리포니아소재 버클리대학 영문과교수를 역임했다. 사회비평적인 글을 썼는데, 정신분석문화비평가로 출발했으나 후에 프로이트비판에 앞장섰다.『기억전쟁』은 미국대중의 프로이트에 대한 견해를 바꾼 대표적 책으로, 특히 프로이트의 기억회복요법이 치료법으로서 효용이 없다고 비판했다(역주).

2 Sigmund Freud, "Instincts and Their Vicissitudes" (1915), *The Standard Edition of the Complete Psychological Works of Sigmund Freud* (New York: Norton, 1953−1974), vol. XIV, 121−122쪽.

3 Sigmund Freud, "The Unconscious" (1915), SE, vol. XIV, 177쪽.

4 Bedeutung: '의미'라는 뜻의 독일어(역주).

5 Jacques Lacan, *Seminar 14: La Logique de fantasme* (미간행 원고, 1966−1967), 1966년 11월 16일 강의록. 번역은 필자의 것.

6 Jacques Lacan, *The Four Fundamental Concepts of Pscycho-Analysis*. Jacques−Alain Miller 편집. Alan Sheridan 번역 (New York: Norton, 1977), 149쪽. 인용된 번역은 필자가 수정한 것이다.

7 같은 글, 126쪽. 번역문에 필자의 수정 첨부.

8 같은 글. 번역문에 필자의 수정 첨부.

9 같은 글, 180쪽. 필자의 수정 첨부.

10 *La Logique du fantasm*, 1966년 11월 16일 강연. 번역은 필자의 것.

11 Donald Winnicott: 영국출신 소아과 의사이자 정신분석가로 대상관계이론과 발달심리학 전문가이다(역주).

12 영어의 engender는 생산하다, 만들어 내다라는 의미와 젠더화라는 의미를 담는 중의성을 띤다(역주).

13 hysteresis: 이력현상이란 물리학이나 경제 산업 등에서 발생하는 강한 비선형 현상으로서 그리스어에 어원을 두고 있다. 물리량이 일회적으로 결정되는 것이 아니라 이전부터 변화해온 상태에 의존한다는 의미이다. 또 어떤 성질변화가 일어났을 때 그 변화의 원인을 제거했는데도 원래 상태로 돌아가지 않는 현상

을 말하기도 한다(역주).

욕망과 충동[1]

브루스 핑크

오직 사랑만이 주이상스를 욕망에 굴복시킨다.

– 라깡,『세미나 10』, 1963년 3월 13일

라깡이 욕망을 강조했다는 사실로부터 독자는 분석의 목적이 결국 피분석가의 욕망을 변증(辨證)해서 대타자의 욕망이라는 죽음의 손길로부터 자유롭게 해주는 것이라는 인상을 받을지 모른다. 분석의 초기단계에서 주체의 욕망을 변증하는 과정[2]이 어느 정도 건전한 효과를 주는 것은 사실이다. 주체의 고착을 완화시키고 불안을 덜어주기 때문이다 ("욕망은 불안의 치료제이다",『세미나 8』). 수년 동안 — 1950년대를 거쳐 1960년대 초엽까지 — 라깡이 욕망을 분석의 성공을 위한 열쇠로 본 것은 사실이다.[3]

라깡 이론의 초기에는 분석이 상징계적 질서를 통과해 나옴으로써 성공적인 결말을 맺을 수 있다는 믿음이 있었다. 욕망은 언어의 현상이며 엄격히 말해서 언어가 없이는 인간의 욕망이란 가능하지 않다고 한다. 라깡은 욕망이 전치되고 상징질서의 한 기능, 즉 언어의 기능으로 움직이는 방식을 길게 논의하고 있다. 그가 쓴 유명한 글 중 하나인 에드가 앨런 포의「도둑맞은 편지」에 관한 논의는 어떻게 포의 단편소설에서 서로 다른 등장인물의 욕망이 상징계의 의미화 구조 속에 놓인 각자의 위치에 따라 결정되는지를 자세하게 설명한다. 그는 이 글에서 환자의 삶은 그의 "도둑맞은 편지"에 의해 결정되었다는 점을 강조한다. 어린아이가 듣고 있는 줄 모른 채 진행된 부모의 대화(대타자의 담론)를 어린 시절 우연히 듣고 나서 그 일부가 기억 속에 지워지지 않고 남게 되어 환자의 운명을 결정하게 된다. 환자들이 분석에 가져온 이 편지[4]들을 읽게 되는 과정에서 분석가는 환자의 욕망을 결정한 숨겨진 요소들을 찾아내려고 한다.[5]

우리에게 끊임없이 피분석가가 말한 것을 그 의미 또는 의도된 의미가 아니라 문자[편지]에 주의를 기울이라고 말한 것은 라깡이다. 피분석가는 자신이 말하고 있는 것이 무엇인지 모른다. 그는 자신 안에 살고 있는 기표들에 의해서, 즉 대타자의 담론에 의해서 말하고 있다. 프로이트는 "언어적 교각"(『전집』 10권, 213쪽)이라는 표현을 사용하면서 증상이 형성되는 과정에서 문자들의 무의미한 연쇄가 갖는 중요성을 고집스럽게 강조했었다. 라깡은 바로 이 지점으로 복귀한 것이다. 『쥐인간』 사례연구에서 프로이트는 "쥐 콤플렉스"는 단어의 의미가 아니라 문자 그대로 말 자체에 노정된 문제들 사이의 관계 때문에 연결되어 있는 요소들—Ratten(쥐), Raten(할부), Spielratten(노름꾼)—에서 생겨났다고 지적한다. 우리가 기표들에 종속되어있다는 사실과, 우리의 운명을 결정해버린 부모의 담론에 붙들려있는 상태를 제시하고 우리가 수치심을 느끼는 것은 언어 때문이며 어떤 의미에서는 살아있는 시체처럼 우리의 몸이 언어로 쓰여 있으며 언어가 우리를 통해서 살고 있다는 사실을 분석을 통해서 받아들여야 한다고 주장한 것도 라깡이었다.[6] 우리는 바로 이 치명적 운명을 구체화시켜서 우리 자신의 것으로 만들어야 한다. 우리는 우주가 시작하는 순간 던져진 주사위—부모의 욕망이 우리를 존재하게 했다—에 책임을 져야 한다. 그들의 욕망이 우리 자신의 욕망의 원인으로서 작동하는 곳에 우리는 존재한다.

분석의 과정은 피분석가의 욕망에 꼬인 매듭을 푸는 것이며, 분석의 목표는 "주체의 욕망을 백일하에 낱낱이 드러내기"(『세미나 8』, 234쪽)이며, 분석의 성공적인 종결은 '결정된 욕망' 혹은 '결심한 욕망'의 발전이라고 이론화한 것은 라깡이다. 이 욕망은 대타자에 의해 좌우되지 않고 어떤 방해물로도 지연되도록 내버려두지 않는 것이며, 한때는 무의식적이었으나, 더 이상 금지 상태에 놓이지 않는, 피분석가가—분석이 꽤 오래 지속된 후에—다음 날 다시 와서 더 분석을 하라는 분석가의 요구에 '아니요'라고 말할 수 있는 종류의 욕망이며, 더 이상 대타자가 원하거나 말하는 것에 괘념치 않는 욕망이다.[7]

피분석가가 "그의 욕망을 포기하지" 않아야 하고 "자신의 욕망에 관한 한 굴복하지 말아야"하며, 자신의 욕망에 앞서 타자의 욕망을 두지 않도록 이론화한 것은 라깡이다. 굴복하면 죄의식이 생기기 때문이다(『세미나 7』). 이제 라깡의 이론에서 욕망이 어느 정도 유토피아적 날을 벼리게 된 단계에 도달했다. 이로써 우리는 우리가 가고 싶은 곳, 저 신경증 너머로 향할 수 있을 것이다.

욕망의 주체에서 주이상스의 주체로

> 욕망은 대타자에서 오며, 주이상스는 큰 사물 쪽에 있다.[8]
>
> — 라깡, 『에크리』

> 머리 없음과 삶의 전승—즉 종족의 의미가 담긴 영원성의 불꽃을 한 개인에서 다른 개인으로 넘겨주기—은 연결되어 있다. 갈망Gelüst은 머리와 무관하다.
>
> — 라깡, 『세미나 8』

라깡 이론의 후기에 오면 분석의 목표에 관한 일반적 관념이 아니라 그런 목표들이 표현되는 용어가 변화된다. 목표는 동일하다. 주체를 대타자로부터 분리해서 내재화된 대타자의 가치와 판단이나 구체화된 타자들에 의해 제약을 받거나 영향 받지 않고 행동하도록 하는 것이다.

이 시기에 라깡이 주목한 것은 한때 그렇다고 믿었던 것과 달리 무의식적 욕망이 급진적이거나 혁명적인 힘이 아니라는 사실이다. 욕망은 법을 섬긴다! 욕망은 법이 금지하는 것을 추구한다. 욕망은 오직 위반을 추구하며, 따라서 욕망을 탄생시킨 법(즉 대타자)에 전적으로 의존하게 된다. 욕망은 절대 대타자로부터 완전히 자유로워 질 수 없다. 대타자가 욕망의 존재를 책임지고 있기 때문이다. 라깡이 『세미나 9』에서 제공한 도표들을 사용해서(그리고 자크 알랭 밀러가 포괄적으로 발전시킨) 대타자와 주체의 관계를 재현해보면 그림의 오른쪽에 욕망이 대타자 안에 기입되어있고 주체는 어딘가 다른 곳에 있음을 확인할 수 있다.

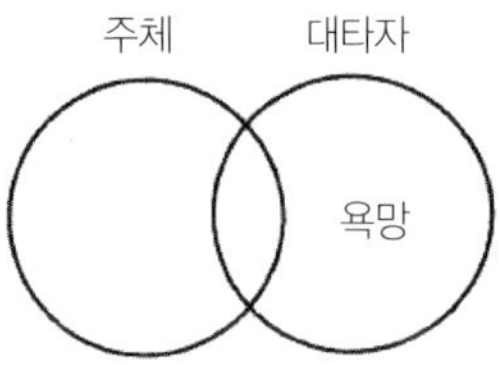

[그림 1]

이 다른 곳에 있는 것은 무엇인가? 만일 주체가 라깡의 초기 저작에서와 달리 더 이상 욕망을 만들어내는 순수한 결여로 개념화될 수 없다면, 주체는 무엇이란 말인가? 우리가 대타자로부터 독립해서 대타자 바깥에 존재한다고 말하는 그것은 무엇인가? 프로이트의 용어로는 그것은 이드이며 충동의 자리이자 장소이다. 프로이트의 충동은 처음부터 비사회적이고 교육받지 못했으며 관리되지 않는 것처럼 보인다.[9] 충동은 적합하거나 허락받은 것과는 상관없이 자기만의 행로를 추구한다. 이 글은 라깡의 초기와 후기 저작에 대해 밀러가 구성한 이론에 빚지고 있음을 밝힌다. 자크 알랭 밀러의 표현을 빌어보자.

충동은 금지를 전혀 신경 쓰지 않는다. 충동은 금지에는 무관심하며 분명 금지를 위반할 꿈도 꾸지 않는다. 충동은 자신만의 경향을 따르며 항상 만족을 얻는다. 욕망은 "그들이 내가 그것을 하기를 원하지. 그래서 나는 하지 않을 거야"라거나 "나는 그 방향으로 가면 안 돼. 그래서 나는 그리로 가고 싶어, 하지만 아마 종국에는 내가 그렇게는 할 수 없을 거야" 등과 같은 생각으로 가득 차 있다[……]

그의 이론적 구성과정 전체를 통해 라깡은 생명의 기능들을 욕망에 기초시키려고 했다. 하지만 라깡이 욕망과 충동을 구별하고 나자 즉시 욕망의 가치절하가 일어난다. 무엇보다도 라깡은 욕망이 기초하고 있는 모든 '부정'을 강조하고 있다. 그러고 나면 의외로 충동이 중요해진다. 주이상스를 만들어내는 상실된 대상과 관련되어있는 행동이 충동이다 [……]

욕망에서 중요한 것은 욕망이 처한 곤경이다. 라깡은 불가능성에서 그 절정을 찾을 수 있다고 말한다. 우리는 그것의 행동이 본질적으로 막다른 골목에 처하게 된다고 말할 수 있다. 라깡은 「1967년의 제안」[10]에서 이렇게 말한다. "우리의 곤경[은] 무의식의 주체가 처한 곤경이다." 혹자는 이렇게 말할 수도 있다. 우리의 곤경은 욕망의 주체가 처한 곤경이다. 충동의 절정은 불가능성에서 찾을 수 없다 [……] 충동은 결코 곤경에 처하지 않는다. (「라깡 텍스트 해설」, 425-426쪽)

간단히 말해 우리는 라깡의 사유가 주체를 무의식적 욕망과 동일시하는 것—그가 '주체'라고 할 때 그 말은 가장 본질적인 것을 의미한다—으로부터 충동과 동일시하는 것으로 변화해갔다고 말할 수 있다. 라깡의 견해에 따르면 인간 주체에게 가장 중요한 것은 더 이상 욕망의 다채롭고 환유적인 움직임이 아니라 만족 그 자체다. 라깡적 주체는 머리 없는 주체이다. 라깡은 이 맥락에서 '머리 없는'이라는 용어를 사용한다. 이 주체는 만족을 추구하는, 전통적 철학이나 심리적 차원에서 볼 때 일종의 비주체이다. 분석받기 이전의 주체는 에고와 초자아, 그리고 욕망에 의해서 거의 꼼짝 못하도록 제압되고 침묵당한 상태이다. 주체는 대타자의 욕망과 가치와 이상을 전송해주는 대타자의 담론을 근저로 삼아 언어 속에서 형성되기 때문이다. 라깡의 초기저작에서 주체는 확실히 만족을 얻기 위한 충동의 소동을 꼼짝 못하게 제압하고 침묵시키는 방어적 자세를 취한다. 이 자세는 주이상스라는 감당하기 힘든 경험을 향하여 취한 방어이다. 하지만 이제 정반대로 주체는 충동으로 간주된다. 신경증 환자(정신병이나 도착이 아니라)[11]를 다루는 임상작업에서 분석의 목표는 피분석가의 욕망을 떠받치는 환상을 변형시키는 것이다. 욕망이 그의 만족을 방해하기 때문이다.[12] 피분석가는 자신을 대타자의 요구나 욕망과의 관계에서가 아니라 만족을 가져오는 부분대상, 소대상과의 관계에서 재구성해야만 한다.

이는 충동 자체가 분석과정에서 일종의 변형을 겪는다는 것을 의미한다. 왜냐하면 욕구가 주변 사람들(대개 부모)에게 제시될 때 그들에 의해서 요구의 한 기능(먹어라, 용변을 보라 등등)이 부과되면 충동이 형성되기 때문이다. 이 때문에 라깡의 초기 저작은 대타자에게 우리가 하는 요구와 대타자가 우리에게 하는 요구를 나타내기 위해서 D를 포함하는 충동의 수학기호 $ ◇ D를 제공한다. 나는 대타자가 내게 먹으라고 한 요구를 대타자가 내게 먹으라고 요구하도록 내 자신이 요구하는 것으로 대응한다.[13] 요구는 요구에 답하고 요구는 요구에 맞서는 악순환이다.

하지만 『세미나 11』(1964년)에 와서는 라깡의 충동 이론에 변화가 생긴다. 충동은 대상주위를 돌면서 원환운동을 한다. 어떤 의미에서는 그 원환운동을 통해서 대상을 격리시킨다(대상의 분리). 충동은 이처럼 대타자의 요구나 대타자를 향한 요구가 아니라 소대상과 상관관계를 갖게 된다. 이렇게 개념화된 충동은 계속해서 문법적으로 구조화된다. 능동태에서 수동태로 바꿔가면서, 식욕충동에서 먹히는 충동으로, 때리는 충동에서 맞으려는 충동으로 왔다 갔다 한다.[14] 그리고 이 과정은 상징적 기록, 즉 언어로서의 대타자로부터 완전히 결별할 수 없다. 그러면서도 어느 누구에게도, 대타자에게조차 지도와 허락을 구하지는 않는다. 이 점이 라깡의 충동이론자체에서 생긴 변화로 이해할 수 있다. 1964년까지 라깡은 충동이 분석 이전이나 이후 어느 시기라도 대타자의 요구에 절대 연결되지 않는다고 믿었다고 간주할 수 있다. 하지만 나는 분석과정에서 충동이 겪는 변화로 이해하는 것이 더 낫다고 생각한다. 충동은 애초에 대타자의 요구에 붙들렸다가 나중에 대타자의 욕망에 귀속되고 최종적으로 소대상을 자유롭게 추구하게 된다.[15]

충동의 변화가 구성하는 연대기는 정확히 라깡의 세 가지 논리적 계기 — 소외, 분리, 환상 가로지르기 — 에 해당된다. 이것은 다음의 세 가지 비유로 제시될 수 있다.

$$\frac{\text{대타자}}{\$} \qquad \frac{\text{소대상}}{\$} \qquad \frac{\$}{\text{소대상}}$$

만일 우리가 분리 주체[$]를 충동이나 만족의 주체로 제시하려고 한다면, 그 주체가 우선 대타자(여기서는 요구로서, 또는 요구D의 대타자이다)에 의해 지배된 후 대타자의 욕망(주체의 욕망과 동일한 것)으로서의 소대상에 의해 지배된다는 것을 알 수 있다.[16] 마지막에 가서야 충동으로서의 주체가 홀로 남겨져서, 말하자면 대타자가 아니라 소대상과 관계를 맺게 된다. 이 세 가지 비유 혹은 대체물은 다음과 같이 쓸 수 있다.

$$\frac{\text{요구}}{\text{충동의 주체}} \qquad \frac{\text{욕망}}{\text{충동의 주체}} \qquad \frac{\text{충동의 주체}}{\text{소대상}}$$

이것을 대신해서 혹은 좀 더 시대에 맞게 우리는 이 세 가지 계기를 주체의 세 가지 지위로 설명할 수 있다. 1) 요구와의 관계에서 구성된 주체 혹은 요구로서의 주체, 2) 욕망으로서의 주체, 3) 충동으로서의 주체. 신경증 환자는 종종 대타자의 요구에 결박된 채 분석을 원하게 된다. 그는 분석가에게 자신이 무엇을 해야 할 지를 말해 달라고, 즉 요구해 달라고 요청한다. 하지만 분석가는 요구하기를 거부하며 욕망의 공간을 열려고 한다. 그 공간에서 피분석가의 욕망은 대타자의 욕망에 종속된 상태에서 전진한다. 소대상의 역할을 담당하는 분석가는 피분석가가 근본적 환상에서 대타자의 욕망을 해석하는 것을 의심하려고 애쓴다. 그리고 이 변형을 이끌어가면서 더 이상 만족의 추구를 방해받지 않도록 한다. 우리는 분석과정의 각 단계에서 주체가 이렇게 형태를 바꾸어간다고 말할 수 있다. 요구로서의 주체는 상상계적 기록부에 본질적으로 붙들려있다. 욕망으로서의 주체는 상징계적 대타자와 관련된 위치를 갖는다. 충동에는 '실재에 있는 주체'가 있다.[17] 이렇게 주체는 상상계, 상징계, 실재계의 얼굴을 갖게 되며 각각의 주체가 분석과정의 해당 지점을 지배하게 된다. 분석의 목표는 피분석가가 이 각각의 다른 계기들을 통과하도록 이끌면서 충동으로서의 주체—즉 실재의 주체—가 전진하는 지점에 도달하는 것이다.

피분석가의 에로스 심화

> 어떻게 자신의 가장 기초적인 환상을 가로질러 온 주체가 충동을 살아갈 것인가? 이 문제는 분석을 넘어서는 범위에서는 지금껏 한 번도 다뤄지지 않았다.
>
> – 라깡, 『세미나 11』

라깡은 "완전히 분석된" 주체가 멈추지 않는 쾌락추구의 기계 같은 것이 된다고 하지 않았다. 그보다 욕망은 주체가 만족을 얻는 것을 더이상 방해하지 않게 된다. 나의 피분석가들 중 한 사람은 신경증 환자가 처한 어려움을 잘 표현해주고 있다. 그는 "자신의 향유를 즐길" 수가 없다고 한다. 그의 만족이 어떤 의미에서 불만족 혹은 불쾌의 동시적 감정들에 의해서 손상되었거나 오염되었다는 의미다. 분석의 목표를 진술하는 한 가지 방식은 피분석가가 최종적으로 자신의 향유를 즐기도록 해주는 것이다.

라깡 이론의 핵심은 신경증 환자가 충동에 대한 상징계적 제약을 전부 집어던지고, 에고와 초자아를 완전히 집어던지는 지점에 이르도록 해야 한다는 것이 아니라, 충동을 새롭게 받아들이고 그들이 추구하는 만족을 수용하는 지점에 이르러야 한다는 것이다.[18] 밀러는 그렇다고 만족이 의무적이거나 명령에 따른 것이라는 뜻은 아니라고 한다(그렇게 말하는 것은 즐기라고, 충동을 만족시키라고 명령하는 초자아로 돌아가는 것과 똑같기 때문이다). 그보다는 만족이 가능하며 허락되었다는 의미이다. 우리는 충동이 경로를 따라서, 그 방식대로 진행되기를 "허락한다."[19] 우리는 "충동의 도착을 허락한다." 충동이 어떤 형태이든 언제나 만족을 추구한다면, 프로이트주의 혹은 전통적 도덕주의적 관점에서 볼 때 도착적이라고 간주되는 형태의 만족을 추구한다고 해도, 이성애적 성기중심 재생산을 위한 섹슈얼리티가 아니라 주이상스를 제공하는 부분 대상을 추구한다고 해도, 충동이 추구하는 만족이라면 허락한다.

이런 의미에서 우리는 그림 1의 빈 공간에 다음과 같이 채울 수 있다.

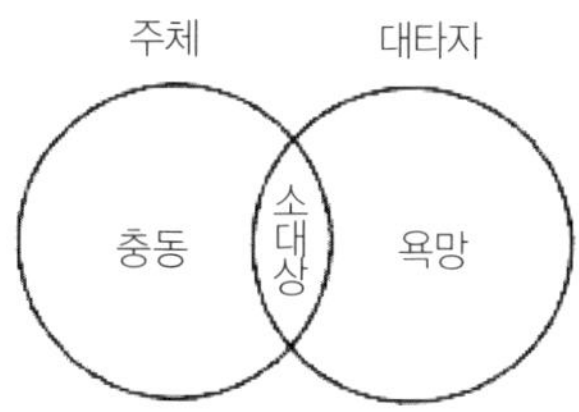

[그림 2]

무의식적 욕망의 혁명적 성격으로부터 라깡은 다른 곳을 향한다. 혁명은 어떤 특정한 법에 대한 저항 이상은 아니었다. 그런 식의 저항은 자신이 반역을 꾀하는 법에 전적으로 의존해있는 셈이다. 라깡이 모색하는 새로운 형식은 욕망과 충동 사이의 일종의 '조화'(비록 라깡의 이론에서는 사용하기 주저되는 용어이긴 하지만)와 관련된다. 욕망은 입 닥치고 향유가 지배하도록 내버려 두는 법을 배우게 된다.[20]

어떤 의미에서는 라깡의 이론에서 이런 진화가 일어났다고 해서 그의 전체적인 정향성에 어떤 근본적 변화가 일어났다는 것을 의미하진 않는다. 『세미나 8』(1960-1961)에서 이미 그는 분석이 피분석가의 에로스를 심화시키는 목표를 갖는다고 말했었다.[21] 최소한 에로스를 욕망의 견지에서 보는 것으로부터 주이상스의 관점으로 바뀌었다.

욕망과 주이상스, 기표(욕망은 오직 기표들에 의해서만 절합된다)와 주이상스 사이의 이런 구별이 재현과 정동[22] 사이의 매우 중요하고 프로이트주의적인 구별과 평행한다. 재현의 주체는 여기서 무의식과 연결되고 따라서 무의식적 욕망의 절합과 발전—라깡의 욕망의 주체 혹은 욕망하는 주체—으로 연결된다. 반면 정동의 주체 혹은 '정서적' 주체는 주이상스의 주체 혹은 '향유하는 주체'이다.[23] 임상학자는 정동이 있는 곳에 주이상스가 있다는 것을 곧 배우게 된다.

욕망을 넘어선 기술

> x로 남아있는 분석가의 욕망은 동일화와 정확히 반대방향을 향해 있으므로 주체의 분리를 통해서만 동일화 차원을 넘어설 가능성이 있다[……] 주체의 경험은 따라서 충동이 스스로를 재현할 수 있는[……] 차원으로 돌아오게 된다.
>
> — 라깡, 『세미나 11』

1950년대 초반에 라깡은 대타자와 맺는 상징계적 관계에서 피분석가는 상상계적 개입을 통과해야 한다고 이론화했다. 1960년대 초와 중반에 이르면 피분석가의 상징계적 관계 그 자체—욕망이 동원되는 관계—가 반드시 작동해야 한다고 제안한다. 이 후기의 관점에서 무의식의(혹은 무의식으로서의) 주체가 작동해야 한다. 이 주체는 피분석가가 소대상과 맺는 관계에 개입하고 만족으로서의 주체에 개입하게 된다(그림 3을 보라).

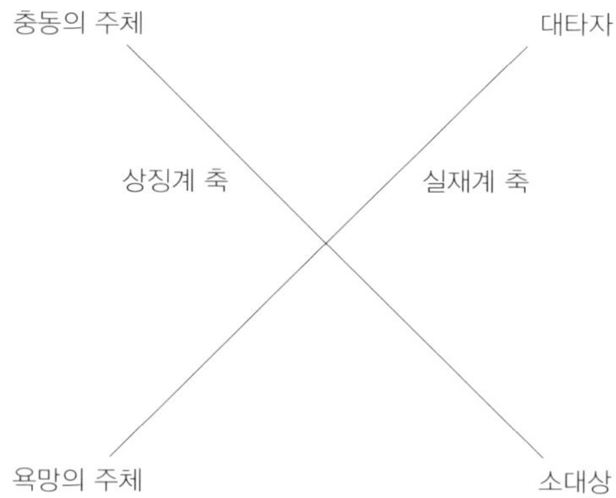

[그림 3] 변형된 L 도식

욕망은 여기서 만족에 대한 방어이다. 따라서 욕망으로서의 주체는 충동으로서의 주체에 대한 방어이다. 전자는 후자의 주이상스를 간섭하고 방해한다.

분석이 욕망 자체로만 이론화되면 피분석가는 분석가의 욕망을 자신의 욕망을 위한 모델로 삼게 된다. 이런 욕망의 모델이 분석가의 의도적 목표가 아니라고 해도 그렇게 된다. 이것은 일부 분석가가 환자의 '약한 에고'를 분석가의 '강한 에고'와 동일시하도록 만들려는 목표와 같을지도 모른다. 이런 방법은 동일시를 통한 해결책이다. 그러나 일단 목을 죄어오는 대타자의 욕망으로부터 떨어져 나오는 분리라는 개념을 라깡이 정식화한 뒤에는 욕망은 언어(기표), 동일화(언어에 기초한), 해석과 연결되는 것으로 보이게 되고, 주이상스는 언어의 밖에 놓여 동일화와 전혀 연결되지 않고 해석을 넘어서는 도구가 필요하게 된다.

무의식의 코드를 해석하는 것은 끝이 없는 과정이 될 수 있다. 최종적 단계에서 무의식의 코드해석은 라깡의 분석개념에 여전히 중요하게 남아있긴 하지만 충분치 않으며, 라깡이 모색했던 변화에 적합한 것으로 간주될 수 없다. 라깡은 분석이 무한한 과정이 되어선 안된다고 했다. 대신 구체적인 움직임, 즉 주체의 위치에서의 변화와 관련되어야 한다. 이 변화는 그가 근본적 환상 가로지르기라고 부른 것이다.

위치의 변화는 '이행' passage으로 알려진 제도적 절차에서 증명된다. 라깡은 자신의 정신분석연구소인 《파리프로이트학파》[24]를 위해서 1960년대 후반에 이 절차를 발전시켰다. 그가 죽기 직전 설립한 연구소 《프로이트대의학파》[25]는 이 절차를 아직도 적용하고 있다. 라깡은 그가 "분석을 넘어서"라고 부른, 다른 맥락에서 한 번도 이론화되거나 연구되지 않은 것에 관한 정보를 얻기 위해서 이 절차의 시행을 결정했다. '이행'은 피분석가가 다른 두 명의 피분석가와 자신의 분석에 대해 폭넓게 토론하도록 하는 것이다. 이때 상대 피분석가는 차례로 자신이 들은 내용을 숙련된 분석가 집단에게 알려준다. 이 '이행' 과정을 거치면서 자신들이 분석과정에서 경험한 것을 목격하게 되는 피분석가들은 분석의 결과를 상당한 수준으로 이해하게 된다. 피분석가는 "어떻게 매우 기초적인 환상을 가로질러 온 주체가 충동을 겪으면서 살아갈 수 있는가"(『세미나 11』, 304/273쪽), 어떻게 그가 자신의 환상이 최상의 사례에서 근본적으로 변형되거나 제거된 후 충동을 경험하게 되는가. 그리고 왜 분석이 피분석가로 하여금 그런 이행 과정을 거치지 못하게 했는지에 대한 이해에 도달하게 된다. 이런 의미에서 이행은 일종의 입증과 확인의 과정이며, 라깡이 걸었던 내기—피분석가는 "거세라는 기반암"[26]을 넘어갈 수 있다—가 라깡 자신이 계발한 기술을 사용해서 입증할 수 있는지를 검토하는 방식이다.[27]

라깡은 이런 기술들을 일찍이 발전시켰다. 비언어적 개입, 가령 구두점 찍기나 절분(가변시간[28]) 등과 '웅변적 스피치' 같은 언어적 개입 등과 같은 기술들이다. 후자의 것은 분명 해석의 형태이지만 의미효과를 넘어선 뭔가에 목표를 두고 있다. 가변시간처럼 피분석가에게 분석가의 수수께끼 같은 욕망의 질문(대타자의 욕망)을 던지고 계속해서 피분석가에게 대타자의 욕망이 늘 그럴 것이라 가정된 것은 아니라는 점을 제시한다. 피분석가의 근본적 환상에서 대타자의 욕망이 소대상의 역할을 한다는 조건에서 그 욕망을 문제 삼으면 피분석가는 다음 단계로 이동할 수 있게 된다. 내가 여기서 제시하는 대로 두 번째에서 세 번째 비유로, 주체가 대타자의 욕망(에 대한 자신의 해석)에 의해서 종속되는 상황에서, 충동으로서의 주체가 더 이상 종속된 상황에 놓이지 않는 상황으로 넘어가게 된다.

$$\frac{\text{대타자의 욕망}}{\text{충동의 주체}} \qquad \frac{\text{충동의 주체}}{\text{소대상}}$$

주이상스와 분석가의 욕망

[분석가의 욕망은] 주체의 주이상스를 그대로 드러내주지만 주체의 욕망은 환상으로 오인된 충동에 의해서만 유지된다.

– 밀러, 「라깡 텍스트 해설」

다음 단계에서는 분석가의 욕망을 지속적으로 작동시킬 것을 요구한다. 지금 현재에 국한되지 않고 계속에서 작동시켜 매번 치료가 끝날 때면 분석가가 "내일 봅시다"라고 반복해서 말해야 하고 또 치료 중에도 작동해야 한다. 이는 피분석가로 하여금 무엇이 중요한지에 대해 말하도록 할 뿐 아니라 피분석가의 주이상스를 드러내기 위한 것이다. 우리가 피분석가가 원하는 것, 피분석가의 "가장 깊은 곳의 욕망들"—대타자의 욕망(의 거부일지라도)에 대한 반응—에 집중할 때 피분석가는 만족의 문제를 억지로 설명하게 된다. 종종 피분석가는 만족을 가져오는 행위들에 대해 말하지만 곧바로 자신이 그것들에 대해 느끼는 혐오감과 불쾌함을 토로한다. "나를 정말 흥분시킨 여자가 있었는데, 그 여자의 직업은 정말 참을 수 없었어요". "그 영화에 나오는 등장인물을 보면서 흥분했는데, 내가 정말 하고 싶은 그런 관계는 아니에요." 피분석가가 자신이 원하는 것 혹은 원치 않는 것을 말할 때 집중한다면, 우리는 모르는 사이에 주이상스에 관해서 욕망하는 주체가 취하는 방어와 입장에만 관심을 두게 된다.

대신에 그들이 느끼는 흥분과 즐거움, 감춰지거나 체계적으로 놓치거나 오인된 쾌락에 방점을 찍고 강조해야 한다. 피분석가가 자신의 향유에 혐오감을 느끼더라도 여전히 그의 향유는 강조되어야 한다. 물론 피분석가가 자신이 특별히 이상하고 도착적이거나 혐오스러운 방식으로 흥분된 것에 대해 비난을 받는다고 느끼는 방식으로 강조되어선 안 된다. 분석가는 피분석가의 담론에서 주이상스가 표현된 부분들을 강조하지만 그것을 책망하지 말아야 한다(분석가가 비난한다고 피분석가가 잘못 받아들인다면 분석가는 그 부분을 '해결해야' 한다). 피분석가의 자연스런 성향—환상 때문에 우리가 주이상스를 보지 못한다는 점에서 '자연스럽다'는 의미—은 만족을 잊어버리거나 오인한다. 그는 만족을 설명해버리고 말거나 만족에 책임을 지려하지 않는다. 피분석가는 "주이상스가 있는 곳에(그것-이드가 작동하는 곳) 나는 향유의 주체로 존재해야만 한다"[29]라고 자발적으로 주장하지 않는다. 절대로 그렇게 하지 않는다. 피분석가는 그 향유를 다른 것, 가령 불안으로 넘겨버리려고 자발적인 노력을 한다. 프로이트가 말하듯 불안은 모든 정서가 그것으로 변화될 수 있다는 점에서 정서의 상용 화폐이다. 불안은 어떤 차원에서는 원치 않고 불편한 정서—즉 만족—를 나타내는 신호이다.[30]

피분석가가 "이상한 감정이 나를 사로잡았어요"라고 말할 때 이 주체는 인식되지 않은 만족을 말하고 있다. 피분석가가 고통이나 큰 슬픔을 보고할 때 그것은 변장한 향유이다. 정동과 주이상스 사이에는 일종의 기본적인 등가관계가 있다(프로이트의 표현을 따르면 정동과 리비도, 혹은 리비도적 분출 사이를 말한다). 이 관계는 환상 때문에 체계적으로 오인된다.[31] 혹은 환상은 우리가 우리 자신을 보고 싶어 하는 방식이기 때문에, 분석가는 피분석가가 '고통을 주는' 감정이라고 말하면서 취하는 만족을 가리키게 될 기회를 놓치지 말아야 한다. 이것은 주이상스가 출현하는 곳, 그를 정말로 흥분시키는 것을 환자가 보지 않으려고 저항하는 것을 극복하는 일과 관련된다. 오직 이 저항을 극복함으로써만 피분석가는 주이상스와 관련해서, 만족을 주는 충동과 관련해서 다른 위치—다른 주체 위치—를 취할 수 있다. 오직 그때에만 피분석가는 이드의 차원에 놓인 만족을 향한 '자신만의' 추구를 방해하는 일을 중단할 수 있다.

내가 다른 지면에서 설명했던 히스테리아의 경우 피분석가는—여기서 나는 그녀를 잔느라고 부르겠다—성적 만족의 결여에 대한 불만족을 드러냈으며 영화 〈은밀한 유혹〉[32]과 관련된 꿈에서(꿈에서 그녀는 혼외정사를 해주는 대가로 제공된 돈의 액수가 제법 커서 남편에게 도움이 될 수도 있을지 모르기 때문에 그 제안을 거부할 수 없을 거라고 느낀다) 자신의 억압기제를 극복해야 할 이유를 찾고 있는 듯이 보인다. 이런 사례에서 목표는 성적 충동이 꿈을 통해 충족시키려고 하는 것에 (그것에 부착된 사회적 낙인이 아니라) 목소리를 부여하는 것이다. 피분석가가 "나는 그것이야"라고—"나는 충동이야, 그 갈망이야"—인정하는 지점까지 도달하기 위한 것이다. 분석가가 섹스의 대가로 돈을 받는 매춘의 이미지와 이와 관련된 도덕적 '부적절함'만 강조한다면 피분석가에게 그녀 스스로가 금지이며 동시에 위반이라고, 혹은 그녀가 욕망이며 단지 욕망일 뿐이라고 말하는 것과 같다. 이것이 라깡이 "충동에 앞선 방어를 분석하기"라고 언급한 것이다(『에크리』, 599/238쪽). 그녀가 충동을 자신의 것으로 인정한다는 말은 다른 한편으로는 라깡이 말한 주체화이다. 주체가 그것이 있는 곳, 즉 충동(그녀의 것이라고 생각되지 않은 것)이 있는 곳에 존재하게 된다. 충동을 주체화하는 것은 장소를 제공하는 것이며, 사정이 그렇지 않다면 거부하게 될 그것에 중요성을 부여하는 것이다. 충동을 자신의 것이라고 보는 것은 이미 충동에 표현을 허락하기 위한 첫 걸음을 내딛은 것이고, 따라서 만족에 부과된 상징계적 제약의 원인과 원천에 대한 진보적인 해석과 결부되어야 한다. 잔느의 경우 섹스가 언제나 부모의 어느 한쪽을 배신하는 것을 의미했다. 배신은 부모의 욕망을 잔느 자신이 해석을 한 뒤 섹스에 의미를 접붙인 것이었다. 이 해석을 문제 삼아야만(그녀의 분석과정에서 오직 부분적으로만 성취될 수 있다) 그녀는 섹스를 다르게 경험할 수 있게 될 것이다.

환자는 무엇보다 '만족 위기'를 안은 상태에서 분석에 참여한다. 우리는 분석과정에서 만족의 문제에 초점을 맞춰야 한다. 환자의 '만족 위기'는 경험된 만족이 사라지고 있거나 '잘못된 종류'의 만족으로 간주된다는 의미이다. 만족의 문제는 언제나 프로이트가 염두에 두고 있었고, 라깡은 프로이트의 입장을 "주체는 항상 행복하다"라고 말함으로써 요약해주었다.[33] 어떤 면에서는 주체는 언제나 불만족이라 할지라도 뭔가를 느끼기 마련이다. 자크 알랭 밀러의 표현으로는 주체는 "항상 충동의 차원에서 행복하다... 아주 행복해서 주체는 그 만족감이 불만족에 이른다 할지라도 반복하게 된다"(『그러므로』, 1994년 5월 18일). 주체는 항상 향유에 보호막을 치고 있을 때라도 자신을 즐긴다. 라깡이 "주이상스는 말하는 자에게 금지되어 있다"(『에크리』, 821/318쪽)라고 말했지만, 그는 이때 문자에 앞선, 언어와 삼각구조에 앞선 일종의 즉각적이며 "저 넓은 바다 같은" 쾌락을 말하고 있다.[34] 아무리 우리의 직관에는 맞지 않더라도 실상 우리는 모두 일정한 만족을 얻는다. 증상을 통해서 혹은 우리 자신을 비판하면서 만족을 경험하게 된다. 욕망의 주체는 충동의 만족과 관련해서 충동에 맞선 방어의 위치에 놓여 있다. 욕망의 주체는 충동의 주이상스가 아니라 욕망을 통해 자신을 본다. 라깡의 접근법은 "다루기," "개입하기", 혹은 "욕망의 교정"(『세미나 10』, 1963년 5월 22일)등으로 특징지어진다는 점에서 만족과 욕망, 즉 충동과 충동의 억제, 주이상스의 주체와 욕망의 주체 사이의 관계에 변화를 가져오는 일과 관련된다.[35]

피분석가의 욕망에 있는 매듭을 풀어서 그 자신의 '진정한 욕망'을 추구할 수 있게 하기보다는 피분석가의 주이상스에 있는 매듭, 욕망과 주이상스 사이의 상호관계에서 형성되는 매듭을 풀어 주어야 한다.

주

1 이 논문은 *A Clinical Introduction to Lacanian Psychoanalysis: Theory and Technique*(Cambridge: Harvard UP, 1997) 중 한 챕터의 초고를 토대로 작성되었다.

2 dialectize 즉 '변증한다'는 것은 일차적으로 변증법적 성찰 내지 추론화한다는 의미인데, 이 대목에서는 분석가가 피분석가의 구성적 참여를 유도해서 담화효과를 얻을 수 있도록 언어를 통해 사유하고 성찰을 하도록 만드는 일종의 언어적 조형물로 분석담론을 구성하는 것을 말한다(역주).

3 이 점에 대해 자크 알랭 밀러가 1993-1994년 세미나 *Donc*(미간행)에서 라깡의 저작을 시기별로 나눈 것을 참조하라. 본 논문에서 내가 피력한 논의는 밀러의 세미나에 기초한다. 이 세미나에서 짧게 발췌한 것이 "Commentary on Lacan's Text"란 제목으로 *Reading Seminar I and II: Lacan's Return to Freud*, Bruce Fink, Richard Feldstein, and Maire Jaanus (Albany: SUNY Press, 1996), 422-427쪽에 브루스 핑크의 영역으로 수록되어있다.

4 편지를 의미하는 영어단어 letter는 '문자'라는 의미도 갖는다. 이 글의 맥락에서는 이 단어의 이중적 의미가 동시에 작용되고 있다(역주).

5 이런 맥락에서 프로이트가 플리스에게 보낸 편지에서 쓴 다음과 같은 대목을 주목하라. "나는 일정기간 가벼운 우울증을 겪는 과정에서 발전된 히스테리환자를 확실하게 탐색할 수 있게 되었소[……]생후 11개월 때 처음 발병했는데 당시 두 어른의 대화에서 교환된 단어를 들을 수 있었지. 그건 마치 전축을 틀어 듣는 것과 같았소." *The Complete Letters of Sigmund Freud to Wilhelm Fliess* (Cambridge: Harvard University Press, 1988), 226쪽 (1897년 1월 24일자 편지). 프로이트는 그렇게 말들이 우리가 그것을 이해할 수 있기 훨씬 오래 전에 기억에 녹음되거나 아로새겨진다는 것을 잘 알고 있었다(1897년 4월 6일자 편지, 234쪽도 참조. 이 편지에서 프로이트는 "히스테리환자의 환상은 규칙적으로 [……] 어렸을 때 들었지만 나중에 가서야 이해되는 것들로 회귀한다"고 말한다). 이것이 바로 라깡이 어린아이들이 주변에 있을 때 "우리가 말하는 내용에 주의하라"고 말한 이유이다. 다시 말해서 "말은 남는다." 말은 기록된다

(Seminar 2, 232/198쪽). 이것과 연결해서 졸저 *The Lacanian Subject: Between Language and Jouissance* (Princeton: Princeton University Press, 1995), 2장 참조.

6 밀러는 욕망은 죽은 것으로서, 기표에 의해 굴욕당하고 덮어 써지는 몸과 관련된다고 했다(*Donc*). 라깡의 표현대로 "몸은 기표의 작동에 의해서 대타자의 침대가 된다"(*Scilicet 1*[1968]: 58쪽). 다시 말해 기표는 몸을 대타자의 영토, 영역, 매개물로 바꾼다.

7 여기서 얻게 될 결론은 정신분석에서는 분석의 종결 자체가 '쟁점'이 아니라는 것이다. 분석가는 계속 피분석가에게 다시 오라고 무슨 일이 있어도 돌아오라고 요구한다. 피분석가는 자신의 욕망이 성공적으로 결정되었을 때에만 스스로 분석을 종결한다. 몇 주 혹은 몇 달 동안 자신이 분석가를 그리워할 것이라고 말하거나 함께 했던 일을 요약 정리하느라 낭비하지 않는다.

8 *Reading Seminar I and II*에 수록된 졸역 "On Freud's 'Trieb' and the Psychoanalyst's Desire," 419쪽 참조.

9 이상하게도 충동은 피분석가가 처음 분석을 시작할 때 가장 낯설고 가장 대타적인 것으로 꼽는 것이다. "그것은 내가 원하는 게 아니지만 어쨌든 나는 그걸 즐기고는 있어요." 프로이트의 용어에서 욕망하는 주체는 이드가 추구하는 종류의 만족에 대항해서 방어하려는 에고(부분적으로는 의식적이고 부분적으로는 무의식적인)라고 생각될 수 있다. 에고는 이드가 만족을 추구하는 것을 역겹고 위협적이라고 여긴다. 이드는 대상과 구멍, 파트너와 실천을 선택할 때 사회적 규범이나 이상에는 관심 없다.

10 *Scilicet 1* (1968), 14–30쪽.

11 정신병은 충동에 대해 전혀 통제력이 없다. 일반적인 내재적 통제력 – 즉 상징적으로 구조화된 에고와 초자아(혹은 에고이상)같은 역할 – 이 그다지 많이 형성되지 못했고 그래서 충동의 자동적 표현에 제동을 걸 수 없다. 신경증은 정반대다. 주체는 과도한 통제 때문에 충동의 만족을 얻을 수 없다. 단지 불만족에서, 혹은 자신을 고문해서, 즉 증상의 주이상스를 통해서만 만족을 얻게 된다. 실상 문제의 일부는 도착증 환자와 달리 신경증 환자는 자신이 무엇의 통제로부터 풀려나게 되는 건지 알고 싶어 하지 않는 데 있다. 그런 것은 자신의

이미지와 맞지 않기 때문이다. 비유적으로 말하면 욕망은 진정한 만족이 어디서 오는지 알고 싶어 하지 않고 체계적으로 그것을 오인한다.

12 밀러는 'lever le fantasme'[환상 걷어내기]이라는 표현을 'lever le symptôme'[징후 걷어내기]이라는 잘 알려진 표현으로 사용한다. 이것의 의미는 증상을 제거하는 것과 같이 환상을 걷어 내거나 제거한다는 뜻이다. *Reading Seminar I and II*에 수록된 그의 「라깡 텍스트 해설」, 426쪽 참조.

13 라깡이 말하는 대로 여기서 요구의 순서를 뒤집어서 대타자는 "우리가 음식을 공급받아야 한다는 요구에 대한 응답으로 먹여주는 걸[즉 칭얼대기를 멈추고 입을 벌려주는 식으로] 허락하라고 요구한다"(『세미나 8』, 238쪽).

14 라깡이 말하길, "먹히는 환상[……]으로부터 일정한 계기가 오면 역전시키는 결과를 고려할 수 없는 게걸스러운 환상이란 없다"(『세미나 12』, 1965년 1월 20일).

15 밀러는 이 맥락에서 소대상을 만족 그 자체로 규정한다. 만족으로서의 대상은 충동에 의해 식별되거나 격리된다. 밀러는 이렇게 말한다. "충동에 대응하는 대상은 대상으로서의 만족이다. 그것이 오늘 내가 라깡의 소대상의 개념으로 제시하려고 하는 핵심적 사항이다. 소대상은 대상으로서의 만족이다. 우리가 본능과 충동을 구별하는 것과 마찬가지로 우리는 선택된 대상(가령 성관계 파트너)과 리비도 대상을 구별해야 한다. 후자는 대상으로서의 만족이다"("On Perversion," *Reading Seminar I and II*, 313쪽).

16 위 공식에서 각 항을 나누는 금, 즉 분자와 분모를 나누는 선은 윗 항이 아래쪽에 있는 것을 '지배'한다는 의미이다(역주).

17 *Écrits*, 835쪽. 영역본은 *Reading Seminar XI: Lacan's Four Fundamental Concepts of Psychoanalysis*(Bruce Fink, Richard Feldstein and Maire Jaanus 편집. Albany: SUNY Press, 1995)에 수록된 졸역, "Position of the Unconscious"를 참고할 것. 265쪽.

18 라깡이 근본적 환상을 가로지르고 나서 충동을 제약받지 않고 자유롭게 만든 사람이 취할 행동을 보인 예로서 제시한 몇 안 되는 사례 중 하나는 장 폴랑의 소설 *Le guerrier appliqué*(Paris: Gallimard, 1930)의 주인공이다.

19 Jacques-Alain Miller, "On Perversion," *Reading Seminar I and II*, 314쪽.

20 분리라는 관점에서 보면 우리는 충동이 대상을 욕망으로서의 대타자로부터 분리시켜 취한다고 말할 수 있다.

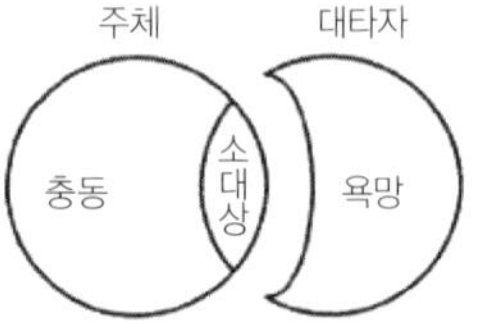

[그림 4]

21 그 혹은 그녀의 "선이 아니다"(가령『세미나 8』, 18쪽 참조).

22 affect: 자극에 의해 유발되는 유쾌/불쾌의 감정을 의미하는 프로이트의 용어로, 정신 상태에 수반되는 감정적 콤플렉스 또는 이상심리를 의미하기도 하며 감동과 함께 경험하는 감정이기도 하다(역주).

23 욕망은 또 쾌락원칙과도 연결될 수 있다. 충동은 쾌락원칙을 넘어서는 곳에 있다. 밀러의 말을 빌면 충동은 "쾌락원칙의 위반[침범]으로 수행되는 행동이며 늘 만족 — 충동의 만족 — 으로 끝나게 된다. 반면 주체는 그 때문에 고통 받고 행복하지 않으며 그것에 포위된 채 벗어나고 싶어할지도 모른다"(*Donc*, 1994년 5월 18일). 이와 달리 욕망은 "쾌락원칙의 한계 내에 기입된다. 다시 말해 욕망은 쾌락원칙에 포획된 채 남아있다" ("A Commentary on Lacan's Text," 423쪽).

24 École Freudienne de Paris(EFP)를 말한다. 1964년 라깡이 프랑스에 세운 정신분석 전문가들의 학회이다. 1926년 프로이트의 승인을 얻어 파리에 세워진 파리정신분석학회(SPP)는 프랑스에서 가장 오래된 정신분석협회로 국제정신분석학회(IPA)와 유럽학회로부터 승인을 받은 조직인데, 1953년 라깡을 포함한 노장급 회원들이 이곳에서 나와 정신분석프랑스학회(SFP)를 세운다. SFP는 IPA의 승인을 얻으려고 했지만 라깡의 세미나가 지속적으로 논쟁을 일으켜서 IPA는 라깡을 제명시키라고 요구한다. 라깡이 결국 SFP를 탈퇴해서 EFP를 세우게 된다. SFP 회원 일부가 라깡을 따라왔고, 남은 SFP회원들이 별도의 협회를 만들어 결국 IPA의 승인을 받게 된다. IPA는 프로이트가 1910년 세운 국제 조직이다(역주).

25 École de la Cause Freudienne(ECF)를 말한다. 1980년 라깡이 EEP를 해체한 뒤 먼저 《프로이트대의》라는 조직을 세우고 나중에 강령을 수정한 뒤 ECF로 이름을 바꾼다. 밀러와 러셀 그리그 등이 회원으로 소속된 ECF는 프랑스에서 가장 영향력 있는 라깡이론조직이다. 매년 『프로이트대의』라는 학술지와 뉴스레터를 출간한다(역주).

26 거세는 결국 만족의 상실을 강요한다(가령 오이디푸스 콤플렉스의 최종단계에 이른 소년은 어머니 혹은 어머니대체물을 원초적 리비도대상으로서 상실하게 된다). 이 상실은 신경증 환자에겐 매우 유감스럽게 느껴진다. 주체는 만족의 남아있는 가능성들에 집중할 수가 없다. 대신 그는 자신의 거세를 "사랑하게" 되고 고집스럽게 그 상실에 매달려서 다른 곳에서 만족을 찾기를 거부한다.

27 정신분석이 피분석가를 종종 가능한 수준 이상으로 이끌어갈 수 있다며 라깡이 던진 한 수는 여러 가지 차원에서 받아들여야 한다. 나는 가령 치료사들이 어떤 환자들은 치료하기 좋은 대상자가 아니라고 느낀다고 말하는 것을 듣곤 한다. 그들이 환자와 하는 일이 치료라기보다는 사회사업이나 직업 또는 결혼 상담과 같은 형태라고 느낀다. 어떻게 우리는 분석가로서의 욕망을 참아내면서 누군가가 '분석 가능'할지를 미리 알 수 있을까? 라깡이 걸었던 내기는 내가 보기에 우리가 결코 누군가가 분석을 감당할 수 있다거나 분석에서 더 이상 진행할 수 없다는 등의 가정을 하지 말아야 한다는 것을 의미한다.

28 분석시간을 그때그때 다르게 하는 방법(역주).

29 *Écrits*, 524/171쪽 참조.

30 프로이트는 『정신분석입문강의』에서 꿈꾸는 사람이 행동이나 상황에서 얻으려고 하지만 그의 '최고 기능들'이 허용할 수 없는 만족을 감추기 위한 검열의 가장 마지막 수단으로 꿈에서 종종 불안이 나타난다고 말한다. 새로 온 피분석가에게 성적 환상을 기억하고 있는 게 있느냐고 물었더니, 그녀는 "글쎄요, 없는 데요"라고 대답하고는 계속해서 자기 바로 앞에서 바닥이 꺼지는 것을 느껴서 단단한 곳을 찾으려고 불안스럽게 애쓰던 꿈을 반복해서 꾼다고 말했다. 이 반복적 꿈에서 그녀의 불안은 섹슈얼리티의 맥락에서 언급되어 그 자체로 주이상스다. 여기서 프로이트와 라깡이 언급한 불안과 오르가즘 사이의 내밀한 관계를 잠시 생각해보자(가령 『세미나 10』, 1963년 3월 13일자를 참조). 프

로이트는 어떤 불안장애는 오르가즘의 성격을 띨 수 있다고 말했다. 불안에 사로잡혀있는 사람은 일종의 성적인 흥분상태에 놓여있음을 상기시킨다. 불안장애, '발작'과 '공황장애'는 따라서 훈련되지 않은 사람에겐 종종 인식될 수 없는 형태로 만족을 제공한다.

31 환상이 우리에게 제공하는 눈가리개 때문에 라깡이 말하듯 우리는 환상의 렌즈를 통해서 세상을 바라본다.

32 데미 무어와 로버트 레드포드가 출연한 1993년 할리우드 영화로 원제는 〈부적절한 제안〉이다. 젊은 부부가 백만장자에게 거부할 수 없는 제안을 받게 되어 심리적 갈등을 겪는 내용이다(역주).

33 *Scilicet 1*(1968).

34 이것은 라깡적 주체가 '언어와 주이상스 사이'에 있다는 의미 중 하나이다. 주체는 원초적 쾌락이나 언어 중 어느 하나를 '가질 수' 있다. 그러나 이 둘 모두를 가질 수는 없다(이것이 'vel' 즉 '강요된 선택'이며, 유아는 언어를 선택하도록 '유혹되고' 유인되고 권장된다). 주체는 "현실원칙/쾌락원칙의 대립구조에 대응한다"(『세미나 7』, 43쪽). 다시 말해 언어와 일종의 원초적인, '쉬운' '문자 이전의' 주이상스 사이의 대립구조를 말한다. 환상은 이 선택의 두 요소—언어와 주이상스의 주체—를 하나로 모아서 이 둘이 '공존할 수 있게' (알랭 바디우의 『조건들』[Paris: Seuil, 1992]에서 빌린 용어이다) 만들려는 시도이다. 환상은 따라서 '이것 아니면 저것'을 극복하려고 시도한다. 이런 선택은 주체의 출현과 만족의 상실에 책임을 갖는 것이다. 이것은 상실을 뒤집으려는 시도를 상연한다. 주체는 또한 강력한 정서적 경험과 그것에 동반된 사유(프로이트의 용어로는 표상) 사이의 연결고리라는 의미에서 '언어와 주이상스 사이'에 있다. 이 연결고리는 강박에서 종종 해소된다. 가령 어른이 된 쥐 인간은 자신의 분노와 아버지 사이의 어떤 관계도 보지 못한다. 프로이트가 분석과정에서 그의 분노를 표현하도록 허락해주고 그것이 아버지와의 관련성을 해석해주었을 때 비로소 이해한다. 프로이트는 쥐 인간이 아버지에 대한 자신의 정서(주이상스)와 사유(언어로 절합된 것) 사이의 연결고리로서 존재하도록 해준다. 라깡의 용어에서 강력한 정서적 경험은 S1이고 사유는 S2이다. 주체는 이들 사이에서 연결고리 혹은 연관성을 구성하는 번쩍이는 섬광이다.

35 라깡의 입장에서 이 후자의 접근법은 어떤 점에선 유사 프로이트적 경제모델—만족이 우선순위를 차지하는 것—로 회귀하는 것으로 이해될 수도 있다. 하지만 그것은 동시에 경제적이며 역학적 모델의 종합이다. 만족이 우세하려면 충동(이드 혹은 초자아. 초자아가 충동의 만족을 명령한다는 의미에서)에 관련되어 욕망(에고와 무의식에 관련된다)의 새로운 형상화가 필요하다. 만족에 대한 방어기제는 하나의 작동인—욕망으로서의 주체—을 새로운 위상학에 형성하도록 고려될지도 모른다. 이곳에서 다른 작동인은 충동으로서의 주체이다. 이들은 프로이트와 일대일 대응을 허락하지 않는다.

충동의 구성요소

찰스 쉐퍼드슨

> 심리학 어디에서도 우리는 더 이상 어둠 속에서 헤매지 않는다. 모두가 자신이 선택한 만큼의 충동 혹은 '기본적인 충동'의 존재를 가정했고 고대 그리스의 자연철학자들이 그들의 네 가지 요소—땅, 공기, 불, 물—를 가지고 한 것처럼 충동을 손에 들고 저글링을 한다.[1]

프로이트의 충동개념이 갖는 기본 특성은 잘 알려져 있다. 우선 본능과 충동은 다르다. 본능이 자연의 법칙(생존과 재생산)에 따른다면 충동은 상징적 전치와 대체 원칙을 따르기 때문에 프로이트는 섹슈얼리티가 생물학적 토대로부터 떨어져 나와 재현에 종속되었다고 주장한다. 라깡의 표현으로 이 말을 바꾸면 섹슈얼리티는 대타자의 장에 위치하게 된다. 그러나 충동과 재현(결과적으로 '섹슈얼리티'라는 말의 의미)의 관계에 노정된 특정한 성격은 여전히 모호하며 논쟁의 여지를 남긴다.[2] 비록 자연으로부터 떨어져 나왔다고 해도 섹슈얼리티가 재현의 회로 안에 완전히 기입된다는 의미는 아니다. 라깡의 표현대로 대타자는 결여이다. 대타자는 "전부가 아니"며 "진리 전체가 아니다"(『텔레비전』, 3쪽). '대타자의 결여'는 충동이론에 결정적인 결과를 초래했고, 상상계와 상징계 뿐 아니라 실재계의 범주, 법의 결여를 표지하는 소대상, 다시 말해서 재현구조의 불완전성을 나타내는 지점을 작동시킨다. 문제는 어떻게 우리가 이 '잔여물', 재현 너머에 있는 요소를 이해할 것이며 충동이 '섹슈얼리티'와 어떻게 특권적인 관련성을 갖는가이다.

논의를 본격적으로 시작하기 전에 적어도 세 가지 사항을 살펴봐야 한다. 첫째, 정신분석의 현대적 설명에 따르면 충동에 관한 프로이트의 비-생물학적 개념이 마치 섹슈얼리티의 문화적 형성에 관한 역사적 설명('상징계적 질서'와 관련된 주체)과 동시적으로 구성된 것 같지만, 프로이트의 이론은 결정적인 여러 지점에서 역사적이고 사회학적인 논쟁들과는 구별된다. 프로이트가 발전시킨 '경제적', '역학적', '위상학적' 관점들은 모두 재현을 몸과 연결시키는 논리 혹은 구조를 설명하려고 사용되었고, 재현과 몸의 관계를 재구성해주는 다양한 기술들을 정립하고 불안, 증상, 정서적 변이와 그 외 신체적 결과들을 설명해 줄 '메커니즘'과 '원인들'을 모색한다. 프로이트의 작업은 따라서 주체성에 관한 역사적 설명들과는 전혀 다르다. 물론 정신분석은 주체의 '논리'가 구체적이고 사회역사적 환경 안에서 펼쳐진다는 사실에 주의를 기울일 것을 매번 요구한다. 그렇기 때문에 프로이트에게 '섹슈얼리티'가 생물학적 현상이 아니라 상징계적 질서의 결과라고 말하는 것으로는 충분치 않다. 그렇게 말함으로써 우리가 섹슈얼리티를 순수하게 관습적이거나 문화적 조건의 생산물로 간주한다면 말이다. 생물학적 결정론과 문화적 구성 사이에 벌어지는 작금의 논쟁들에 맞서 정신분석은 다음과 같은 난제를 꺼내들었다. '섹슈얼리티'는 생물학적 사실들로 환원될 수 없지만 그렇다고 사회적 결과물도 아니다. 근친상간금지의 경우처럼 그것은 자연과 문화의 구분을 위반한다. 그렇다고 양쪽에 부분적으로 속하기 때문이 아니라, 자연과 문화를 구별하는 것 자체가 섹슈얼리티라는 개념을 회피하면서 '생물학'과 '사회적 관습' 사이의 선택으로 대체하기 때문이다. 처음부터 프로이트이론은 이런 대체 안을 비판하고 저항해 왔다.

그러므로 매우 광범위한 이론적 차원에서 프로이트의 충동에 관한 설명이 주체성과 육체화에 관한 작금의 논의에 현재적 의미를 갖는다면, 그것은 정신과 육체적 존재에 대한 생명의학적 설명과 단절하는 동시에 '주체'가 자연으로부터 떨어져 나온, 어떤 식으로든 우발적 사회조건의 단순한 '생산물'이거나 '효과'라고 제안하는 설명들을 거부한다는 점이다. 이것은 확실히 정신분석의 수용과정에서 종종 묻혀버리긴 하지만 매우 핵심적인 내용이다. 프로이트이론이 유기체의 '자극들'(이드)과 문화의 억압적 힘(초자아) 사이의 관계를 탐색하고 프로이트 자신이 이런 언어를 마치 에고가 생물학적 본능과 도덕법 사이의 타협물인 듯이 사용한다는 가정은 본능과 충동 사이의 구분을 와해시키며, 정신분석을 생명의학적 요구와 사회심리학의 혼란스러운 조합이라는 오해를 초래한다. 정신분석은 독립적인 이론적 구성체이다. 정신분석은 자연과 역사의 힘들을 함께 이어 붙이려는 시도가 아니라 그 자체의 논리와 구조를 갖는 이론이다. 이런 점에서 정신분석은 현상학과 매우 유사하다. 이 두 이론은 자연주의와 역사주의를 비판하는 쌍둥이로 시작했다. 따라서 충동개념을 살피는 작업은 몸과 심리 생활에 관한 프로이트의 설명이 생물학적인 모델과 사회역사적 모델들이 아무리 변증법적으로 서로 잘 결합된다손 치더라도 이 모델들 각각으로 환원될 수 없음을 제시하게 될 것이다.

이 첫 번째 논점이 정신분석이 차지하고 있는 일반적 이론지형에 관련되었다면, 충동과 재현의 관계에 연관된 두 번째 논점은 정신분석의 임상학적 차원에 좀 더 직접적으로 관련되어있다. '충동'이라는 개념은 언제나 프로이트의 작업에서 육체적 의미를 갖는다. 충동은 각 지점, 즉 '구강', '항문', '시선', 그리고 여타 소위 충동의 '단계들'과 '성감대'를 통해서 구체화되기 때문이다. 여기서 성감대는 유기체의 생물학적 부분이 아니라 재현의 위치로 기능하는 해부학적 지점으로, 자연에 의해 미리 결정되지 않고, 상징적 전치와 대체에 종속된다(SE 7: 183-184쪽). 따라서 몸의 지리학은 유기체의 해부학과 다르다. 이것이 프로이트가 초기에 증상에 관해 설명하면서 —「유기적이며 히스테리적인 증상으로서의 마비에 관한 비교연구」(1888) — "히스테리아는 해부학이 존재하지 않는 것처럼 행동한다"(SE 1:169쪽)라고 쓴 이유이다. 프로이트의 목적은 주체의 '환상'에 근거한 신경증의 '심리적' 이론을 위해서 증상의 육체적 성격을 무시하기보다는 정신분석이론에서 증상의 특수한 성격을 따로 떼어내서 유기적 의학의 해당 부분과 구별하는 것이었다. 따라서 프로이트가 5년 후에 히스테리아는 "대체로 기억 때문에 고통받는다"(SE 2: 7쪽)라고 했을 때 히스테리 환자가 상상을 하고 있다는 의미가 아니다. 또는 '재현'과 '상징계 질서'에 관한 추상적 담론에 의해 육체성이 방해받았다는 의미도 아니다. 대신 몸은 반드시 유기체와 구별되어야하고 기표에 대한 민감성에 따라 이해되어야 한다는 뜻이었다. 의미의 질서라는 관점에서 몸은 특이하게 구멍 나 있고 다치기 쉽다. 라깡의 표현을 사용하면 "증상은 살 혹은 [육체]기능이 의미화과정의 요소로 취해진 메타포이다".[3]

충동의 개념에서 출발해서 우리는 정신분석의 이론적 특수성(생물학과 역사적 모델과 관련)을 주장할 뿐 아니라 이 특수성이 두 개의 독립적이지만 매우 긴밀히 연결되어있는, 우리가 '주체'와 '몸'이라는 용어로 지칭할 수 있는 측면을 인식하도록 해준다. 왜냐하면 정신분석에서의 '주체' 문제는 헬름홀츠[4] 와 브뤼케,[5] 페히너[6]의 신경학, 생화학, 그리고 유물론적 담론(심리약학 분야에서 여전히 활발한 전통)이나 자연주의의 유일한 대안으로 종종 제시되는 '주체성의 사회구성'을 통해서는 해결될 수 없기 때문이다. 그러나 동시에 우리는 정신분석에서 '주체'의 문제는 몸의 개념이 유기적 생명차원으로 환원될 수 없는 구체적이며 물질적 영역으로 제시되지 않는다면 결코 명료하게 드러날 수 없다는 점도 인정해야 한다.

이상의 핵심논점은 라깡의 충동공식에 분명히 담겨있다. 이 수학적 공식($ ◇ D)은 주체($)와 대타자의 요구(D) 사이의 관계를 지칭하지만 충동을 규정하려고 의도된 공식으로서, 우리가 '주체성'(주체와 대타자 사이의 '상호주체적' 관계)이 아니라 육체적 현상을 다룬다는 점을 가리킨다. 따라서 이 공식은 충동에서 몸의 일부가 상징계적 요구의 위치, 즉 재현의 힘이 물질적 효과를 갖는 특권적 장소로 선택된다는 점을 보여준다. 슬라보예 지젝이 지적하듯이 충동의 공식과 '성감대' 사이의 긴밀한 관련성은 바로 이 때문이다. "몸의 표면에서 일정 부분이 그 해부학적 위치 때문이 아니라 몸이 상징계적 네트워크에 잡혀있는 방식 때문에 성적으로 특권화 되어있다. 이 상징적 차원이 수학공식에서 D로 표시된다. 즉 상징적 요구란 의미이다."[7] 간단히 말해서 충동의 수학공식($ ◇ D)은 '주체'와 '대타자의 요구' 사이의 관계를 지칭하지만 상호주체적이거나 언어적 문제가 아니라, 본능적 규칙성을 넘어서는 리비도의 육체적 조직화를 표현하기 위한 것이다.

라깡의 어휘가 프로이트의 것과 너무 멀어져있고 '주체', '요구', '대타자' 등과 같은 언어들을 사용함으로써 상당한 이론적 변화가 초래된다는 점에서 혹자는 반대할지 모른다. 그런 변화가 일어난 것은 분명 사실이다. 그리고 이 각각의 용어들은 매우 철학적인 의미를 담고 있어서 상세한 검토가 필요하다. 그러나 프로이트의 담론 자체가 라깡의 용어사용에 일정한 토대를 제공해주고 있다. 비록 프로이트가 '대타자의 요구'에 관해서 말하진 않아도 에고이상—주체의 동일화를 위한 비옥한 토양으로서 미래와 욕망의 가능성을 향해 열린 문이면서 나아가 초자아의 징벌역할과 죄의식을 위한 지지대로서 양심의 초기형태인 콤플렉스를 형성 — 을 묘사할 때 프로이트는 이렇게 쓴다.

> 그것[에고이상]은 유아적 에고가 자기충족성을 즐기는 초기 나르시시즘의 적자이며, 점차로 환경의 영향을 받게 되어 환경이 에고에 부과하지만 에고가 늘 응답할 수는 없는 **요구들을 모으게 된다.** 따라서 자신의 에고 그 자체에 **만족할 수 없을 때** 에고이상을 통해서 **만족을 찾을 수** 있을지도 모른다. 에고이상은 에고로부터 따로 분리된 것이다(SE 18:110, 필자 강조).

에고이상은 이처럼 이상한 '생산물'로서 상징적 동일성의 효과이고 대타자에서 비롯되어 주체의 심리적 경제 안에서 결합된(물론 완전한 결합은 가능하지 않아도) 요구들을 모은 것이다. 이 심리적 경제 안에서 주체의 나르시시즘의 '적자'인 에고이상은 만족과 고통 모두를 제공하는 원천이며 자신의 에고가 결핍되었다고 느끼는 그 순간 정확히 주체가 "만족을 찾게 되는" 수단이 된다. 라깡이 반복해서 강조하는 것처럼 동일화는 피학증적 성격을 띠며 진행된다. 욕망 그 자체가 이 자아이상에 근본적으로 의존한 채 진행된다는 점을 인정하는 라깡에게 에고이상의 형성자체는 주체가 법에 종속한다는 표지를 나타낸다. 이 법은 상징적 동일화(생물학적 정체성과는 구별해야 한다)의 법으로 이해된다. 에고이상과, 그것과 연관된 욕망의 가능성 자체는 오직 이 잉여효과를 가지고 출현하는 듯 보인다. 이 효과에 따라 주체는 대타자의 요구에 굴복하게 되고 그 결과 향유는 피학증적이거나 병리적 요소로 구성된다. 이처럼 욕망과 주이상스는 복잡하게 얽힌 경제이다. 프로이트가 '죽음충동'이라는 표제 하에 발전시킨 것은 '고통 속의 쾌락'이었다.

에고이상은 물론 아직 충동은 아니다. 이 점을 따져봐야 한다. 하지만 "요구들의 모음"이라고 프로이트가 말할 때, 분명 몸이 중요하게 꼽히기 때문에 '상징적 동일화'의 차원에서조차 우리는 순수하게 '상징적인' 모델에 만족할 수 없다. 이 모델 안에서 무의식은 완전히 탈육체화되어 있다. 실제로 에고이상 안에서 조직되는(에고는 "자신과 …… 만족할 수 없는" 바로 그 순간 "만족을 발견하게" 될 것이다) 쾌락과 고통의 특이한 경제가 주어지면, 우리는 종종 라깡의 저작에서 빠져있다고 지적되는 '정동', 즉 육체적 존재의 특성인 모든 '기분들', 가령 죄의식, 불안, 지루함 (하이데거의 용어 중 가장 선호하는 것만 취하고 복수심, 적개심, 노예근성의 정신이나 니체가 고려하게 될 생리학적 도덕성의 여타 양식들은 모두 제쳐둔다)의 목록을 적절하게 설명할 수 있게 된다. "탈존재ex-istence[8]의 정동이란 무엇인가?"라고 라깡은 1975년에 물었다. "무의식에서 탈존재를 만드는 것은 무엇인가? 나는 이것을 증상들의 지지물로 강조한다" (FS 166). 따라서 대타자의 요구라는 불길에서 담금질된 에고이상은 우리에게 '주체'에 관한 추상적 명상이 아니라 육체를 가진 존재에 퍼져있는 '만족'의 부자연스런 양식들을 이해할 수 있는 노력을 제공해준다.

두 번째 논점은 따라서 분명해졌다. 만일 정신분석이 증상에 대한 자연주의적 설명을 비판하면서 시작되었다면, 단순히 '상상계적' 혹은 '상징계적' 문제들을 선호해서 마치 오로지 '재현'의 문제라는 듯이 몸을 포기하지 않는다. 그보다는 프로이트가 1888년에 썼듯이, 증상의

"물질적 조건"은 "심오하게 변형되었다"(1:170). 히스테리아는 "신경체계의 해부학에 관한 어떤 개념에도 무지하며 무관하다"는 것을 증명한다. 우리는 히스테리적(유기적인 것과 반대로) 마비는 다른 형태의 인과성(자연법이 아닌 법)을 수반한다고 결론내릴 수 있다. 이 인과성의 재현은 육체적 효과를 갖게 된다. 히스테리적 마비는 유기체가 아니라 몸에 위치한다. 몸은 자체의 현상적 특수성을 띠게 되고 그 나름의 논리와 구조를 갖는다. 히스테리적 마비에서는 일부 몸의 구체적인 부분에 다다를 수 없거나 그 부분이 마비되거나 그 기능을 상실하게 된다(혹은 역으로 '자연'이 지배하는 것을 넘어서 리비도적으로 투자된다). 그러나 프로이트에 따르면, 유기적 마비에서와 마찬가지로 그 자체의 "물질적 층위는 없이 …… 손상되어"있다(SE 1:170쪽). 그 결과 푸코가 『임상의 탄생』에서 힘을 주어 분석했던 "병소"lesions[9]라는 의학적 용어를 유지하길 원한다면 우리는 단 하나의 결론만을 갖게 된다. "히스테리적 마비에서 병소"는 "가령 팔이라는 **개념** 혹은 **생각**이 변화한 것이다 …… 팔은 마치 연상작용을 위해 존재하지 않는 것처럼 행동하게 된다"라고 프로이트는 말한다(SE 1:170쪽). "히스테리적 마비는 **재현성 마비**이기도 하지만, 특별한 종류의 재현으로서 그 특성에 대해서는 아직 더 연구해야 한다"라고 결론 내린다(SE 1:163쪽; 저자 강조).[10]

하이데거가 유기체와 몸 사이의 차이에 관해 유사한 결론에 도달했다는 사실에 놀랄 필요는 없다. 언어와 소리의 물질적 생산을 다루면서 하이데거는 언어의 가능성이 거주할 때 인간의 몸에 일어나는 변화를 강조한다. "말하기는 소리의 절합적 목소리생산을 의미한다. 언어는 말의 기관, 입, 혀, 이와 입술, 후두의 활동으로서 나타난다."[11] 우리는 언어가 인간 본성에 따른 산물로 내재적 사유를 표현하기 위해 사용된 도구이며 복구할 수 없을 정도로까지 대타자적 영역인 것은 아니라고 가정해볼 수 있다. 하이데거가 말했듯이, "우리 자신은…… 말할 능력이 있으므로 이미 언어를 소유하고 있다"(OWL 111–12쪽)라고 생각할 수도 있다. 그러나 이런 시각은 언어의 본성을 감출 뿐 아니라 우리 자신의 본성도 감추게 된다. 하이데거는 곧 이렇게 덧붙인다. 말의 이런 '기관들'은 생물학적 관점에서 보면 마치 생명의 자연적 기능을 수행하는 (표현하고 지칭하고 추론하는 것은 인간 동물에게 자연적이다) 유기체적 구조라는 심각한 오해가 있다. "목소리의 소리는 더 이상 신체 기관의 질서에 속하지 않는다. 그것은 이제 생리학적이고 물리적인 설명의 관점으로부터 해방되었다"(OWL 101쪽). 진정 "입은 그저 유기체로 이해된 몸의 기관만은 아니다"(OWL 98쪽). 이 발언들은 릴케의 죽음을 추모하기 위해 쓴 것으로, 라깡이 「심리적 인과성에 관한 제안」을 발표했던 같은 해에 나왔다. 라깡의 글은 헨리 아이[12]의 '광증의 유기체 이론'을 비판하면서 시작된다. 여기서 라깡은 폴 엘뤼아르[13]를 인용한다(E 151–93쪽). 지면 관계상 하이데거와 라깡을 이 글에서 충분히 다룰 수는 없지만, 데리다가 지적했듯이 이미 『존재와 시간』에서 하이데거는 몸의 '문제'는 '확장된 실체'라는 모델에 따라 자연적인 것으로 이해될 수 없다는 점을 인식했다는 것을 강조하고 싶다. 현존재Dasein로서의 존재가 갖고 있는 환희에 찬 구조가 이미 자연을 넘어서는 '몸'을 만들었기 때문이다. 현존재의 분석은 '주관적' 존재에 관한 추상적이거나 순수하게 '정신적인' 이론이 아니며 유클리드 기하학의 공간을 넘어선 육체적 '공간'을 열어준다(마치 모든 자연적 죽음을 넘어서는 죽음을 만들어낸 것과 같다). 따라서 『정신에 관해서』에서 데리다는 『존재와 시간』의 다음과 같은 구절들을 떠올린다. "현존재의 공간성은 불완전성으로 해석될 수 없다. '정신과 육체의 결합'이라는 치명성에 따라 불완전성은 존재에 내재적인 것이다. 이와 달리 현존재는 '정신적'이다. 그리고 바로 그 이유 때문에 어떤 확장된 신체 사물을 위해 본질적으로 불가능하게 남아있는 방식으로 공간적이 될 수 있다."[14]

이로써 우리는 세 번째 핵심사항에 이르게 된다. 본능과 충동을 구별함으로써 정신분석이 생물학적, 역사적 분석과 관련해서 이론적 특수성을 갖는다고 주장하게 할 수 있게 되었고, 증상의 문제 뿐 아니라 동일화의 신체 효과들(에고이상에서 찾을 수 있는 쾌락과 고통 사이의 기묘한 혼합)을 강조해서 유기체와 몸 사이를 구별하게 되었다면, 우리는 저 악명 높은 '대상관계'[15]에 관해 거의 말하지 않았고, '실재'라는 라깡이론의 범주에 대해선 전혀 말하지 않은 셈이다. 이 범주는 충동의 개념에서 매우 중요하다. 게다가 왜 충동이 '성적'인 것으로 이해되어야 하는지 아직 분명치 않고, 인간의 섹슈얼리티가 생존과 재생산의 생물학적 명령에 의해 엄격하게 묶여있지 않기 때문에 "어디든지 갈 수 있다"고 말할 수 있다는 뻔한 진술 이상 어떤 의미가 있는지도 해결되지 않았다. 이 대목에서 프로이트의 구강에 관한 고전적 사례가 여전히 유효하다.

언뜻 보기에 '섹슈얼리티' 문제는 아무 문제가 없는 것 같다. 우리는 이미 인간의 육체화 중심에 상징적 혹은 상상적 전치를 기대하게 되지 않았는가? 이 재현의 장을 통과하는 과정은 애초에 본능과 충동을 구분했을 때부터 주장했던 것이 아닌가? 이것은 「섹슈얼리티에 관한 세 가지 에세이」(1905)에 담긴 내용이며 「충동과 그 변이」(1915)에서 다시 반복된다. 이 두 글에서 프로이트는 네 가지 양태—힘, 목표, 대상, 원천—에 따라 충동을 이론화한다. 여기서 우리는 다시 친숙한 토대 위에 서게 되었다. 각각의 경우 충동은 재현과 관련해서 제시되며 본능과는 근본적으로 다르다. 충동의 힘은 소비되기를 기다리는 에너지의 자연적 저장소에 머물지 않고 심리적 기입의 힘, '생각'이나 무의식적 '사유'의 힘에 놓여 있다(라깡이 기표의 개념을 통해서 이론화하는 주장이다). 충동의 목표는 자연적 본능에서처럼 생존이나 재생산이 아니다. 유기체적 욕구의 만족에 의한 것이 아니라 에고에 의해 얻어지는 만족(라깡이 나르시시즘과 상상계적 몸에 따라 이론화한 주장)을 통해 제공되는 일정한 '쾌락'이다. 충동의 대상은 재생산의 생물학적 법칙에 따르는, '성기'의 대상으로 미리 결정되지 않으며, 프로이트가 엄지손가락 빨기를 언급하면서 제시한대로 유기체적 욕구로부터 떨어져 나온 구강충동의 사례로서 전치와 대체를 따른다. 충동의 원천인 몸의 곳곳은 성감대에 따라 발전된다. 충동은 우리에게 유기체와 몸 사이의 차이를 보게 해줄 뿐 아니라, 몇몇 사례들은 유기체와 몸 사이의 근본적 대립과 갈등도 보여준다. 구강충동의 경우, 유기체적 욕구를 훌쩍 넘어선 '음식에 대한 요구'가 나타난다. 이것은 유기체적 생명의 생물학적 필요사항을 위협하거나 대립하는 '구강적 요구'이다.[16] 거식증과 폭식 사이에서 우리는 충동이 더 이상 자연적 평형상태와 자연스런 '대상과 맺는 관계'에 지배되지 않는다는 점을 발견하게 된다. 이런 특성은 어떤 예외적 또는 병리적 케이스에서만 나타날 뿐 아니라 충동자체의 성격이다. 프로이트에 따르면 충동의 발견은 '탄생 이야기'일 수 있다. 인간 동물은 자연 상태에서 떠나자마자 '너무 많이' 혹은 '너무 적게' 먹을 수 있게 된다. 그는 이미 '적절한 대상'을 상실했기 때문이다. 여기서 할 수 있는 최선은 '절호의 방법'을 마련하는 것인데, 원초적으로 상실된 대상이 다른 형태로 '재발견'되도록 하는 상징적 조치이다. 이 다른 형태의 대상은 자연이 아니라 도덕법의 규칙을 따른다. 자연으로부터 떨어져 나온 주체와 그의 섹슈얼리티 전 영역은 대타자의 장에 놓이게 된다.

이런 견해가 완전히 틀린 것은 아니다. 「쾌락원칙을 넘어서」에서 프로이트는 초기 저작에서 자신이 제기한 이런 주장을 회상한다. 장 라플랑슈가 길게 논의했던 어린아이가 구강단계에서 엄마의 가슴과 맺는 관계에 대한 사례[17]를 언급하면서 프로이트는 두 가지 구별을 한다. 첫째, (현상학적으로 표현한다면) '주관적' 상관물의 관점에서 어린아이의 식욕은 음식섭취를 통해 얻는 영양분으로 만족되지만, 구강적 만족은 이와 전혀 다른 현상이다. 프로이트는 구강적 충동의 만족은 배고플 때는 가능하지 않을 대체물(엄지손가락 빨기의 경우에서 보듯)을 통해서 성취된다고 적는다. 이것은 동시에 구강충동과 배고픔이라는 본능의 구분을 보여준다. 또한 배고픔의 본능에 기대어 구강충동이 생겨난다. 그럼에도 불구하고 '배고픔'의 영역으로부터 떨어져 나온 구강충동은 유기적 기능에서 출발한 육체적 방식으로 위치한다(마찬가지로 시각적 충동은 시각의 기능에서 출발한다). 프로이트의 의미에서 '섹슈얼리티' 그 자체는 이런 출발에 기원하고 있다.

둘째, '객관적' 상관물의 경우 프로이트는 아이가 엄마의 가슴에서 찾는 우유와 가슴 그 자체를 구별한다. 가슴은 수유라는 유기적 기능에 의존한 '대상'이지만 수유기능과는 구별된다. 라깡은 이 점을 욕구의 대상과 요구의 대상을 구별함으로써 이론화한다. 욕구의 대상이 생물학적 생명에 필요한 것이라면 요구의 대상은 대타자의 장에 속한 대상을 의미한다. 유기적 기능에 토대를 둔 요구의 상징적 기동성(엄지손가락 빨기의 경우처럼)은 욕구의 '대체 불가능성'으로부터 대상을 분리시킨다. 이때 우리는 '섹슈얼리티'가 욕구와 요구 사이의 차이에서 출현한다는 사실의 이론화를 발견하게 된다. 만족의 대상과 양식들은 생물학적 욕구의 만족과 구별된다. 동시에 프로이트는 구강충동의 차원에서 요구의 육체적 기입을 주장한다는 점은 분명하다. 따라서 우리가 프로이트이론에서 정당하게 섹슈얼리티는 '어디든 있다'고 주장할 수 있지만 원칙적으로는 도처에 있다고 해도 실제로 그럴 수 없는 특정한 주체가 있다는 점을 덧붙여야 한다. 이것이 욕구와 욕망의 구별이 생기는 지점이다. 라깡이 설명하듯 거식증은 구강충동의 한 형식으로서 주체가 '아무것도 먹지 않는' 사례인데, 결핍이 적절하게 설치되지 않았기 때문에 생긴다. 이 경우 몸을 제공해주는 결핍이 아직 도착하지 않았기 때문에 거식증환자는 몸을 갖고 있지 않다. 우리는 이제 요구와 충동 사이의 상관관계를 얻게 된다. 구강충동의 차원에서 기계적으로 반복되는 '무를 향한 요구'에 묶인 채 주체의 욕망이 절충된다.

섹슈얼리티가 '어디든 있다'는 것은 사실이고 자연으로부터 떨어져 나온 채 상상계와 상징계의 망 어느 지점에서 나타날 수 있다는 것도 사실이다. 그렇다면 프로이트가 '섹슈얼리티'에 대해 특히 충동에 관해서, 특별한 신체적 형태와 특별한 양식의 리비도에 관해서 말한 것이 좀 더 정확해진다. 이것이 우리가 '섹슈얼리티'를 자연으로부터 떨어져 나와서 재현의 질서에 '통째로 기입된 것은 아니'라고 말해야 하는 이유이다. 법의 회로를 넘어선 뭔가가 있고 바로 이 법의 테두리 안에서 '섹슈얼리티'가 좀 더 정확한 의미를 부여받게 된다.

또 다시 이 사실을 묵과하고 싶은 유혹을 느낀다. 라깡의 이론이 주체와 무의식 자체를 상징계적 질서의 문제로 다룬다고 생각할 수도 있다. 소쉬르와 레비스트로스에서 출발한[18] 순수하게 형식적인 경제와 일치하는 '언어학적' 문제이기 때문에 ("언어처럼 구성된") 무의식은 상징적 수단으로 설명되어야 한다고 생각할 수 있다. 이것은 '무의식적 욕망'에 관한 고전적 설명 아닌가? 의미화연쇄에서 에고의 내러티브를 실수와 꿈, 잊어버린 단어의 비의미적인 '재료들'로 절합하는 기표들의 연쇄를 무너뜨리면서 무의식적 욕망이 출현한다. 혹은 '내가 원하는' 발언을 넘어서 '그것이 말하는' 곳을 보여주는 갑작스럽고 예상치 못한 자유연상이라고 한다. 증상 그 자체가 '상징적' 현상이며 무의식적 '회상' 혹은 '비유'로 간주되지 않는가? 이때 "살 혹은 [육체]기능을 의미화의 요소로 취한다"(E 518/166쪽). 이것이 익숙한 라깡주의 이론이며, 따라서 "주체의 무의식은 대타자의 담론이다." 이 공식은 자아의 담론과, 무의식적 욕망의 요란스러운 등장을 구별해준다. 그러나 『세미나 11』에서 라깡은 이 상징적 찌꺼기 —'대타자의 담론'— 는 진실의 전부가 아니며, '무의식' 자체는 언어로 환원될 수 없는 '성적 현실'과 연관되어 재규정되어야 한다고 주장한다. 자아의 요구와 대타자의 담론 어느 것도 충분하지 않다. "무의식이 성적 현실과 연결된 결합지점은 반드시 드러나야 한다. 이 지점을 욕망이라 부른다"(SXI 154쪽). 라깡은『세미나11』의 도입부 첫 문장에서 이런 변화를 분명히 드러낸다. "실수의 공간이 더 이상 어떤 의미(혹은 해석)를 동반하지 않을 때 오직 그럴 때만 우리가 무의식에 있다고 확신한다"(vii).[20]

따라서 1964년 라깡은 알려진 라깡주의 명제와 거리를 둔다. "내 자신이 문제적 입장에 처해있다". 그는 "내가 무엇 때문에 무의식을 가르쳤던가?"라고 묻는다(SXI, 149쪽). "무의식은 발화의 효과에 의해 구성된다. 무의식은 언어처럼 구성되었다"(149쪽). 그럼에도 불구하고 이제 그는 새로운 이론을 제안한다. "무의식의 현실은 성적 현실이다"(SXI 150쪽). 우리는 이렇게 이미지와 언어로 제시될 수 없는 무의식의 한 양상을 마주하게 된다. 이것 때문에 라깡은 프로이트가 충동이 항상 '부분 충동'이며 그 소대상은 '부분 대상'이라고 한 것이 옳았다는 주장을 하게 된다. 충동이 주체의 몸 일부(성감대 혹은 항문, 시선 등 여러 '단계들'로 구성된다)와 관련되어서가 아니라, "오직 부분적으로 재현하기" 때문이다. "이런 특징, 이 부분적 특징은 대상들에서 정확히 나타난다. 이 대상들이 전체 대상, 몸의 일부라서가 아니라 그것들을 만들어내는 기능을 **오직 부분적으로 재현**하기 때문에 적용가능하다"(E 315쪽; 강조는 저자의 것). 같은 내용이「거세 콤플렉스의 주체적 함의」에서도 제시된다.

"충동은 심리 내부에서 섹슈얼리티의 원인을 재현한다. 충동의 재현이 오직 부분적이긴 하지만 섹슈얼리티는 유일하게 충동의 지점에서만 우리의 경험과 연결 된다"(FS 119쪽). 간단히 말해 충동은 본능과 구별되며 그 자연적인 토대로부터 떨어져 있지만 기표의 순환에 전적으로 기입되진 않는다. 충동은 따라서 — 상상계적이고 상징적 소외를 넘어서 — 세 번째 소외의 문제를 제기한다고 말할 수 있다. 그것이 대타자의 결여를 도입하고 이 결여가 몸에 만들어내는 결과들을 포착하려고 한다는 조건에서 그렇다.

따라서 우리가 '대타자의 담론'으로서 이해되는 무의식의 '상징계적' 개념화에서 시작한다면, 우리는 무의식의 뭔가가 본질적으로 발화될 수 없는 채 남아 있다는 것을 인식해야 한다.「치료의 방향」에서 라깡은 "나는 벌써 견습생들이 내가 분석을 지식화하려 든다고 중얼거리는 소리를 들을 수 있다. 하지만 나는 말로 표현되지 않는 것을 보존하려 한다"(E 253쪽). 이 불가능성, 재현질서에 노정된 이 결함은 라깡이 소대상을 상상계나 상징적 형태로 재현될 수 없는 지점으로 이론화하도록 해주었다(물론 "거울상이 자신의 옷을 내어주는 상대는 거울에 포착되지 못하는 바로 이 대상이다," E316). 이 변화는 매우 결정적이어서 라깡은 주체를 이 '불가능성'에 입각해서 개념화하기 시작했다.「주체의 전복」에서 그는 이렇게 쓴다. "의미화 연쇄에 담긴 이 단절만이 실재의 비연속성으로서 주체가 구성되었음을 입증해준다"(E 299쪽).

이 발화 불가능한 지점에서 출발해서, 대타자를 기능하지 못하게 하는 아포리아의 계기에서 우리는 실재의 '단절' 혹은 '비연속성'이 어떻게 특정한 육체적 효과들을 만들어 낼 수 있는지 파악해야 한다. '실재'가 아무리 결여되고 '불가능'하더라도 (결여의 기표인 '팰러스'로서, 상실된 대상인 '가슴'으로서, 가시권에서 빠진 '응시'로서) 신체 구조에 어쩔 수 없는 차이가 만들어진다. 대타자의 결여는 추상적인 '불가능성'이 아니라 "구현된 아포리아"이다(E 265쪽). 만일 몸이 자연으로부터 "준비되지 않은 상태에서 떨어져 나와" [상황을] "추슬러" 대타자의 장으로 나온 것이라면, 여기에 결여의 잉여효과가 나타나게 되고 다른 종류의 통화로 지불해야할 빚을 초래하게 된다. 라깡은 「치료의 방향」에서 이렇게 말한다. "이 단절의 순간에 피 묻은 찌꺼기조각이 출몰한다. 생명이 기표들의 기표로 바뀔 때 지불해야만 하는 살 조각이다. 이 떨어져 나간 조각을 상상계적 몸에 그대로 복구하기는 불가능하다"(E 629–30/265쪽). 이 "피 묻은 조각"은 소대상을 의미하며, 여기서 우리는 주체의 희생, 다시 말해서 주체가 대타자의 결여에 관해 답하려고 애쓰면서 신성하게 노력할 때, 혹은 그보다는 찬란함은 덜해도 여전히 "발화주체의 어깨 위에 기표의 낙인을 남기게" 되는 움직임 속에서 자신을 불길로 던져버릴 욕망의 희생을 발견한다(E 265쪽). 라깡은 『세미나11』에서 상징계적 '정체성'이 아니라, '실재의 비연속성'으로서의 주체로 다시 관심을 돌린다. "이 차원에서 우리는 주체의 어떤 주체화과정을 고려하도록 강요받지 않는다. 주체는 장치이다. 이 장치는 누락되었고 그 빈틈에서 주체는 상실된 대상의 자격으로 어떤 대상기능을 구축한다. 충동에서 제시된다면 이것이 바로 소대상의 위치이다"(SXI 185쪽).

프로이트의 이론으로 이 글을 맺는다. 프로이트에게 충동은 심리적 기입의 차원에서 먼저 규정될 수 있는 것처럼 보인다. '주체'의 질서에 속하는 어떤 것, 심지어 가장 기초적인 '지각'처럼 충동 역시 재현의 네트워크를 통해서, 의식적이든 전의식이든 무의식이든 제시되어야 한다. 본능과 충동 사이의 차이는 직접적인 현존과 생물학적 에너지의 영역, 매개와 재현의 영역 간의 차이에 다름 아니다. 「충동과 그 변이」 (원문은 *Triebe und Triebschicksale*, 영어로 직역하면 '충동과 그것의 운명'[20]이 된다)에서 프로이트는 다음과 같은 정의를 제공한다. "'충동'(Trieb)은 정신과 육체 사이의 경계에 위치한 개념으로 보인다. 유기체 내부에서 나와서 정신에 도달한 자극의 심리적 재현물이다"(SE 14: 121–2쪽). 그러나 같은 시기에 쓴 「억압」이란 글에서 프로이트는 이렇게 설명한다. "지금까지 우리는 본능적 표상의 억압을 논의했다. 본능적 표상이란 본능으로부터 비롯된 심리적 에너지(리비도 혹은 이해관계)의 명확한 할당으로 고착된 하나의 관념 혹은 관념의 집단으로 이해될 수 있다"(SE 14:152쪽). 억압을 논의하는 과정에서 이 대목에 이르면 재현의 질서 안에 억압된 '본능적 표상'과 억압되지 않은 것을 구별하는 일에 관심을 집중하는 듯이 보인다. 그러나 프로이트는 이제 "뭔가 다른 요소"를 설명해야 한다고 덧붙인다.

> 임상적 관찰을 통해 우리는 지금껏 단일한 개체로 간주되어 온 것을 나누어야 한다. 개념과 별개로 충동을 재현하는 뭔가 다른 요소가 고려되어야 하며 이 요소가 개념의 변이와는 다른 종류의 억압의 변이를 겪는다는 것을 보여주기 때문이다. 심리적 표

> 상의 이 다른 요소를 위해서 **정동의 할당량**이라는 용어가 일반적으로 채택되었다. 그것이 충동에 해당되는데, 충동이 개념으로부터 떨어져 나와서 그 양과 비례해서 정동으로 감지된 과정에서 표현을 찾게 된다. 이 지점에서부터 억압의 사례를 설명할 때 우리는 억압의 결과로서 **개념**이 된 것과 그것과 연결된 충동적 **에너지**가 된 것을 따로 분리시켜야 한다(SE 14:152쪽 강조는 필자의 것).

따라서 "심리적 에너지의 명확한 할당으로 고착된" 개념들 이외에 우리는 이제 "정동의 할당량", "개념으로부터 떨어져 나와"서 다른 운명을 가진 요소를 마주해야 한다("이 요소는 개념이 겪는 것과 다른 억압의 변이를 거친다").

재현의 장과 "정동의 할당량" 사이의 이 새로운 구분은 이해하기 쉽지 않다. 우리는 '개념'과 '에너지'의 차이에 대해 마치 그것이 '육체적' 경험이나 정서적 '에너지'와 다른 표상의 '심리적' 영역을 분리하는 문제인 듯이 간단히 처리할 수 없다. 한 가지 이유를 꼽는다면 '심리적' 영역은 이미 '에너지' 혹은 '리비도'에 어느 정도 호소력을 갖는다. 프로이트는 "심리적 에너지(리비도 혹은 이해관계)의 명확한 할당량과 고착된 개념 혹은 개념집단"에 대해 말한 것이다. 다른 한 가지 이유는 이 새로운 '요소', '개념'과 구별되는 이것이 재현의 영역과 전혀 무관한 육체적 '경험'이 아니라는 것이다(프로이트는 "충동을 **재현하는** 뭔가 다른 요소가 고려되어야 한다"고 말하면서 이런 정의를 제공한다. "이 **심리적 표상**의 다른 요소를 위해 정동의 할당량이라는 용어가 일반적으로 채택되었다"[강조는 필자의 것]). '심리적 재현'의 부분에 '에너지'가 있고, 정서 쪽에는 '표상'이 있다. 그럼에도 불구하고 이 새로운 이론적 전개가 중대한 의미를 갖는다면 우리는 단순히 프로이트가 제시한 이 구별을 지워버릴 수 없다. 적어도 이것만은 분명하다. 매개와 재현의 '심리적' 영역과, 직접적 제시와 자연적 에너지의 '육체적' 영역을 단순하게 구분하는 대신 우리는 좀 더 복잡하게 얽히고설킨 관계에 관여되어있다. 하지만 이 관계에서는 여전히 프로이트가 여기서 '개념'이라고 부른 것과 — 잠정적이고 의심의 여지없이 문제적인 방식으로 — "그것에 연결된 본능적 에너지"를 구별하고 "분리해서 따르는" 것은 가능하며 필연적이다. 우리는 프로이트가 재현의 '바깥,' 어떤 재현도 영향을 미치지 않을 자연적 직접성(우리에게 친숙한 '본능'의 개념)의 영역이 아니라, 본질적으로 낯설고 배제되며 표상불가능하게 남아있는 재현의 영역 내부의 한 지점을 따로 떼어내려고 했다고 말할 수 있다. 상징계와 실재계 사이의 관계가 그렇기 때문에 실재는 '언어 이전의 현실'이 아니라 상징적 현상으로 환원될 수 없는 상징적 법의 결과로 이해된다. 라깡의 이론에서 우리는 바로 이 지점에서 대타자와 소대상의 차이에 관여하게 되며, 무엇보다 우리가 이 구별을 인정하지 않을 수 없게 만드는 것이 충동의 이론이다.

주

1 Sigmund Freud, "Instincts and their Vicissitudes." *The Standard Edition of the Complete Psychological Works of Sigmund Freud*. James Strachey 번역. James Strachey et. al 편집(London: The Hogarth Press, 1953–1974), vol. 18, 51쪽. 이 글에서 인용되는 프로이트의 글은 전집의 권수와 쪽수를 SE 다음에 표기하며 그 외 인용문에 사용되는 약호는 다음과 같다. E= Jacques Lacan, *Écrits* (Paris: Seuil, 1966). 이 책의 일부가 영어로 번역되어 출간되었다[2007년 브루스 핑크가 완역한 영역본이 출간되었다(역주)]. *Écrits: A Selection*, Alan Sheridan 번역(New York: Norton, 1977). 본문에서 인용할 때는 이 두 판본을 모두 사용할 것이고, 프랑스어 원본의 쪽수를 먼저 표기한 뒤 영어번역본을 표기한다. FS=Jacques Lacan and the école freudienne, *Feminine Sexuality*. Juliet Mitchell and Jacqueline Rose 편집, Jacqueline Rose 번역(New York: Norton, 1985). SXI = *Le Seminaire, livre XI: Les quatres concepts fondamentaux de la psychanalyse*. Jacques Alain Miller 편집(Paris: Seuil, 1973), *The Four Fundamental concepts of Psychoanlaysis* (Seminar 11). Alan Sheridan 번역 (New York: Norton, 1978). 인용은 이 두 판본을 모두 사용한다. 프랑스어 원본 쪽수를 먼저 표기하고 영어번역본 쪽수를 다음에 표기한다. 인용문의 번역은 부분적으로 수정되었다. T= "Television." Denis Hollier, Rosalind Krauss, and Annette Michelson 번역. *Television: A Challenge to the Psychoanlaytic Establishment*. Joan Copjec 편집 (New York: Norton, 1990).

2 '본능'(instinct)과 '충동'(Trieb) 사이의 차이가 라깡에 관한 이차문헌에서 흔히 인용되긴 하는데, 그럴 경우 동물적 행위의 생물학적 모델과 상징계 질서와 관계하는 인간적 섹슈얼리티를 구별하는 것으로 이해된다. 그러나 이런 통상적이고 분명해 보이는 출발점이 여타 다른 정신분석학파들과 공유되지 않고 있다는 사실을 주목해야 한다. 손쉬운 예로 미국정신분석협회의 사전을 들춰보기만 하면 된다. 거기에는 '본능'이 "생물학자들, 특히 동물행동연구가들이 도입한 용어로 인간의 행동에 광범하게 적용된 용어"로 정의되어있다. 이 정의는 나중에 "내재적이고 유전자 결정 장치에 뿌리를 둔 것으로 가정된 종족 유

형별 행동패턴"과 연결되며, 본능이론은 결과적으로 "관련된 종족과 직접 지속되는 인간성의 양상들"을 다룬다. 이 사전은 나아가 프로이트의 독일어 Trieb가 라틴어의 Instinct와 완전히 통용될 수는 없다는 사실을 인정하면서 "영어권 독자들은 Trieb를 'instinct'로 번역했던 스트레치의 결정 때문에 혼란을 겪게 되었다"고 쓴다. Trieb는 본능과 마찬가지로 "특정한 행동패턴으로 항상 귀결되는 동기에 따른 힘"을 지칭하지 않으며 그보다는 "주어진 신체적 과정과 연결되는 것으로 보이는 정신적 재현의 총합이다." 그럼에도 불구하고 본능과 충동 사이의 차이에 관한 이런 인정이 결정적이지 않고, 그들의 "본능적 충동"이라는 개념에서—둘 사이의 구별을 무화시키거나, 적어도 라깡이 주장하는 이론적인 결정을 상실하는 용어—편집자들은 프로이트에게 "Trieb는 내재적으로 주어진, 태어날 때부터 제시된 유전자 결정의 잠재성에 토대를 두고 있다"고 설명한다. *Psychoanalytic Terms and Concepts*. Burness E. Moore, M. D., and Bernard D. Fine, M. D. 편집(New Haven: Yale University Press, 1990), 99–101쪽 참조.

3 Jacques Lacan, *Écrits* (Paris: Seuil, 1966), 518쪽. *Écrits: A Selection*. Alan Sheridan 번역(New York: Norton, 1977), 166쪽. 앞으로 이 책의 인용은 E 다음에 프랑스어 원본의 쪽수를 먼저 표기하고 영어 번역본의 쪽수를 (가능하면) 병기할 것이다. 인용문의 번역은 필자가 수정한 것이다.

4 Hermann von Helmholtz: 독일 의사이자 물리학자이며 과학철학자로 지각과 자연의 법칙 간의 관계와 에너지보존법칙, 열역학 등으로 알려져 있다(역주).

5 Ernst Wilhelm von Brücke: 독일 생리학자이며 유물론적 심리학의 창시자. 프로이트에게 가장 큰 영향을 끼친 스승으로 생명이 물질에 기인한다는 것을 해부를 통해 증명했다(역주).

6 Gustav Theodor Fechner: 독일 자연과학자이며 철학자로 정신물리학의 창시자로 베버페히너법칙으로 알려진 공식을 정리했다(역주).

7 Slavoj Žižek, *Looking Awry: An Introduction to Jacques Lacan through Popular Culture*(Cambridge, Mass.: MIT Press, 1991), 21쪽.

8 100쪽 주7 참조.

9 프랑스 철학자 미셸 푸코는 『임상의 탄생』에서 유기체의 상처나 손상이 없는데

도 병으로 간주되는 신경증과 발열 등을 의학사적 관점에서 다룬다. 조직손상의 유무로 질병을 정의하던 의학적 실증주의가 발열의 원인과 신경증적 증상 등에 대한 관심을 통해 도전받게 된다(역주).

10 원주에는 *Adaequatio Sexualis* 라고만 되어있는데, 세퍼드슨 자신의 논문 "Adaequatio Sexualis: Is There a Measure of Sexual Difference?"를 가리키는 것 같다. 하지만 어떤 의도로 이 대목에서 해당논문의 제목을 주로 넣었는지는 분명하지 않다. 세퍼드슨의 논문 서지는 다음과 같다. *Phenomenology to Thought, Errancy, and Desire*. Babette Babich 편집 (Dordrecht: Kluwer, 1995)에 수록. 447–73쪽(역주).

11 Martin Heidegger, *On the Way to Language*. P. Hertz and J. Stambaugh 번역 (New York: Harper and Row, 1971), 114쪽. 이 책에 관한 추후 인용은 OWL로 표기.

12 Henry Eye: 프랑스의 신경학자, 정신과의사, 정신분석가이자 철학자이다(역주).

13 Paul Élouard: 프랑스의 시인이자 작가로 초현실주의운동을 이끌었다(역주).

14 Martin Heidegger, *Being and Time*. John Macquarrie and Edward Robinson 번역(New York: Harper and Row, 1962), 368쪽. 영어번역본에서 제공된 독어본 쪽수를 사용했다. 이 구절에 관한 데리다의 발언은 Jacques Derrida, *Of Spirit: Heidegger and the Question*. Geoff Bennington and Rachel Bowlby 번역 (Chicago; The University of Chicago Press, 1989), 25쪽. 하이데거의 인용문 번역은 영역본과 데리다의 책에 실린 영역을 결합해서 만든 것이다.

15 대상관계이론은 자아 외의 다른 인물, 즉 대상과의 관계에 초점을 맞춰 인간심리를 이해하는 심리학의 한 분야로, 프로이트의 정신분석학에서 출발했다(역주).

16 「세 가지 에세이」(SE 7: 130–243쪽)에서 처음 발전한다. 여기서 우리는 '대상,' '목표,' '원천'에 관한 구성적 변이들에 관한 부분과 '양적 변이력'을 고려할 수 있는 '리비도이론'에 관한 부분도 볼 수 있다. 이 네 가지 주제는「충동과 그 변이」(SE 14: 122–125)에서 이론화되어있다.

17 프로이트는「세 가지 에세이」에서 유아기의 구순적 충동, 즉 입을 통한 성적 만

족에 대해 논의하면서 '빠는 행위'의 섹슈얼리티를 제시한다. 후에 장 라플랑슈가 『정신분석사전』을 만들어 이 구순기의 특성을 정리했다(역주).

18 소쉬르의 기호학과 레비스트로스의 문화연구는 20세기 후반 대표적인 구조주의이론을 확립했다(역주).

19 이 문장은 세미나의 영역본에서만 등장한다. 1976년에 쓴 서문에 들어있다.

20 프로이트의 글 「충동과 그 변이」를 저자가 영역하면서 '변이' 대신 '운명'이란 단어를 사용한다(역주).

이원론과 충동

러셀 그리그

데카르트의 이원론은 몇 가지 문제를 안고 있다. 1643년 그와 서신 왕래를 했던 보헤미아의 엘리자베스 공주는 편지에서 어떻게 사유의 실체인 영혼이 육체를 자발적으로 행동하도록 만들 수 있냐고 질문했다. 데카르트는 이 질문에 대한 대답을 하기 위해 한 통 이상의 편지를 써야했다. 1643년 5월 21일자의 첫 번째 편지에 그가 썼던 답은 공주에게 만족스럽지 않았다. 아마 데카르트도 이 점을 예상했던지 다소 길게 늘어진 그의 답변은 다음과 같은 문장으로 끝맺는다. "만일 제 답변이 공주님을 완전히 만족시킬 수 있다고 믿었다면 제 주제넘은 생각이겠지요."[1] 결국 그가 옳았다. 엘리자베스 공주는 만족하지 못했다. 공주는 데카르트의 설명이 "모호하다"고 했다. 그렇지만 공주만 그렇게 생각한 것은 아니다. 모호함은 데카르트가 남긴 유산의 일부이다. 데카르트의 수많은 추종자들마저도 순수한 지성이 물질을 움직일 가능성을 개념화하려고 시도하는 것조차 어렵다는 사실을 깨닫게 된다.[2]

프로이트는 히스테리아를 연구하는 중에 무의식을 발견했다. 히스테리아의 신체적 증상이 순수하게 해부학과 생리학으로 설명될 수 없으며, 히스테리아에게 전형적으로 나타나는 기능성 장애는 신체부위와 그 기능의 매우 일상적이며 평범한 개념들의 차원에서 일상 언어에 감싸인 채 몸에 작용한다는 점을 알아냈다. 뿐만 아니라 이런 장애들이 일어나는 방식은 히스테리 증상들이 해부학적으로 아무런 의미가 없다는 것을 보여주었다. 이 증상들의 원인이 육체적이 아니라 정신적이라는 깨달음에 도달하는 과정에서 프로이트는 무의식의 발견과 무의식적 구조의 지도그리기에 이른다.

만일 프로이트의 발견에서 도통 이해하기 어려워서 설명이 필요한 것이 있다면 그것은 상호작용에 관한 낡은 데카르트주의적 문제 탓은 아니다. 프로이트는 사실상 유물론자였다. 물론 한때는 부수현상설[3]에 충성을 선언하기도 했지만 프로이트가 자신의 견해를 뒷받침할 만한 어떤 세련된 철학적 근거를 갖고 있지 않았다는 점은 여기선 그다지 중요한 문제는 아니다. 철학에서의 정신-육체와 관련된 문제를 해결하는 일이 정신분석이론에 크게 영향을 미치는 것 같아 보이진 않는다.[4]

만일 영향을 준다면 뭐가 달라질까? 사실상 이 정신과 육체의 이원론, 혹은 그와 유사한 문제는 충동이론과 관련해서 프로이트의 메타심리학에 개념적 난해성을 초래했다. 충동이 "정신과 육체의 경계선 위에 놓인 개념으로 보인다"[5]라고 했던 그의 유명한 구절 속에 이 문제가 잘 표현되어있다. 개념적 난해성은 프로이트의 충동에 관한 사유 대부분에 퍼져있다. 충동의 개념을 구상할 때 프로이트는 눈에 띌 정도로 난해해져서, 때로는 충동을 "심리적 표상"이라고 했다가, 때로는 전혀 심리적이지 않은 것으로 규정했다. 프로이트의 「충동과 그 변이」에서 편집자로서 주석을 달았던 제임스 스트레치는 개념적 문제를 지적하면서 같은 글에서 프로이트가 충동에 관해 말한 발언들에서 해결책을 찾을 수 있다고 했다. 가령 다음과 같은 발언이다. "모순이 실제 존재한다기보다는 그렇게 보이는 것이다…… 해결책은 분명 개념 그 자체의 모호성에 놓여있다. 즉 육체와 정신 사이의 경계라는 개념이 그것이다."[6] 하지만 이것은 만족할 만한 해결책은 아니다. 여전히 난해하며, 기껏해야 이원론을 명목상 해결해준 정도이다. 정신과 육체 사이의 이 그럴듯한 '경계'는 어디에도 존재하지 않고, 문제는 여전히 해결되지 않은 채 남아있다.[7] 이원론적 사고틀 안에 갇혀있는 한 이 문제는 해결될 수 없다. 마치 데카르트적 문제가 이원론자에겐 해결 불가능한 것과 같다.[8] 따라서 "철학을 하지 않고 감각만을 사용하는 사람들은 영혼이 몸을 움직이고 몸은 영혼에 영향을 준다는 것을 의심하지 않습니다"[9]라고 데카르트가 말할 때, 이 말은 그가 의미했던 것처럼 비철학자가 철학적 상호작용의 문제를 깨닫지 못한다는 것보다는 오히려 이 문제는 오직 이원론자들에게만 해당되는 것임을 의미한다. 유물론자들과 그 밖의 사람들에겐 이 문제는 어떤 쟁점도 되지 않는다. 그들은 정신과 육체를 분리된 실체로 보지 않기 때문이다.

충동의 개념에는 또 하나의 어려움이 있다. 정신분석이 다른 종류의 이원론을 지지한다는 사실에서 비롯되는 이 어려움은 데카르트적 이원론과 유사하다. 이 라깡주의적 형태의 이원론은 기표와 충동, 혹은 상징계와 실재계와 연관된 어려움이다. 그리고 정신과 육체 사이의 상호작용과 관련된 어려움과 유사하게 어떻게 기표들의 결합이 뭔가 근본적으로 타자인 것, 즉 다른 '실체'를 만족시키는 방식과 연결되는지를 이해하려고 할 때 발생한다.

이 이원론은 데카르트주의적인 정신과 육체의 이원론이 아니다. 충동은 육체적이지 않고 실재적이기 때문이다. 『세미나 11』에서 라깡은 프로이트의 「충동과 그 변이」와 관련해서 이 점을 강조하지만, 이미 1905년 「섹슈얼리티에 관한 세 가지 에세이」에서 프로이트가 분명히 밝힌 바 있다. 어린아이들의 성적 충동을 보여주는 사례로 프로이트는 매우 놀랍게도 엄지손가락을 빠는 행위를 꼽는다. 왜 손가락 빨기일까? 이 행위를 대신할 아주 노골적인 유아 성행위를 떠올려 본다면 손가락 빨기는 어린아이의 섹슈얼리티를 증명할 예로 삼기엔 참 이상하고 어이없다. 그런데 왜 엄지손가락 빨기일까? 여기서 중요한 점은 이 행위가 욕구의 만족과 비신체적 기능—즉 충동—의 만족이 최초로 확연히 구별되어 나타나는 순간을 정확히 보여준다는 것이다. 이 순간에 충동은 욕구와 충족, 쾌락보다는 환상, 욕망, 그리고 주이상스와 연결되어 있다.

충동의 주이상스는 중요하다.「무의식의 위치」에서 라깡이 한 다음의 발언 이면에는 바로 이 충동의 주이상스가 있다. "모든 충동은 가상의(잠재적으로) 죽음충동이다."[10] 즉 모든 충동은 쾌락원칙을 넘어가는 경향이 있다. 우리는 이런 발언을 프로이트의 이원론 중 하나인 리비도와 죽음충동의 이원론에 도전하는 것으로 봐야할까? 그렇다고 간단히 대답할 수 있다. 왜냐하면 그의 발언은 모든 충동에 내재한 치명적이고 '위협적인' 요소를 가리키기 때문이다. 라깡은 두 개의 갈등하는 힘들 사이에 어떤 대립이나 갈등이 있는 것은 아니라고 믿었다. 반대로 리비도와 죽음 사이에는 매우 친밀하며 모호한 연결고리가 있고 주이상스 개념은 이 연결성을 포착하기 위해 만들어졌다.[11]

주이상스 개념은 게다가 쾌락과 현실 사이의, 겉보기에 직접적인 대립을 복잡하게 만든다. 이 대립은 프로이트이론에 매우 깊이 뿌리 박혀 있다. 쾌락원칙과 현실원칙이 인간의 심리 속에서 쉼 없이 갈등하고 있다고 본 프로이트는 정신질환의 근저에 있는 억압은 쾌락을 위해서 진실을 포기한 것과 관련된다고 주장했다. 둘 사이의 갈등은 아주 불평등하며, 쾌락 쪽에 더 막강한 군대가 버티고 있다. 프로이트는 또 이와 정반대되는 주장도 피력한다. 진실의 추구는 여지없이 쾌락의 거부를 낳게 되고, 쾌락의 거부는 다양한 형태로 나타나기 때문에 정신분석의 과제에만 국한되지 않는다.

쾌락과 진실 사이의 대립을 강력하게 표현한 것은 과학이다. 적어도 프로이트에게는 그렇다. 프로이트가 보기에 과학적 탐구는 "진리에 복종"하면서 "환상의 거부"를 통해 쾌락을 거부한다. 이런 점에서 과학이 특히 권위를 갖게 된다.[12] "과학은 …… 우리의 정신활동이 도달할 수 있는 가장 완전한 쾌락원칙의 거부이다."[13] 나는 라깡 역시 과학의 담론이 쾌락원칙의 포기를 도모한다는 점을 고려했다고 말해야 한다고 생각한다. 근대과학의 역사를 통해서 아주 일정하게 모든 성적 언급과 암시들을 현실에서부터 줄여 왔다는 사실을 라깡은 강조했다. 자크 알랭 밀러에 의하면 라깡에게 "과학적 접근이란 세상을 보는 관점으로부터 탈성화desexualization를 가정한다…… 세상 속에 있는 존재 자체의 탈성화이다."[14] 여기에 담긴 아이러니는 바로 그렇게 함으로써 과학이 죽음충동 쪽에 놓이게 되었다는 것이며, 이 점을 주목할 필요가 있다.[15]

하지만 이 마지막 사항은 프로이트이론에서 도출된 결론은 아니었다. 우리가 잘 알고 있는 대로 프로이트는 정신분석을 정확히 과학 쪽에 놓았다. 그는 정신분석이론에서의 진실은 세 가지 종류의 환영에서 비롯된 쾌락의 거부를 통해서 얻게 된다고 주장한다. 그 세 종류의 환영은 종교, 인간의 완벽함, 그리고 사회적 이상의 성취와 관련된다. 그는 정신분석이 에고가 자신이 기거하고 있는 집의 주인이 아니라는 점을 밝혀냈고, 이로써 인류에게 코페르니쿠스의 지동설과 다윈의 진화론에 이어 세 번째의 위대한 "나르시시즘의 한 방"을 날렸다고 말했다. 코페르니쿠스는 우주의 중심이 지구라는 믿음에 도전했고 다윈은 인간이 동물보다 우월하다는 가정에 도전했다.

그러나 진리와 쾌락원칙 사이의 이 두드러진 대조는 그렇게 간단히, 건조하게 나눌 수 있는 것은 아니다. 여기서 『꿈의 해석』에 언급된 꿈 하나를 예로 들어보겠다. 라깡은 『세미나 11』에서도 유독 이 꿈을 다루었다. 프로이트는 다음과 같이 설명한다.

> 어떤 아버지가 아픈 아이의 침대 곁을 밤낮으로 쉬지 않고 지키고 있었다. 아이가 죽고 난 뒤 그는 옆방으로 가서 쉬려고 누웠는데 아이의 시체가 놓인 방으로 통하는 문을 열어두어 아이의 방을 볼 수 있게 해두었다. 아이가 누워있는 방에는 커다란 초 몇 개에 불이 켜져 있었고 한 노인이 그 방을 지키고 앉아서 아이의 시체 옆에서 기도를 중얼거리고 있었다. 잠든 몇 시간 사이 아버지는 꿈을 꾸었다. 꿈에서 아이가 아버지가 누워있는 침대 옆에 선 채 아버지의 팔을 잡고 마치 책망하듯이 속삭였다. "아버지, 제가 불타고 있는 것이 안보이세요?" 아버지는 잠에서 깨어나 옆방에서 비춰오는 밝은 빛의 너울을 보았고, 곧 그 방으로 서둘러 갔다. 방에는 노인이 잠에 취해 있었고 자신이 사랑하던 아이의 시체를 감싸고 있던 천과 아이의 한쪽 팔이 그쪽으로 넘어진 촛불에 타고 있었다.[16]

프로이트는 꿈을 꾸게 하는 동기는 잠든 상태에 있고 싶은 욕망이라는 내용을 예시하기 위해서 이 꿈을 인용했다. 잠든 이를 깨우는 일상적인 어떤 것들, 알람시계의 소리, 연기냄새, 옆방에서 비추는 불빛 등이 현실로부터 침입하면, 꿈속에 그것들을 끼워 넣어서 좀 더 오래 자려고 한다. 이런 식으로 꿈은 잠의 수호자 역할을 한다는 것이 프로이트의 주장이다.

하지만 분명 이 꿈에는 뭔가 더 있다. 이 뭔가가 라깡에게는 더 흥미로웠다.[17] 라깡은 이 뭔가를 탐색하면서 이 꿈을 다시 읽는데, 그 결과 프로이트의 해석을 뒤집어 놓게 된다. 라깡은 꿈꾸는 사람은 현실의 침입이 너무도 강력해서 더 이상 무시할 수 없게 된다는 단순한 이유 때문에 잠에서 깨어나지는 않는다고 주장한다. 실제로 이와 다른 일이 일어난다. 그는 말한다. 맞다, 꿈을 꿀 때 외적 현실에 대한 자신의 (잠든 동안의) 지각 주변으로 꿈이 구성되기 마련이다. 하지만 그를 깨우는 것은 외적인 현실이 아니라 그 꿈 안에 들어있는 어떤 것이다. "아버지, 제가 불타고 있는 것이 안보이세요?"라는 표현에는 아버지의 욕망의 실재에 관련된, 아버지의 죄라고 불러도 과장이라고 할 수 없는 것이 담겨 있다. 아버지의 욕망의 실재는 그가 외부현실에서 만나게 될 어떤 것들보다도 더 트라우마적이다. 아버지는 자신의 욕망과 마주하게 될 불편한 순간을 피하기 위해서 잠에서 깨어나는 것이다. 꿈이 잠의 수호자라고 주장하는 대신 라깡은 꿈꾸는 사람은 잠을 계속 자기 위해서, 자신의 욕망의 트라우마적 현실을 피하기 위해서 깨어난다고 한다. 그건 그래봐야 고작 꿈일 뿐이야 라고 말하면서.[18]

라깡은 충동개념은 만족의 의미가 무엇인지를 묻게 한다고 한다.[19] 이 꿈은 라깡이 충동의 근본적 개념을 다룰 때 개념상의 본질적 모호함을 예시한다. 주체가 행하고 경험하는 모든 것은 충동의 만족과 관련되지만, 정신분석적 경험은 주체에게는 궁극적으로 어떤 만족도 없다는 점을 보여준다. 트라우마적 핵의 개념은 충동의 만족—욕망을 구성하는 환상을 통과하는 만족—이 쾌락원칙이 추구하는 완전한 만족을 궁극적으로 방해하는 장애물이라는 사실을 극적인 형태로 예시하고 있다.

주

1 데카르트가 엘리자베스 공주에게 보낸 1643년 5월 12일자 편지 참조. *The Philosophical Writings of Descartes*. vol. 3. *The Correspondence* (Cambridge: Cambridge University Press, 1991), 219쪽.

2 *New System of Nature and of the Communication of Substances*에서 라이프니츠는 이렇게 쓴다. "어떻게 몸이 영혼에 어떤 일이 일어나게 만들 수 있고 또 그 반대도 가능한가라는 문제를 데카르트는 포기한 바 있다. 적어도 그의 글을 읽어보면 우리는 알 수 있다." 이 구절은 Bernard Williams, *Descartes: The Project of Pure Enquiry* (Harmondsworth: Penguine, 1978), 287쪽에서 인용되었다.

3 epiphenomenalism: 정신이나 정신적 현상이 뇌에서 일어나는 물질적 상태나 현상에 의한 것이라는 철학적 입장(역주).

4 프로이트의 부수현상설에 관해서는 Sigmund Freud, *Project for a Scientific Psychology* (1895). *The Standard Edition of the Complete Psychological Works of Sigmund Freud* (New York: Norton, 1953–1974). vol. 1, 311쪽 참조.

5 "Instincts and their Vicissitudes." SE 14, 121–2쪽.

6 James Strachey, "Editor's Note." SE 14, 113쪽.

7 왜 이 경계는 어디에도 없는 걸까? 이 문제는 데카르트를 곤란하게 했던 문제와 동일한 것이었다. 어떻게 뭔가 확장되고 비사유적인 것과, 사유적이며 확장되지 않은 것 사이의 인터페이스를 개념화할 것인가. 경계가 공간적 속성을 갖고 있는 경우 우리는 정신이 경계를 갖고 있다고 말할 수 없다. 혹은 비유적 경계라고 하면 우리는 다시 처음의 문제로 돌아가서 어떻게 정신적인 것이 육체적인 것과 상호 연관될 지에 관한 문제에 봉착하게 된다.

8 데카르트는 엘리자베스 공주가 했던 매우 적절한 발언을 이렇게 언급한다. "공주님께서 물질과 확장을 영혼에 귀속시키는 것이 물질과 확장을 갖지 않은 몸에 의해 움직이거나 움직여지는 능력을 영혼에 귀속시키는 것보다 쉽다고 하셨습니다."

9 *Correspondence*, 227쪽.

10 "Position of the Unconscious." Bruce Fink 번역. Richard Feldstein, Bruce Fink

and Maire Jaanus 편집. *Reading Seminar XI* (Albany: SUNY Press, 1995), 275쪽.

11 이 점은 라깡의 라멜라 신화에 더 선명하게 드러난다. "Position of the Unconscious," 273–4쪽 참조.

12 *New Introductory Lectures on Psycho-Analysis*, SE 22, 182쪽.

13 "A Special Type of Choice of Object Made by Men," SE 11, 165쪽.

14 "Elements of Epistemology." *Analysis* (Melbourne: Australian Centre for Psychoanalysis), 1(1989), 29쪽.

15 자크 알랭 밀러는 "과학은 죽음충동이다"라고 말함으로써 명백히 자신의 세미나에서 이 점을 지적했다. "Retour de Grenade." *La Cause freudienne*, no. 33 (May 1996), 15쪽.

16 *The Interpretation of Dreams*, SE 5, 509쪽.

17 어떤 뭔가가 더 있다는 것은 프로이트 자신의 설명에서도 이미 확실하게 제시되었다. 계속 잠들어 있고 싶다는 욕망은 언급된 다른 욕망, 즉 아들이 다시 살아났으면 좋겠다는 아버지의 욕망과 비교했을 때 사소해보일 뿐이다.

18 이 점과 관련된 좀 더 상세한 논의는 Slavoj Žižek, *The Sublime Object of Ideology* (London: Verso, 1989), 44ff.

19 *The Four Fundamental Concepts of Psycho-Analysis* (Harmondsworth: Penguine, 1977), 166쪽.

충동, 내러티브

스튜어트 슈나이더만

이제 막 아버지가 된 남자가 젖먹이 아들을 보면서 너그러운 만족감 이외의 다른 감정을 느낄 순 없을 것이다. 그의 부성적 자애로움은 쉽게 본능적 행위가 생물학적 명령을 완수하는 장면으로 흘러갈 것이다.

임상적 작업을 하다보면 종종 젖먹이 아이에게 질투와 선망, 분노를 갖는 아버지가 등장한다. 의심할 것도 없이 단지 기묘한 마음의 뒤틀림 탓에 수유장면이 극적인 대면의 핑계거리를 제공하게 된다. 이런 아버지가 프로이트의 충동이론에 등장하는 무명의 존재감 없는 주인공이다.

프로이트 이론은 수유의 심리적 분기점들을 무시한다. 이 분기점들은 귀납적 과학을 통해서 수합되어야 하는데, 객관적 관찰자의 데이터

수집을 인정하려고 하지 않는 정신분석은 이 관찰자를 잠재적 가학증의 경향을 보이는, 정신분석을 받지 않은 가슴 페티시즘 환자로 치부해 버린다.

정신분석은 결코 시험해 볼 수 있는 가정들을 제공하지 않는다. 또 스스로 치료 능력이 있는지 판단하려하지 않는다. 정신분석은 치료 대신 적응시킨다. 프로이트주의자들은 환자가 나아졌는지 여부를 대체로 거론하지 않는다. 그들의 최대 관심은 치료가 진정한 정신분석인가의 여부이다.

정신분석의 기원은 날것 그대로의 현실 경험이 아니다. 이런 표현들은 정신분석의 문화에서 근본적으로 문제적이다. 대신 어떻게 우리와 세상이 문화적 상징들에 의해서 창조되어왔는지를 묻고 의심하는 것이 정신분석의 기원이다.

프로이트는 충동이론이 젖꼭지를 빠는 아기를 그저 관찰하는 것으로 시작된 것처럼 굴었지만, 사실은 서양문화에서 가장 위대한 여성적 상징인 성모 마리아에 대한 성찰에서 출발했다.

신학적으로 성모는 서양문화에 고유한 존재다. 그녀는 욕망으로부터 완전히 자유롭다. 한 번도 죄를 지어본 적이 없는 그녀는 절대 갈망하지 않으며 죽음에 이를 만한 오점도 없다.

성모의 고유성은 이중적 카타르시스로 생산되었다. 성모와 그 아들은 죄를 통해 만들어지지 않았다. 그녀를 탄생시킨 부모의 성교는 죄가 아니다. 그 행위는 그녀의 신성한 아들에 의해서 소급적으로 오점을 깨끗이 씻어내었다. 그리고 그녀의 아들이 탄생할 때도 죄가 없다. 그녀는 신의 아우라에 의해서 임신했기 때문이다.

이런 논리적 연역의 탁월한 작용 때문에 여성에 가해진 입에 담기 어려운 고문을 떠올리게 되었다. 대타자 '그것'은 욕망하지 않는다. 여성의 욕망에 자신의 욕망을 의존하는 남성도 욕망하지 않는다. 불행히도 성모는 이 서술부를 만족시키는 유일한 여자는 아니다. 마녀들도 남성의 욕망을 거세하는 힘을 갖고 있다. 그런 결과를 초래하는 여자가 성녀인지 마녀인지 어떻게 구분할 수 있는가?

프로이트의 충동이론은 다른 상황이었다면 정상적이었을 아버지가 수유장면에서 어떤 욕망도 목격하지 않았음에도 선망에 사로잡히는 그 순간에 시작된다. 아버지의 선망은 어머니가 정말 욕망하고 있고, 본능이라고 간주되는 것 뒤에 그녀의 욕망을 숨기고 있다는 것을 증명한다.

따라서 그는 문화적 아이콘에 부여된 순수성이라는 가정을 도착적 허구라며 거부한 뒤 진짜 내러티브로 직진한다. 가장 본능적인 인간적 행위에서 그는 노골적인 성적 심리드라마를 보게 된다.

아버지의 응시는 이 장면을 리비도적 갈망의 비가시적 막으로 덮어버린다. 그래서 라깡의 라멜라는 저 유명한 젖은 담요[1]보다는 훨씬 따듯한 메타포이다. 물론 아내가 그의 선망어린(혹은 시샘하는) 응시를 보게 되면 기분을 망칠 공산이 크다.

프로이트는 왜 자신이 수유장면을 비롯한 여타 생명의 기능 작용을 에로틱하게 보는지를 설명하려고 애를 썼다. 그의 논증은 종종 오리[2]를 언급하는 데 할애되는데, 추론 자체에 담긴 오류들을 보상해주는 수사학적 매력을 갖고 있다. 젖을 빠는 아기를 묘사하면서 프로이트는 이렇게 말했을지 모른다. 만일 그 장면이 섹스처럼 보이고 들린다면 그건 틀림없이 섹스이다.

이런 간교한 술책은 마지막 동사의 가정법 형태에서 실패한다. 프로이트는 섹스처럼 보이고 들리고 느껴지는 것은 섹스일지 모른다고 했다. 하지만 그럴 필요는 없다고 말했어야 한다. 따라서 프로이트는 선망어린 아버지처럼 허구를 진실로 받아들이고 그것을 현실에 부여하려고 노력했다.

어떤 일련의 서술부도 지시대상을 필연적으로 결정할 수는 없다. 오리처럼 보이는 것, 오리처럼 뒤뚱거리고 꽥꽥거리는 것은 미끼일 수 있다. 프로이트의 통찰에 있어 가장 진정한 순간은 다음과 같이 소리치는 남자와 관련되어있다. 하지만 저 여자가 그런 척 할 리가 없어!

허구의 논리마저 상황은 좋지 않다. 어쩌면 엄마와 아기가 뭔가 성적인 행위를 하고 있는 것처럼 보일지도 모른다. 하지만 그렇게 하려면 기관과 구멍의 게임에서는 낯선 용어들이 필요하다. 그녀의 남근적 가슴, 발기한 젖꼭지가 아기의 얼굴 중심에 있는 구멍을 파고들어가는 것인가?(성모의 상징와 마찬가지로 이 패러다임 속에서 아기는 남성이다).

아기가 엄마의 남근적 부착물을 오럴 섹스한다고 믿는가? 신생아에게 우리가 정당하게 기대하는 것보다 더 고차원적인 사교술이 있다고 간주하는 것인가?

프로이트는 수유가 아이에게 특별한 성적 만족을 제공하기 때문에 섹스와 같다고 주장했다. 어떻게 프로이트는 이것을 알 수 있는가?

젖을 빨면서 잠이 든다는 것을 관찰했기 때문이다. 하지만 그런 식으로 프로이트는 남성적 오르가즘과 관련되어 아주 잘 알려져 있는 예에서 보듯 성관계 후 빠져드는 잠과 만족을 동일시한 것은 아닌가? 정말 잠에 빠져든다고 남근적 오르가즘이라고 할 수 있을까?

만일 아이가 잠에 들지 않고 토한다면 어떨까? 토하는 행위가 아기 자신을 남근적 부착물로 만든다면 하나의 팰러스가 또 다른 팰러스를 빠는 것이 된다. 이런 설명이 정신분석을 통해 새로운 도착을 발명하고 싶은 라깡의 소망을 채우려는 걸까? 아니면 단지 키스를 프로이트식으로 묘사한 것인가?

혹자는 수유가 확실히 엄마들에게 에로틱한 경험이라고 반박할지 모른다. 논쟁을 피하기 위해서 이 경험이 어느 정도는 쾌락적이라는 사실을 인정한다고 해도 우리는 정말 쾌락의 모든 경험을 오르가즘적 전율로 환원시켜 버리길 원하는가?

프로이트적 우화의 그 딱한 주인공에게로 다시 돌아가 보자. 그는 이제 막 뭔가 성적인 것이라고 의심할 만한 것이 자기 집 지붕아래서 진행되고 있다는 사실을 알려주는 에피파니[3]를 경험했다. 그 성적인 장면에서 자신은 배제되어 있었다(이 초기단계의 원초적 장면 이론의 개요를 주목하라!).

이제 막 아버지가 된 이 남자는 정반대의 사실을 제시해주는 합리적 논증을 받아들일 것인가? 그는 자신의 환영을 거부하는 현실을 허락할 것인가? 절대 그렇지 않을 것이다. 그의 철학—윤리가 아닌 미학이다—은 이렇게 선언한다. 내가 그것을 보았다면 그것은 반드시 존재한다. 설사 존재하지 않는다 해도 그게 차라리 낫다. 그럴 경우 내 감정은 불가피하게 더욱 나의 것이 될 테니까.

그것에 대해 자신이 본 것과 느낀 것을 확신한 이 남자는 자신이 개입해야 한다는 것을 안다. 처음엔 말로 개입한다. 동물행동학자들이 말하듯이 그는 자신의 영역을 표시하지 않은 채 아내를 잃어버릴 수는 없다.

그래서 그는 항의한다. 방안을 왔다 갔다 하면서 자신이 새롭게 얻은 이해로 그 반경을 표시한다. 이제 막 자신이 감당하기 시작한 부성적 책임 탓에 머리가 이상해졌다고 느끼게 만들지 모를 그 누군가의 반응을 마주하기 보다는 차라리 벽에다 대고 떠드는 게 낫다.

하지만 아내는 그의 감정을 존중하면서 차근차근 설명하려고 시도할 수 있다. 프로이트적인 방식으로 아내는 엄마가 필요한 아기가 너무도 작기 때문에 남편이 두려워하는 절정을 자신이 느낄 수는 없다고 반론할 것이다.

우리의 주인공인 아버지는—갈수록 조롱의 대상이 되어가는 영웅의 처지가 되어—재빨리 그런 실용적인 반론을 제쳐둔다. 상대적으로 어린 나이와 작은 사이즈라고 해도 어린 아이가 욕망하지 못하리란 법은 없다. 그와 반대로 우리는 가질 수 없는 것을 더 욕망하게 되어있지 않은가? 그 작은 남성은 이미 맛을 봤고 아마도 욕정을 갖게 되었으니 더 원하게 될 것이다. 어쨌든 수유는 확장된 전희의 일부가 될 수 있다. 아니, 아내는 정말 그걸 기억 못하는 것인가……?

그가 감히 말하지 못하는 것, 가장 두려워하는 것은 프로이트의 관점에서는 18인치의 사이즈란 결코 작은 것이 아니라는 점이다.

이제 우리의 주인공은 자신의 이론적 위치를 정비했다. 아이는 자기 집에 침입해 들어와 살려고 하고, 적게 얻어도 기꺼이 만족할 줄 아는 도둑놈이다. 그는 우선 내 중국 청자를 훔칠 것이고 다음엔 니콘카메라를, 그리고 보석까지 챙겨 갈 것이다. 그 놈이 계속 훔쳐가도록 내버려두면 어느 틈엔가 내 집에 남아나는 게 하나도 없을 것이다.

아버지는 잘 알고 있다. 그가 아는 것은 이 작은(사실 그렇게 작다고 할 수 없는) 물건, 이 젖을 만드는 가슴은 말로 표현할 수 없을 정도의 쾌락을 향한 욕망을 자극한다는 것이다.

아내가 그것을 너무도 즐기는 나머지 아무 것도 하려들지 않기 때문에 그는 자기라도 나서서 엄마와 아기의 결합을 깨야 한다.

아마도 — 수많은 문화들에서 마찬가지로 — 아이를 엄마의 가슴에서 떼어놓는 이유과정은 정상적인 단계이며 그저 시간문제일 뿐이라고 상상해볼 수 있다. 자연과 문화, 어떤 쪽을 믿든지 수유는 영원히 유지될 수 없다. 우리가 이 사실을 받아들이기 위해서 이국적인 에로틱한 설명이 필요하지는 않다. 또 우리는 왜 아이가 이유를 웃으면서 받아들이지 않는지 이해하기 위해 어떤 설명도 필요하지 않다.

행위의 습관화된 일상적 패턴을 깨는 것은 언제나 일정하게 저항을 낳게 되며 이 경우엔 새로운 기술을, 가령 식사예절 배우기라는 매우 힘든 작업 때문에 더 복잡해진다.

그러나 아버지는 믿는다. 외부적 힘으로만 이 두 사람이 참여하고 있는, 말로 표현하기 어려울 정도의 쾌락적인, 근친상간에 가까운 이 행위를 중단시킬 수 있다고. 그는 아이가 가학적 기쁨을 느끼면서 가슴을 공격하고 있다고 보았다. 그리고 여성들이 피가학적 경향을 갖고 있음을 알고 있다. 그렇지 않다면 왜 아내는 계속해서 아이에게 수유를 하고 있는가?

그렇게 그는 거기에 서서 마치 에덴의 문을 지키는 전투천사처럼 불을 뿜는 칼을 휘두르고 있다. 그의 막강한 존재감에도 불구하고 이 두려워할 줄 모르는 아기는 맞서 싸울 태세를 갖추고 이유 과정을 호락호락 받아들이지 않을 것이다. 아이는 엄지손가락을 빨고, 투정을 부리며 칭얼댈 것이고 확실한 적대감을 표명하기 위해 시금치 퓨레를 부모에게 던질 것이다.

아이가 엄마와 근친상간을 저지르길 원하지 않는다면, 도대체 왜 싸우려 드는가? 자신의 비평적 명민함을 더 갈고 닦으면서 아버지는 의미부여를 한다. 이 모든 것은 요구이며 얼마나 아이가 엄마를 원하고 있는지를 보여주는 것이다. 그저 엄마의 가슴을 만지기 위해서, 엄마의 손길로 애무를 받기 위해서라도 아이는 끝까지 갈 것이다. 아이는 천국으로 돌아가려는 충동에 사로잡혀 있고 가슴이 두려움을 가라앉혀줄 것이며 정신없는 에너지를 잠재우고 강박적 움켜쥠을 치료해줄 것이라고 모두가 믿기를 바란다.

아마 이 모든 것들이 순수하다고 믿을 수 있을지 모른다. 하지만 사실 아기는 마치 이제 막 시작한 오이디푸스처럼 엄마를 향한 욕정을 갖고 있다. 우리가 알기도 전에 아기는 아버지를 암살하려는 계획을 세우게 될 것이다.

그러나 예상치 못한 일이 이 부성적 몽상에 끼어든다. 아내는 남편이 제시한 해석의 진실성에 대해 고집스런 저항을 키우게 된다. 그녀는 자신의 본능을 신뢰하면서 자신의 권위를 행사하고 싶은 영역에 남편이 침입하는 것을 원치 않을 뿐더러 부당하다고 생각한다. 무엇보다 이 존엄한 가장께서는 어딘가로 나가서 돈을 벌어야 할 게 아닌가? 아이 방 주변을 어슬렁거리는 것보다 뭔가 더 실속 있는 일을 해야 하지 않는가?

이제 우리의 주인공에게 문제가 생겼다. 만일 아내가 옳다면 자신은 지금껏 바보짓을 하고 있었던 셈이다. 그래서 그는 아내가 히스테리아일 것이 틀림없다고 결론내린다. 아내는 성적으로 억제되어왔고—그와 관계를 가진 것이 언제쯤이었지?—그녀 자신이 어떤 유혹에 빠져있는지를 전혀 모르고 있다. 근친상간적 소망은 어린 아들의 머릿속에서 떠오른 게 아니므로—어쨌거나 이제 막 태어난 아기가 성교라는 생각을 어디서 배울 수 있단 말인가?—아마도 아내의 생각이었을 것이다. 그녀가 성적으로 좌절되어 있어서 수유를 통해 일부 만족을 얻으려 했을 것이다…… 그렇게 해서 결코 쉽사리 만족하지는 않을 남편과 상대하는 불편함을 피할 수 있겠지.

물론 이런 진실을 발견하고 난 후 의기양양했던 그의 기세는 금세 풀이 꺾인다. 변증법의 무자비한 힘은 마치 부메랑처럼 그의 자신만만한 확실성의 중심을 향해 날아든다. 판단의 객관적 기준이 부재하기 때문에 생기는 공허함 속에서 불안한 생각이 떠오른다. 나 역시 예전에 엄마의 가슴을 빨아대던 행복에 겨웠던 아기였었지.

그래서 그는 결국 희생을 치른다. 최대 다수를 설득하는 일을 보장해주는 제스처의 일환으로 그는 젊은 시절의 어머니를 향해 욕정을 품고 있었다고 고백한다. 그는 아직도 그 욕정을 느끼고 있을 것이다. 자신의 모든 수고와 욕정을 통제하기 위해서 그는 영구적인 거세불안을 유지하고 있다.

아, 얼마나 우아한 해결책인가. 자신이 새 옷을 입고 있지 않다는 사실을 깨닫는 것보다는[4] 걷잡을 수 없는 욕망에 휩싸인 채 그 욕망의 원인에 자신을 던져 순교자가 되는 것이 더 낫다.

주

1 남의 기분을 망치게 하는 사람을 의미하는 표현으로 아메리카원주민이 불을 끄기 위해서 담요에 물을 적셔두는 관습에서 나온 것이다(역주).

2 이 대목에서 '오리'는 액면그대로 동물 오리를 지칭하지만 성, 성교, 섹슈얼리티라는 의미가 함축되어있다(역주).

2 '현시' 또는 '현현'으로 번역되는 이 용어는 순간적으로 의미를 깨닫게 되는 경험을 말한다(역주).

3. 벌거벗은 임금님 우화를 빗대어서 사용한 것(역주).

정의의 주이상스

제인 말모

왜 정의의 형상—긴 가운을 몸에 걸치고 천칭과 칼을 높이 들고 있는 여성—은 그렇게 자주 눈을 가리고 등장하는가? 전통적으로 눈가림이란 공정한 재판관의 공평무사함을 가리킨다. 오감의 증거에 휘둘리지 않고 부와 계급, 청탁 등의 신호에 흔들리지 않는다. 뿐만 아니라 공정한 재판관은 독립적이어서 그들을 판관의 자리에 앉힌 세력들이 끼칠 영향력에는 눈을 감는다.

공평무사함, 독립성, 청렴결백—이 세 가지는 정의가 그녀의 눈으로 뭔가를 보지 못하도록 가리는 장치에 의존해있다. 그렇지만 눈가림이 뭔가 다른 목적을 갖고 있다면 어떻게 되나? 만일 정의의 눈을 가려서 뭔가를 보지 못하게 막는 것이라면 어떻게 할 것인가? 우리는 정의의 눈을 가렸다. 그녀가 어떤 대상들을 응시하지 못하도록 하기보다는 그녀의 응시가 향해있는 대상을 우리가 피하고 싶어서이다.

눈가림 뒤에는 무엇이 있는가? 이렇게 질문을 던지고 나면 눈가림이 가면 같다는 사실을 떠올리게 된다. 눈가림은 부재를 현존으로 표지해준다. 눈가림 뒤에 있는 정의는 사실은 장님이다. 그녀의 눈은 맑아도 응시는 탁하다. 장님의 응시는 기묘한 느낌을 자아내고 '보기 싫다.' 왜 그럴까? 불안감을 자아내기 때문이다. 우리가 정의의 눈을 가리는 것은 장님들이 검은 안경을 써서 시력이 있는 사람들의 기분을 불편하지 않게 하려고 하는 것과 같은 이치이다.

하지만 만일 정의가 진짜로 장님이라면 어떤가? 정의는 어떻게 장님이 된 것일까? 아마도 그녀는 법의 가리개 밑에서 자신의 이름으로 행해진 잔혹한 범죄들을 목격하지 않을 수 없었기 때문에 눈이 먼 것일지 모른다. 캄보디아의 킬링필드에서, 그리고 프로이트의 실제 사례들을 통해서 우리는 정의의 여신이 장님이 된 이유를 설명할 수 있다. 캘리포니아 주의 의사들은 폴 포트의 공포정치에서 도망쳐 나온 난민 여성들 가운데 특별한 이유 없이 완전히 시력을 잃었거나 간헐적 장님이 된 사례들을 보고한다. 체계적으로 기획된 대량학살과 고문을 목격한 이 여성들은 시력을 잃었다. 그들은 심각한 트라우마를 겪어서 프로이트가 말하는 전환신경증conversion reaction의 일환으로 앞을 못 보게 된 것이다. 전환신경증이란 견딜 수 없을 정도의 사건을 목격하고 나서 경험하는 어떤 막대한 불안감으로부터 몸을 보호하기 위한 방어기제로 발생한다.[1]

법의 폭력에 의해 트라우마가 생긴 정의는 시력을 잃었다. 법은 이 진실을 대면하기를 거부하고 그녀의 두 눈을 눈가리개로 묶어두었다.

'트라우마'는 그리스어에서 상처를 의미한다. 자, 이제 눈가리개 밑에서 정의의 눈이 빠져있다는 사실을 알게 되었다고 상상해보자. 이 잔인한 얼굴에서 우리는 오이디푸스를 떠올리게 된다. 그는 자신의 손으로 직접 법을 집행했다. 오이디푸스는 피고인이자 재판관이다. 처벌받는 자와 처형자가 동일 인물인 것이다. 법의 질서가 신성한 정의의 폭력 앞에서 무너졌기 때문이다. 혹은 우리는 삼손을 떠올릴 수 있다. 그는 두 눈을 잃게 되자 펠리시테인들[2]에게 복수를 하려고 그들의 신전을 무너뜨려서 자신을 포함한 수천 명의 목숨을 앗아간다.[3] 오이디푸스처럼 삼손은 법 위에, 법을 초월해서 법의 토대를 흔들었고 법의 배타적인 폭력에 도전하면서 테러리스트의 형상으로 법외자라는 말의 개념을 혼란시킴으로써 성인(聖人)이 된다.

눈가림은 이처럼 아주 어려운 질문을 제기한다. 무엇이 더 심히 불편한가? 우리 자신과 폭력의 중간에 서 있어야 할 법이 체계적 야만의 기계로 탈바꿈해버리는 것인가. 아니면 법의 폭력성을 법제화하고 제한해야할 정의가 법을 무너뜨리고 자신의 무시무시한 폭력을 풀어놓는 것인가?

정의가 법에 앞서 있다는 사실을 기억한다면 이 문제에 대답할 준비가 된 셈이다. 정의는 법의 법이고 법이 출현하는 토대이다. 정의는 그리스 여신 디케[4]에서 비롯된다. 눈가리개 밑에 숨겨놓은 정의의 맑고 열린 눈에서 이 그리스 여신이 우리의 얼굴을 뚫어지게 바라보고 있는 이미지를 보게 된다.

세상의 생명에 질서를 부여하는 여성적 신으로서 디케는 모든 자연의 길이고 우주의 맥박이자 리듬이다. 디케의 법은 운명의 법이며, 따라서 신들의 법보다도 앞서 있다. 신들의 법처럼 디케의 법은 문자화되어 있지 않고 영원하며 분명하다. 이 법은 포고나 선언이 아닌 행위로 존재한다. 또 신성에서 기원하며 그 작동방식은 개인적이다. 그녀의 명령은 특수하며 개별적이다. 그 명령을 받는 자들은 즉각 복종으로 답해야 하며, 그에 따른 결과를 계산해서는 안 된다.

디케는 간단히 말해서 최종 심판을 내리는 막강한 힘이다. 디케를 떠받든 최고의 시종은 안티고네이며 힘의 대리자는 퓨리[5]이다. 비극적이고 숭고한 힘의 여성적 형상인 퓨리는 법을 벌벌 떨게 만드는 폭력의 원천을 지니고 우리 앞에 선다. 그 원천은 사랑에 기초한 정의의 욕망과 죽음에 기초한 정의의 충동이다.

필리아philia와 에로스, 즉 친족과 사랑은 소포클레스의 위대한 비극이 시작되는 토대이다. 『안티고네』에서[6] 이 힘들은 안티고네가 친족의 원칙만을 따르거나 신의 요구에만 대답하는 여성이 아니라는 사실을 알려준다. 안티고네는 그녀의 오빠와 사랑에 빠진 여성이며 이 사랑을 위해서는 목숨도 불사한다. 라깡이 설득력 있게 주장했듯이 안티고네는 신법의 보편적이고 무조건적인 효력을 내버리는 대신 죽은 오빠의 고유한 개별성에 열정적으로 헌신하는, 자신만의 윤리적 행위의 원칙을 따른다.

안티고네가 폴리네이케스를 "내 오빠의 사랑스런 머리와 얼굴"이라고 말할 때 그것은 육화된 개별성이다. 그 소중한 육체성, 오직 단 하나인 뼈와 살, 표정과 몸, 그 중에서도 특히 얼굴에서 우리는 윤리적 요구, 도망칠 수 없는 디케를 소환하는 일이 보편성과 로고스의 법이 아니라 고유한 타자의 부름과 욕망의 법으로부터 비롯된다는 진실을 마주하게 된다.[7]

안티고네가 디케의 정의를 에로틱하게 만든다면, 복수의 여신 퓨리는 섹슈얼하게 만든다. 아이스킬로스의 위대한 삼부작 『오레스테이아』에서 퓨리는 망자의 권리에서 죽임의 제식으로, 타자의 부름에서 더 근본적 타자성의 부름으로 우리를 이끈다.

기본적인 플롯에 따르면 클리템네스트라의 형상을 통해 가부장제적 국가의 남성적 권위에 대항하는 [대문자]여성이 등장한다. 남편을 살해하고 자기가 원하는 섹스파트너를 선택함으로써 그녀는 폴리스를 더럽히고 모든 사회적 규범을 파괴한다. 그 결과 아들 오레스테스가 어머니를 죽이게 되고, 어머니의 에리니에스 또는 퓨리가 피비린내 나는 복수를 자행하면서 오레스테스를 쫓는다. 아폴로가 오레스테스를 구하려고 개입하고 공공재판에서 그를 변호하자, 결국 아테나는 그의 무죄를 선고하고 퓨리의 분노를 진압한다.

아이스킬로스의 극에서 모성을 대변하려 지옥에서 온 퓨리는 맹목적이고 복수심에 불타는 퇴행적인 정의, 법정에서의 새로운 법제정에 의해 제압되어야 할 정의를 나타낸다. 따라서 피비린내를 부르는 퓨리는 신들로부터 외면당하는 괴기스럽고 메마른 밤의 형상으로부터 화목한 가정의 에우메니데스[8]로 변형되어 거칠고 길들여지지 않은 정의가 정당한 법의 절차로 바뀐다.

퓨리의 원천은 여신 프락시디케와 그녀의 대변자인 프락시디카이, 혹은 '여신의 두상'이다. 이들은 복수를 행하고 성스러운 공포를 통해서 맹세의 신성불가침을 보장하는 제의적 임무를 띤다. 에우메니데스의 어머니로 불리는 프락시디케는 고르고의 가면[9]과 밀접한 연관을 갖는다. 이 마스크의 가장 두드러진 특징은 앞 얼굴이다. 그녀의 몸과 다리가 옆모습으로 등장하는 통상적인 경우에도 고르고의 뚫어지게 쳐다보는 얼굴표정은 언제나 정면을 향해 있다.

고르고는 망자의 세계를 둘러싼 경계를 표시한다. 그리고 이 경계 위에서 퓨리는 공포심을 자아내는 무정형의 괴물로 나타난다. 그들이 뚫어지게 쳐다보는 두 눈 앞에서 우리는 신성한 정의에 담긴 근본적인 '타자성'과 마주하게 된다. 이 타자는 사회적 존재로서의 타자와 안티고네의 사랑스러운 타자를 넘어서는 괴물성으로 제시된다. 그리스인들에게 사회적 의미에서 '타자'는 그리스의 모범적 남성시민에서 벗어나는 사람들, 즉 이방인, 여성, 노예였다. 그러나 극단적 타자성은 모범적 남성시민의 범위에서 벗어나는 것과 무관하다. 극단적 타자성은 종류나 정도에서 차이와는 뭔가 다른 어떤 것을 표지한다. 반면 절대적 타자는 근본적 차이로 드러나는 것에서 출현한다. 다른 사람 대신 그 사람의 타자성, 즉 죽음, 밤, 무(無) 같은 것이다.[10] 사회적 존재로서의 타자의 부름을 대신해서 실재인 대타자의 요구가 출현한다. 특히 이 강압적인 대타자는 두 개의 죽음, 살해되었거나 여전히 복수하지 못한 사이의 영역에 놓여있다. 그가 "정의여!"라고 외칠 때 퓨리가 지옥에서 불려 나온다.

"우리는 순백의 가운을 입을 권리가 전혀 없고 그 일부도 갖지 못한다"(352행)[11]라고 퓨리는 인정한다. 피가 뚝뚝 떨어지는 가운을 입은 이 검은 밤의 딸들은 엄숙하고 고지식하다. 아무리 설득해도 소용없다. 그들은 남성들의 범죄행각을 목격했고, 어느 누구의 죄도 그들의 분노를 피해갈 수 없다. 그들의 노래는 단순하면서도 공포에 떨게 만든다.

> 우리는 소임을 다하련다. 신들에게 거부당하고 추방되었지만,
> 멀찌감치 떨어져 빛에 서 있으나 이 빛은 태양이 아니다.
> 불에 던져질 운명인 짐승 위에서
> 우리는 노래 부른다:
> 정신은 산만하고
> 광증과 공포로
> 마음이 아프다.
> 뇌를 묶어놓고 피를 더럽힌다.
> 현이 없는 멜로디
> 우리가 부르는 노래에 담긴
> 힘과 공포.
> (382–85; 328–334행)

퓨리는 멀찌감치 떨어져 몰아치며 가족의 피를 본 사람들을 가정에서 몰아낸다. "우리는 화난 존재다"라고 경고한다. "하지만 우리는 더 이상 남자들의 일을/ 두고 볼 수 없다. 우리는 행동한다"(499–501행). 아

데나가 그들의 분노를 달래주려고 노력할 때 그들은 신답지 않게 디케의 고대법을 산산조각 내려는 후손들을 저주한다. 그들의 힘이 상실된 것에 수치스러워하며 퓨리는 심장에서 복수의 독을 쥐어짜내겠다고 위협한다. 그 독은 "치명적 감염력으로 온 땅을 뒤덮을 것이다"(787행).

피비린내 나는 복수를 향해서 멈추지 않고 질주하는 퓨리는 가장 강력한 형태의 죽음충동을 우리에게 보여준다. 그것은 바로 두 번째 죽음의 공포에 찬 가능성 주변으로 매정하게 회전하는 반복충동이다.[12] "정의가 행해지길 바란다, 나는 비록 사라지지만"이라고 안티고네는 말했다. "정의가 행해지길, 세상이 멸망해도"라고 퓨리는 말한다.

사랑은 충동 쪽에 있지 않다고 라깡은 우리에게 상기시켜준다. 진실로 정의의 충동은 가차 없는 힘으로 우리를 공포에 떨게 한다. 그렇지만 바로 이 충동이 정의를 향한 사랑과 욕망을 고무시키는 것이 아닐까? 어떠한 형태의 사랑관계에서도 욕망은 대타자의 욕망이다. 대타자의 욕망 이면에서 우리의 욕망이 지속적으로 움직이도록 추동시키는 것이 대타자의 참을 수 없는 주이상스라는 사실을 잊어버릴 위험에 처하게 된다. 간단히 말해서 정의를 향한 우리의 욕망을 고무시키고 유지시키는 것은 충동이다. 충동은 고통을 겪게 되거나 뒤따르는 결과들에도 불구하고 정의의 행동을 추동하며 우리에게 정의롭게 행동하도록 요구한다.

누가 그런 대타자성의 윤리적 소환 혹은 안티고네와 퓨리의 소환에 응답할 것인가? 그들이 정의에서 출발했는데도 정의로부터 도망치는 자들, 시몬 베유[13]가 "정복자들의 캠프에서 낙오된 자들"이라고 부른 이들, 가령 범법자, 테러리스트, 혁명가와 성인 등은 법에 계속해서 출몰하고 법은 계속해서 이들을 쫓을 것이다.

크레온의 폴리스와 아폴로의 도시국가와 같은 국가는 디케, 사랑, 망자의 부름을 거부해야만 한다. 하지만 라깡이 선언했듯 사랑만이 "주이상스가 욕망에 몸을 낮추게 한다."[14] 사랑이 욕망과 충동 사이에 놓여 있다면 법은 안티고네와 퓨리 사이에 있어야 한다. 우리를 사랑 속에 — 그래서 삶에 — 유지시켜주는 것은 욕망의 영구적 운동 때문이다. 이 욕망은 죽음에서 만족을 찾으려는 하나의 맹목적인 불편부당한[15] 충동의 가차 없는 힘에 저항하고 있다. 이것이 욕망의 좌절을 충동의 만족과 균형을 이루게 해주는 법의 운명이다. 다시 말해 결코 이룰 수 없기 때문에 딱해 보이는 정의를 향한 추구와, 주이상스의 가차 없는 해방의 대립이다. 국가적 폭력이 주는 공포와 권력 행사는, 정의는 충동이지만 충동은 정의롭지 않다는 사실을 법 자체가 망각하고 있음을 보여준다.

물론 모든 합리주의 정치는 필연적으로 망각으로서의 거부에 관한 정치학이다. 그런 질서 하에 반복과 기억은 치유의 목적에 봉사한다. 그들의 목표는 법과 국가에 이질적인 것을 망각하는 것이다. 그들의 목표는 개인에게 낯설고 이질적인 것을 모조리 다 써내려가는 것이다.

그러나 디케의 폭력적 정의, 즉 법 앞에 오는 [대문자]법은 사회적 조직에 구멍을 뚫어버려 질서를 가져올 기념물과 망각의 질서로도 덮을 수 없게 되었다. 완전하게 로고스로 제시될 수 없는 것은 완전히 재현되지 않는다. 그렇지만 봉쇄되거나 망각될 수도 없다. 디케는 망각되었으나 망각할 수 없는 정의의 주이상스, 사랑과 죽음을 부르는 타자의 호명을 우리에게 각인시킨다. 이것이 바로 안티고네와 퓨리의 응시가 우리에게 상기시키는 것이다. 반면 두 눈이 가려진 정의는 망각을 조장한다.

주

1 전환신경증 또는 전환히스테리라고 불리는 이 신경증은 특별한 신체적 발병원인이 없는데도 마비증세, 시력상실이나 발작 등의 증상을 보인다. 심한 스트레스 상태에서 우울증 등 신경증적 증상이 발현된다. 사르코와 프로이트는 히스테리아 연구를 통해서 이 병을 발견했다(역주).

2 고대 팔레스티나 남해안 지방에 정착한 에게 지방 출신 민족으로 팔레스타인을 의미한다. 이스라엘 민족이 팔레스타인으로 이주할 당시 그곳에 살고 있었고 곧 이스라엘인들과 분쟁을 일으킨다. 이 분쟁의 역사는 삼손을 비롯한 다양한 전설에 잘 담겨있다. 철기로 무장한 강력한 군사조직 덕에 지중해 주요 지역을 차지하고 있었지만 곧 다윗 왕에게 패배했다. 이스라엘 기독교인과의 적대관계 탓에 현재 이 말은 속물적인 실리주의자를 의미하기도 한다(역주).

3 삼손은 나지르인이며 전설적인 전사였지만 데릴라의 꾀임에 빠져 힘의 원천인 머리카락을 잘려 사로잡힌 뒤 두 눈이 뽑힌 채 노예생활을 하다가 힘을 되찾고 펠리시테인들의 신전을 무너뜨려 그들과 함께 죽는다(역주).

4 Dike: 그리스 신화의 정의의 여신. 그리스어로 정의 또는 정도를 의미한다. 제우스와 율법의 여신 테미스 사이에서 태어났고 질서를 의미하는 에우노미아와 평화를 뜻하는 에이레네의 자매이다. 이들은 계절과 자연의 질서를 상징한다. 황금시대에서부터 청동시대까지 인간 세상에 살았지만 전쟁을 일삼고 서로 괴롭히는 인간들의 타락이 심해지자 하늘로 올라가 처녀자리 혹은 천칭자리가 되었다고 한다(역주).

5 Furies: 그리스 신화에서 저주와 복수를 의미하는 세 자매 여신 에리니에스를 의미하며 로마신화에서는 퓨리로 불린다. 밤의 여신 닉스 또는 대지의 여신 가이아의 딸로 알려져 있다. 지하세계에서 살고 죄지은 사람들을 심판한다. 에우메니데스라고 불리기도 한다(역주).

6 소포클레스의 오이디푸스 비극 3부작 중 하나(역주).

7 이 주제를 고급스러우면서도 믿을만하게 발전시킨 연구로는 Costa Douzinas and Ronnie Warrington, *Justice Miscarried* (London: Harvester Wheatsheaf, 1994), 51–57쪽 참조.

8 친절한 신이라는 의미로 그리스인들이 퓨리를 두려워해서 역설적으로 부르는 이름이다(역주).

9 저자는 여기서 '고르고의 마스크'라고 쓴다. 고르고(Gorgo)는 스파르타의 여왕이며, 역사가 헤로도투스가 언급하는 몇 안 되는 여성인물이다. 정치력과 지혜가 뛰어나다고 알려져 있는데 어려서부터 아버지인 클레오메네스에게 정치적 조언을 하기도 했다. 하지만 이 글의 저자가 '고르고의 마스크'라고 말할 때 고르고는 이 역사적 인물이 아니라 소위 메두사로 알려진 머리에 독사를 매단 그리스신화의 괴물을 염두에 둔 것 같다. 메두사를 의미하는 표현은 고르고가 아니라 고르곤(Gorgon)이며 신화에서는 세 자매인 이 반인반수의 괴물을 보는 사람은 모두 돌로 변해서 죽는다고 알려져 있다. 세 자매 중 막내인 메두사는 페르세우스의 칼에 찔려 죽는다(역주).

10 한 사람의 타자에 대한 논의는 Jean Pierre Vernant, *Mortals and Immortals* (Princeton: Princeton UP, 1991), 111–114쪽에서 빌어 왔다.

11 이 인용문과 곧이어 나오는 퓨리의 '노래'는 행간 띄기와 대명사 등에서 약간 수정을 했지만 Richmond Lattimore의 아이스킬로스의『에우메니데스』번역본을 사용했다. *Greek Tragedies*, vol. 3, David Grene and Richmond Lattimore 편집 (Chicago: U of Chicago P, 1960).

12 그들의 말을 통해서 반복충동을 보여주기 위해서 퓨리는 레스테스가 심판대에 올랐다가 사면된다. 그리고 아테나가 퓨리를 설득해서 화목한 가정의 에우메니데스로 변화하길 받아들이라고 할 때, 극의 클라이맥스에서 그들의 분노 가득한 연설 전체를 글자 하나하나 반복한다. 가령 328–333행, 341–346행, 778–792행, 808–822행, 837–847행, 870–880행을 보라. 극에서 어떤 다른 발언자도 자신의 대사를 반복하지 않는다. 오직 퓨리 만이 주저함 없이 반복한다.

13 Simone Weil: 프랑스의 사상가이자 정치운동가로 노동운동을 했으며 나중에 종교에 귀의해서 실천적 기독교로 인간을 구원하는 일에 관심을 가졌다. 제2차 세계대전 중에는 레지스탕스로 활동했다(역주).

14 Jacques Lacan, *Angoisse*, Seminar 10 (미간행 1962–1963 [2013년 영역본으로 출간되었다–역주]), 3/13/63. 욕망과 충동의 관계에 관해서 여기서 제시한 간

략한 논의의 상당부분은 레나타 살레츨에게 빚졌다. 특히 그녀의 논문 "Love Between Desire and Drive," *The Journal for the Psychoanalysis of Cutlure and Society* 2, no. 1(1997) 참조(이번 호『엄브라』에 수록된 글이 바로 이 논문의 요약본이다).

15 『세미나 11』에서 라깡이 제시한 설명에 따르면 모든 충동은 부분충동이다. 한 가지만 예외이다. 부분충동은 끝없이 소대상 주변을 회전한다. 성감대의 가장자리를 그리면서 깊게 팬다. 이 대상을 얻게 될, 그래서 부분충동이 아닌 유일한 충동은 죽음충동이다. 죽음충동과 퓨리의 충동은 똑같이 맹목적이며, 목표를 향하는데 한 치의 오차도 없다. 그들의 불편부당함, 부분적이지 않은 점에서 이 둘은 치명적이리만치 공정하다.

라깡과 윤리, 아담과 이브

로버트 사무엘즈

라깡의 윤리이론에서 핵심은 발화존재가 실재적 사물들을 상징적 표상으로 대체하는 방식을 충동이 보여준다는 통찰력이다.[1] 하지만 무의식의 주체는 자연적 영역에 가해지는 파괴로 인해 죄의식을 느낀다. 하이데거가 『존재와 시간』의 말미에서 탐색했던 이 원초적 죄의식은 특정한 행동이나 의도 때문이 아니라, 실재와 상징계 사이의 구조적 관계가 빚어낸 결과이다. 이 윤리적 주장은 『정신분석의 윤리』라는 제목의 라깡 세미나에서 제시되었다.[2] 나는 이 텍스트가 지속적으로 오독되어 왔고 독자들이 라깡의 윤리가 기초하고 있는 토대가 유대-기독교전통의 오래된 신화 중 하나인 에덴동산의 이야기라는 점을 눈치 채지 못했다고 생각한다.[3]

라깡의 『윤리』세미나는 원초적 사물의 영역과 언어 영역 사이의 변증법적 관계에 초점을 둔다. 라깡은 죽음충동을 언어의 영역에 위치시킨다. 언어는 부정, 혹은 원초적이고 자연적인 사물의 죽음에 책임이 있기 때문이다. 헤겔처럼 라깡도 상징적 표상이 인간존재를 자연의 실재로부터 소외시켰다고 믿는다. 이런 의미에서 두 철학자 모두 에덴동산의 신화를 반복한다. 이 신화에서 아담과 이브는 선악과를 따먹었다는 이유로 벌을 받고 자연 상태로부터 추방당한다.[4] 이 신화는 생명과 상징적 앎 사이의 이율배반적 관계를 통해 구성되었다. 이는 라깡의 이론이 원초적 사물과 언어 사이의 대립, 그리고 후기에는 생명과 의미 사이의 대립으로 구성된 것과 마찬가지이다.[5]

자신의 언어학적 소외이론을 프로이트의 오이디푸스 콤플렉스와 연결시키기 위해 라깡은 모든 주체에게 원초적 사물은 어머니라고 주장한다. 어머니는 아버지의 법에 따라 주체에게 금지되었고, 이런 과정은 근친상간의 터부로 알려져 있다. "우리가 근친상간 금지법에서 발견한 것은 원초적 사물과의 관계에서 무의식의 차원에 위치해있다."[6] 라깡 이론에서는 실재의 어머니-사물은 아버지의 상징계적 법에 의해 부정되거나 초월되어있고, 어머니의 욕망은 억압되었다.

언어가 계속해서 실재의 부재한 지시물의 주변을 회전하듯이 오이디푸스 콤플렉스를 통과한 주체는 지속적으로 상실한 어머니를 욕망한다. 이런 의미에서 라깡은 언어의 상실된 지시물을 욕망의 상실된 대상과 동등하게 놓는다. 게다가 프로이트의 현실원칙이 상실된 대상을 다시 찾으려는 주체의 능력에 의존해있기 때문에 라깡은 뭔가를 재현, 다시 제시하려는 모든 시도는 반드시 욕망의 구조에 기초해야 한다고 주장한다. "경험의 세계, 즉 프로이트적 세상은 바로 이 대상, 원초적 사물을 주체의 절대적 대타자로서 다시 찾아야하는 것으로 가정한다. 그것은 기껏해야 상실된 어떤 것으로 발견될 수 있다."[7] 프로이트를 좇아 라깡은 우리는 결코 우리가 찾으려고 하는 본래적 사물을 재발견할 수 없다고 주장한다. 오직 원초적 사물의 부재만을 발견하게 될 뿐이다. 따라서 라깡은 "부재가 우리의 마음을 더 애틋하게 만든다"고 말할 뿐 아니라, 모든 주체의 욕망의 원인은 원초적 사물의 시원적 상실을 제시하는 대상이라는 사실을 확인한다.

모든 윤리적 이론은 담론, 법, 재현과 언어에 결부되어있기 때문에 라깡은 만일 우리가 일반적인 윤리를 논의한다면 이렇게 서로 다른 상징적 과정들이 기능하는 방식을 고려해야 한다고 주장한다. 실제로 라깡은 근친상간을 금지하는 터부가 주체와 실재 사이의 거리를 제공하고 이것이 바로 언어와 도덕성의 존재를 가능하게 한다고 까지 말한다.[8]

라깡 이론에서 프로이트의 죽음충동 개념은 언어가 생명력을 지워버리는 힘을 설명하려는 시도였다. 다시 말해서 죽음충동은 주체가 문명화되고 발화하는 존재로서 변형해가는 방식을 설명하는 신화이다. 그러나 상징화 과정의 문제들 중 하나는 언제나 언어에 의해 소진되지 않는 실재의 일부가 있다는 것이다.

아담의 경우 그의 목에 걸린 사과조각이다. 바로 '아담의 사과'[남성의 목젖]이다. 라깡은 이 사과조각을 — 상징화를 빠져나간 실재의 한 조각 — 소대상과 비교한다. 『세미나 11』에서 그는 소대상을 상징계의 목구멍으로 삼킬 수 없다고 주장한다.[9] 죽음충동과 상징적 재현과정을 저항한 실재를 알려주는 신호이자 잔여물인 소대상은 무의식적 욕망의 원인이다.

주

1 프로이트의 죽음충동 이론에 관한 라깡의 해석에 대한 논의는 졸고 *Between Philosophy and Psychoanalysis*(New York: Routledge, 1993), pp.33–34, 120–121, 151, 주3과 주4 참조.

2 Jacques Lacan, *The Seminar of Jacques Lacan, Book VII: The Ethics of Psychoalaysis, 1959-1960* (New York: Norton, 1992).

3 라깡의 윤리에 관한 최근 두 가지 독해는 John Rajchman, *Truth and Eros* (New York: Rougledge, 1991)와 Tobin Siebers, *The Ethics of Criticism* (Ithaca: Cornell U. Press, 1988)이다. 이 두 저자들은 라깡의 죽음충동이론이 갖는 근본적 성격을 놓쳐서 라깡의 윤리이론을 잘못 이해했다고 나는 생각한다.

4 에덴동산의 신화에 대한 나의 재해석을 M. H. Abram의 *Natural Supernaturalism*(New York: Norton, 1971)에서 잘 설명된 종말론적 역사론과 비교해 보는 것도 흥미로우리라 생각된다.

5 Jacques Lacan, *The Four Fundamental Concepts of Psychoanalysis* (New York: Norton, 977), 210–213쪽.

6 Lacan, *Seminar 7*, 68쪽.

7 같은 글, 52쪽.

8 같은 글, 69쪽.

9 *The Four Fundamental Concepts of Psychoanalysis*, 270쪽.

프로이트의 충동, 욕망과 니르바나

라울 몬카요

프로이트는 성 충동을 심리와 육체 사이에 놓인 경계선 개념으로 규정한다. 충동에 관한 그의 개념은 서구 형이상학의 정신과 육체에 관한 고전적 이원론을 극복하려는 시도로 이해할 수 있다. 성 충동의 이원론적 관점은 충동의 신체적, 생물학적 근원을 심리적으로 거부하거나, 충동의 심리적이고 상징적 차원에 생물학적 맹목성을 취하는 것으로 규정할 수 있다. 프로이트는 충동개념을 정신과 육체의 관계 양측에서 접근한다. 「섹슈얼리티에 관한 세 가지 에세이」에서 프로이트는 충동의 원천은 몸에 있지만 대상을 통한 만족의 목표점에 도달하게 되면 심리적이 된다고 한다. 그의 메타심리학에서 프로이트는 충동을 오직 심리적 재현을 통해서만 알 수 있는 것으로 묘사한다. 이 재현의 개념은 고전철학에서 빌려온 것으로서 외부적인 지각에 의한 대상을 내면적으로 다시-표상하는[재현][1] 것을 의미한다. 따라서 충동의 심리적 성격은 내재적으로 대상과 상징적 재현질서에 모두 관련된다. 다시-표상하기란 선행된 지각을 재생산하는 것이다.

라깡은 지각이 언어로 해석되고 동화될 수 있다고 지적하면서 재현 개념과 기표의 언어적 개념 사이에 등가적 관계를 구성한다. 생물학은 언제나 상징적 문화언어구조 내에서 발화된다. 라깡은 이것이 프로이트가 한 번도 본능에 해당되는 독일어인 instinkt를 사용하지 않고 대신 충동을 의미하는 Trieb를 사용한 이유라고 설명한다. 두 단어 사이의 차이는 동물의 본능이라는 순수하게 생물학적인 개념으로부터 인간의 충동이라는 문화적, 상징적 현상으로의 개념적 도약을 나타낸다. 이런 틀 안에서 신경계의 자극을 운송하기 위한 물질적 원인으로서의 신경적 연쇄라는 생물학적 개념은 상징계적 망 안에서의 의미화 연쇄 혹은 의미의 전송과 의미화작용으로 대체된다.

프로이트는 또 충동이 유기체 내부에 있는 원천으로부터 정신에 도달한 육체적 긴장이나 자극의 심리적 재현물이라고 말한다. 이런 설명은 육체적 욕구가 충동의 물질적 원인을 구성한다는 사실을 강조하는 것 같다. 생리학으로부터 프로이트는 "외부에서 들어와 살아있는 조직에 적용되어 일어난 자극이 외부로 향하는 행동으로 발산된다는 자극 개념과 반사적 반원의 패턴"을 빌린다.[2] 그러나 자극과 충동에는 차이가 있다. 내적 자극으로서의 충동은 외부세계가 아니라 유기체 자체에서 생긴다. 더욱이 자극은 "단일한 효과로 작용해서 단일하고 신속한 행동을 통해 처리될 수 있다. 자극의 전형적인 예는 자극의 원인을 피하는 반사적 운동이다."[3] 대신 충동은 패러다임 상 지속적인 효과를 갖는 힘으로 작동한다. 더욱이 외부가 아니라 내부로부터 온 영향이므로 충동을 피할 방법은 없다.

내재적 자극으로부터 도망갈 수가 없다는 이유 때문에 몸은 정신에 일이나 활동을 요구하게 된다. 이런 개념은 물리학에서 에너지의 개념을 일을 생산하는 능력으로 정의하는 것과 유사하다. 자극은 심리를 압박해서 어떤 형태로든 해소하도록 한다. 자극의 해소는 사유의 과정, 환상, 이미지, 상징, 사유의 통제 불가능한 흐름, 감정과 감각 등의 형태를 취한다. 따라서 정신은 사유를 생산함으로써 유기체가 요구하는 일을 하게 된다. 이것은 기억표상회로로 정의된다. 사유의 내용은 지각, 기억, 욕망의 조합이며, 이것들은 표상체계 속에서 조직된다. 생리학적 요소들과 그것들을 절합하고 형상화해서 상징계적 구조적 요소들(지각, 기억, 욕망) 안에서 포착하는 것이 충동의 형식적 심리원인을 구성한다.

프로이트는 충동의 목표를 쾌락을 추구하고 불쾌를 피하는 것이라고 규정한다. 그러나 충동이 대상을 통한 만족의 목표에 도달하고 나서 심리적이 된다면, 대상이 주체에게 성 충동의 성격을 매개한다고 주장할 수 있게 된다. 덧붙여서 프로이트는 충동을 정신에 지속적으로 가해지는 압박(떠밀기)을 구성한다고 정의한다.

그러나 만일 만족을 향한 지속적인 동력이 외부적 환경의 대상들을 사용할 수 있는가의 여부와 화해할 수 없게 된다면, 욕망은 오직 꿈과 상상계를 통해서만 실현될 수 있다. 게다가 만족불가능성은 충동의 지속적인 압박의 기능일 뿐 아니라 대상이 현실에서 존재할 수도 있고 존재하지 않을 수도 있다는 사실의 결과이다. 욕망의 대상을 찾을 수 있다고 해도 그런 만족은 새로운 전치, 대상의 가치절하, 더 실질적이고 이상적인 대상을 찾으려는 노력 등 무한대로 나아가게 된다. 리쾨르[4]는 이런 상태를 욕망의 악무한이라고 불렀다. 욕망은 항상 소망, 몽상과 실질적 대상을 찾으려는 재시도의 형태로 돌아온다.

마찬가지로 라깡은 충동의 만족이 역설적이라고 한다. 주체의 경로가 정확히 벽을 향해 돌진하고 불가능의 범주로 치닫기 때문이다. "이 형식에서 실재, 즉 쾌락원칙의 방해물이 등장한다. 실재는 방해물의 효과를 갖는다. 사물은 즉시 직접적으로 괜찮은 것으로 판명되지는 않는다. 외부 대상으로 향해 뻗은 손이 바라는 대로는 되지 않는다."[5] 라깡은 충동이 성감대의 가장자리에 있는 원천으로 돌아오기 전에 대상주변으로 움직인다고 한다. 그리고 대상은 무의식의 틈새 같은 구조에 순응한다. 대상은 "단순히 텅 빈, 공허의 현존이며, 이 틈새는 프로이트가 말해준 대로 어떤 대상으로도 채워질 수 있다. 그리고 이 틈새의 작용은 오직 상실된 대상, 소대상의 형태로만 알 수 있다."[6] 충동의 대상은 그것이 무엇이든 욕망이 부재한 대상의 자리를 차지할 수 있으며, 그렇다 해도 절대 욕망의 실제적 대상이 되지 않는다. 이런 충동대상들의 퍼레이드가 펼쳐지게 된다.

그의 충동이론에서 프로이트는 '아나클리시스'[7]의 개념을 사용해서 어떻게 충동이 생물학적 자기보존 본능에서 비롯되는지를 설명한다. 그러나 충동의 신체적 원인과 마찬가지로 이 개념도 일단 상징적, 심리적 질서 안에 수립되고 나면 유의미한 독립성을 획득하게 된다. 심리적 충동의 개념은 만족경험의 원형적 형태로부터 발전한다. 성장하기 위해서 영양분을 섭취하고 생물학적인 욕구를 만족시키는 과정에서 유아는 만족을 향한 심리적 욕망을 형성하게 되는데 이 욕망은 생물학적인 유기체의 욕구와는 구별된다. 이제 이 만족은 소대상으로서의 타자와 불가분하게 연결된다. 다른 주체와의 관계는 이를테면 자기성애보다 더 만족스럽다. 섹슈얼리티는 대타자로부터만 오는 것이 아니라 대타자의 욕망이라는 조건 하에 매개되기 때문이다. 섹슈얼리티는 일단 타자가 분리를 통해서 상실되고 나면 주체 안에 남은 타자의 잔여물로서의 소대상과 뗄 수 없이 연결된다.

라깡 이론에서 대상은 우발적이며 소모품처럼 쓰고 버려지는데, 이는 분리된 주체가 충동의 다양한 대상들에 부여하는 요구($ ◇ D) 때문이다. 그러나 이 대상들 이면에서, 그리고 그 너머에 욕망의 원인으로서의 소대상이 존재한다($ ◇ a). 따라서 우리는 두 가지 항목, 즉 일반적인 의미에서 다양하고 우발적인 욕망의 대상들을 의미하는 충동의 대상과, 주체의 욕망을 받치고 있는 원인으로서의 소대상을 갖게 된다. 이런 구별은 라깡 이론에서 늘 분명히 드러나지 않기 때문에 용어의 사용에서 의미론적 혼동을 낳게 되기도 한다.

엄밀히 말해서 프로이트의 이론에서 엄마로부터 얻는 만족의 경험은 아이가 엄마에 대한 상징계적 의미를 얻게 되거나, 그 반대의 경우도 마찬가지인 맥락에서 발생한다. 기억과 표상은 엄마와의 만족경험, 타자의 말과 욕망에서 비롯된다. 엄마는 주체의 성감대를 조각한다고 하라리[8]는 지적했다. 이런 의미에서 욕망이 대타자의 욕망이라는 라깡의 진술은 충동인 쾌락을 추구하기보다는 대상을 추구한다고 페어뱅[9]이 말한 것과 일치한다. 이러한 충동의 형식적인 심인성(心因性)은 과학적 학문으로서 정신분석이 갖는 형식적 목적과 일치한다. 따라서 프로이트를 이원론적으로 읽는 것과 라깡식으로 변증법적으로 읽는 것은 다르다. 전자가 프로이트의 개념이 갖는 총체성을 거부하기 위해서 생물학적이거나 심리적인 것 한쪽에 배타적으로 초점을 맞춘다면 라깡의 변증법은 본능의 생물학(충동의 물질적 원인)을 충동개념의 심리적, 상징적 간주관적 원인성으로 종속시킴으로써 이론구조를 해석하고 조합한다.

프로이트는 우선 자기보존의 에고본능과 리비도적 성 충동을 구별하고 그 사이의 역동적 갈등을 도입함으로써 충동을 분류한다. 그는 이 구별을 에고-리비도 또는 일반적인 이해관계와, 대상 리비도 또는 에로틱한 욕망 사이의 더 큰 차이에 기초한다. 그러나 나르시시즘의 도입에 따라 에고 리비도는 성 충동의 변이가 되었다. 따라서 결국 프로이트는 생명충동과 죽음충동 사이의 구별에 호소한다. 그는 에로스를 자기보존과 더 큰 단위로의 조합을 향한 경향으로 정의했다. 타나토스는 생명 없는 상태로의 귀환경향으로 정의된다.

「쾌락원칙을 넘어서」에서 프로이트는 쾌락원칙을 성 충동의 목표로 구성했던 앞선 개념정의를 재고하려고 시도한다. 내가 보기에 프로이트는 쾌락원칙을 넘어서기 위해서 쾌락의 새로운 개념과, 쾌락원칙보다 더 기초적이고 근본적인 기능을 찾으려고 했다. 게다가 그는 쾌락으로 향하는 경향을 무기력 혹은 자극의 축소와 제거로 향하는 경향과 일치시킨다. 쾌락은 신경체계의 긴장과 흥분이 객관적으로 줄어드는 것을 주관적으로 경험하는 것이다. 역으로 불쾌는 긴장의 객관적 증대에 대한 주관적 경험이다. 그러나 그는 이 공식을 포기할 수밖에 없었다. 긴장의 쾌락적 증대와 불쾌한 축소가 존재한다는 것을 깨달았기 때문이다. 인간은 성적 흥분을 즐겁다고 여기기 때문에 긴장의 최적화된 수준을 마련하고 지속적으로 그 수준을 유지하는 경향에 쾌락을 귀속시키는 것이 더 합당해 보인다. 따라서 프로이트는 쾌락원칙이 지속성의 원칙의 함수임을 보게 된다.

그러나 이 정의에는 두 가지 문제가 발생한다. 첫째, 프로이트는 쾌락원칙을 현실원칙과 대립시켜놓고 후자를 지속성의 원칙에, 전자를 무기력의 원칙에 대응시켰다. 이제 지속성이 현실원칙이 아니라 쾌락원칙을 설명하는 것으로 소환되었다. 둘째 프로이트는 지속성의 원칙을 모든 정신적 자극을 완전히 소거시키려는 무기력의 근본적 경향에 대한 상관물로 규정한다. 지속성은 긴장을 가능하면 가장 낮은 수준으로 유지하기 위한 차선책을 구성하게 된다.

지속성이 다시 명명된 무기력의 원칙에 대한 상관물이라면 쾌락원칙 너머에는 무엇이 있는가? 프로이트는 한 바퀴 돌아서 그의 초기 개념으로 돌아오지만 과거의 원칙에 새로운 이름을 부여한다. 바바라 로우[10]의 제안을 받아들여서 프로이트는 불교에서 빌린 니르바나[11]라는 용어를 채택한다. 프로이트가 지속성의 원칙을 니르바나 원칙으로 규정하기에 이르렀다면 어떻게 지속성원칙이 쾌락원칙을 넘어선 것이 될까?

그의 이론이 전개되어가는 과정에서 프로이트는 두 원칙 사이의 유사성과 차이에 대해 혼란스러워하고 때로는 의아해한 듯 보인다. 이 두 원칙은 대체로 고전적 그리스의 영혼에 해당하는 프시케psyche와 정신을 의미하는 누스nous의 개념들과 일치한다.[12] 그리스인에게 프시케는 적극적으로 활동하는 힘, 혹은 정신을 나타내고, 누스는 그보다는 수동적인 기능으로 수용하고 조절하며 인상을 기록한다. 프로이트는 충동(프시케)을 적극적이거나 활동적인, 자극적 힘으로 규정한다. 그리고 신경체계나 '심리적 장치'(누스)를 자극을 통제하고 제한하는 것으로 규정한다. 그러나 이 원칙들을 조직하고 조합하는데 있어 두 가지 모두를 쾌락원칙의 기능으로 환원시키거나 쾌락원칙과 지속성의 원칙 사이를 구별해서 문제의 상반된 쪽이 아니라 동일한 쪽으로 놓게 되는 결과를 낳게 되었다. 내 생각에 프로이트는 이 두 이원적 항목이 동시에 유사하며 차이를 갖는 변증법적 사유를 갖지 못한 것 같다.

한 가지 가능한 해결책은 쾌락원칙이 쾌락의 추구를 의미하지만 니르바나는 오직 긴장을 축소시키거나 제한하면서, 무엇보다 흥분을 통제함으로써 정신을 고요하게 유지한다는 가정이다. 이렇게 재정의하고 나면 니르바나는 쾌락원칙보다 앞서 있고 동시에 넘어서게 된다. 쾌락원칙은 니르바나의 원칙에서 생겨난다. 충동을 위한 상상계적 대상들을 추구하는 과정에서 프시케가 니르바나의 원칙을 만족시키려고 시도하기 때문이다. 프로이트는 문제를 명확히 하려고 시도하면서 이렇게 말한다.

> 우리가 지금까지 기능과 경향에 관련해서 만들어온 좀 더 예민한 구별을 보자. 쾌락원칙은 정신적 장치를 완전히 자극으로부터 자유롭게 하거나 자극의 양을 항시적으로 유지하거나 가능하면 낮게 유지하려는 기능을 하는데 작동하는 경향이다.[13]

프시케 또는 충동과 누스 또는 정신, 쾌락원칙과 니르바나 원칙 사이의 구별은 이제 경향과 기능 사이의 구별이 되었다. 경향으로서의 욕망은 엉뚱한 문을 두드리고 니르바나의 기능을 얻지 못하게 된다. 쾌락의 추구를 통해서는 니르바나에 이르지 못한다. 또 다른 욕망이 일어나야할 필요가 생겼다. 그로써 쾌락원칙이 만들어낸 불쾌한 불안과 걱정을 통제하고, 만족(니르바나)에 도달하도록 해야 할 것이다. 프로이트는 흥분의 통제라는 과업을 지속성의 원칙에 부여한다.

나는 프로이트를 어리둥절하게 만든 역설들을 해결하려 하면서 자유로운 에너지를 잠잠한 에너지로 묶어두거나 변형시키는 과업이, 쾌락원칙보다 더 원초적이며 근본적이라고 결론내린 리쾨르에 동의한다. 쾌락원칙에 의해 지배되는 성적 욕망은 긴장과 갈등을 유발시키고 증대시켜서 결합과 연결을 무너뜨리게 된다. 반면 사랑 혹은 에로스는 지속성의 원칙에 따르는 잠잠한 에너지의 결합 기능과 연결된다.

쾌락과 니르바나 원칙 사이의 혼동에는 역설이 있다. 그리고 니르바나의 용어로 쾌락을 정의하려고 하고, 또 그 역으로 하려는 것에도 역설이 존재한다. 니르바나는 절대적 쾌락, 마약이나 섹스의 즐거움을 추구함으로써 최절정에 도달해서 세상의 근심걱정에서 도망치려는 것이 아니다. 이것은 불교의 개념 니르바나를 잘못 이해한 것이다. 니르바나는 절정보다는 평상심 혹은 정적인 안정을 의미하며 정신의 고요와 청명함을 의미한다. 프로이트는 니르바나원칙을 니르바나에 대한 쾌락적 해석과 혼동한다. 그의 자유로운 에너지 개념은 방탕한 생활을 하는 사람의 자유 개념, 즉 속박되지 않고 광기 어린 욕망의 순환을 함축하고 있다. 이렇게 정의된 니르바나는 에너지를 분출해서 가장 짧고 직접적이며 즉각적인 방식으로 만족을 찾으려는 충동을 의미하게 된다. 이와 달리 나는 니르바나를 최초의 혹은 기원적 원칙으로서 쾌락원칙이 아니라 지속성, 잠잠한 에너지와 부차적 과정을 지시한다고 가정한다.

니르바나원칙에 대한 새로운 개념정의와 함께 원초적 과정은 쾌락원칙과 연결되고 프로이트가 자유로운 에너지라고 부른 것과 결부된 채 남아있다. 나는 부차적 과정과 최초의 과정 사이의 차이는 니르바나 원칙을 쾌락원칙으로 변형시키는 것과 일치하지만 그 역은 아니라고 제안하고 싶다. 니르바나가 쾌락의 추구로 변형될 때 후자는 니르바나 원칙 아래 불안을 축소시키는 것에 더 우선권을 갖는다. 그 결과 부차적 과정은 쾌락을 추구하고 불쾌를 피하려는 경향을 지배하는 기능으로서 평정의 원칙을 재구성함으로써 심리적 우선성을 역전시키게 된다. 잠잠한 에너지의 생산은 아마도 불쾌와 고통을 잠시 달래기 위한 나쁜 약을 필요로 할지도 모른다. 마지막으로 그런 구조적 형식화는 두 가지 운동—니르바나로부터 쾌락으로, 그리고 다시 돌아오기—이 서로 대척하는 상태를 요구하지 않는다. 둘은 다른 장소와 다른 시간에서 필수적일 것이다.

문제의 두 원칙 사이의 유사성 혹은 차이점에 대한 역설적 문제는 반복강박이라는 개념에서도 나타난다. 「쾌락원칙을 넘어서」에서 프로이트는 문제적이거나 트라우마적 상황을 반복하려는 경향을 쾌락원칙에 대한 예외적 현상의 증거로 제시한다. 하지만 이 반복은 파괴적 결과를 초래하는 욕망의 강박증인가 아니면 리비도에 반하는 의식의 강박인가? 반복강박은 과거의 만족경험을 반복함으로써 쾌락을 다시 시도하려는 강박이 아닌가? 혹은 정신적 자극을 제어하려는 시도인가? 우리는 윤회의 쳇바퀴처럼 고통의 바퀴를 돌리고 있는가? 아니면 니르바나의 바퀴, 의미와 계몽의 해석학적 바퀴를 돌리고 있는가? 이 딜레마의 해결책으로 나는 구속과 해방의 두 유형, 즉 원초적 과정과 연결된 애착과 분리, 그리고 부차적 과정과 결부된 또 하나의 유형 사이의 차이를 가정하려한다.

사람들 사이의 지속적인 연결을 만드는 통합의 끈은 쾌락원칙 하의 욕망의 구속이나 애착과는 구별되어야 한다. 일단 통합의 끈이 사랑에서 증오나 혐오로 변하게 되면 후자는 이혼이나 별거 등의 임시적 결합을 낳게 된다. 따라서 쾌락원칙 너머에 있을 에로스는 잠잠한 에너지의 구속하는 기능과 연결된 에로스일 뿐이다. 쾌락원칙은 잠잠한 에너지의 지속성 쪽이 아니라 성적 쾌락의 해방적이며 교란하는 힘 쪽에 놓일 필요가 있다. 지속성 혹은 니르바나 원칙은 쾌락원칙보다 더 근본적이다. 물론 둘 다 서로를 넘어선다고 간주될 수도 있다.

따라서 섹슈얼리티와 공격성이 쾌락원칙 하에서 작동한다고 생각해볼 수 있다. 이 원칙은 구속이든 해방이든, 사랑이든 증오든 어느 것으로도 표현될 수 있는 만족을 향해가는 경향을 띤다. 이와 대조적으로 니르바나는 리비도를 원초적 사랑과 증오의 대상들로부터 풀어놓거나 떼어놓고, 자유로운 에너지를 구속하거나 잠잠한 상태(진정)로 바꾸어놓음으로써 더 지속적인 구속과 애착을 만들어내는 에로스와 분리하기 어려워진다. 쾌락은 이 경우 지속성의 원칙, 영속된 관계와 끝까지 사물을 바라보기, 균형과 조화, 안정성의 원칙으로 더 개념화된다.

마지막으로, 이렇게 구성하면 승화개념과 관련된 프로이트의 어려움을 해결할 수 있는 기회를 갖게 된다. 이 이론적 작업을 거치면서 프로이트는 충동의 독립적 변이형태로서의 승화를 개념화하는데 애를 먹었다. 그는 목표가 방해된 충동들의 변이들(그리고 반동형성[14]과 같은 방어기제들)과 승화를 연결시키는 것과, 억압과 연관되지 않은 채 충동의 직접적 만족을 생산하는 방식으로 승화를 사유하는 것 사이를 오락가락했다.

니르바나를 쾌락원칙에 앞서고 넘어서는 원초적 원칙으로 가정하면, 승화를 억압에 관련 없이 직접적인 만족을 생산하는 방식으로 개념화하게 된다. 부차적 과정과 승화는 지속성과 니르바나의 기능으로서 쾌락원칙을 대신하는 이차적이며 인공적인 방어역반응형성[15]이나 미지근한 대체물이 아니다. 프로이트는 이를 깨닫지 못했다. 왜냐하면 브로이어[16]와 헬름홀츠의 에너지학의 용어를 잘못 적용해서 옆길로 새버렸기 때문이다.

브로이어에게 지속성은 특화된 중심 신경체계의 항상성을 구성한다. 지속성은 프로이트의 자유로운 에너지의 순환과는 달리 원기에너지와 긴장의 최적화된 수준을 조절한다. 브로이어는 잠잠한 에너지와 역동적 에너지 사이를 구별한다. 역동적 에너지는 신경체계 전체를 순환한다. 최적화된 수준에서 긴장이 갖는 목적은 역동적 에너지의 자유로운 순환이며, 이것은 사유의 수월한 작용과 막히지 않고 방해받지 않는 연합작용의 존재와 등가적이다. 그런 기초적 수준은 건강상태와 일치한다. 명징성은 에너지가 표상에서 표상으로 적절하게 순환되어가는 원기에너지의 최적화된 수준에 조응한다. 브로이어에게 꿈과 원초적 과정의 에너지는 기초적 원기의 잠재성이 낮아지면 자유로울 수 없다.

프로이트는 브로이어의 두 에너지가 갖는 원초적 기능과 부차적 기능을 뒤집었다. "다시 한 번 브로이어의 자유롭게 이동하는 카텍시스cathexis[17]를 원초적 심리과정으로 취하고, 그의 구속된 혹은 원기 카텍시스에서 일어나는 변화를 부차적 과정으로 좀 더 쉽게 동일시 할 수 있다."[18] 브로이어에게 역동적 에너지의 자유로운 (이동하는) 순환은 잠잠한 에너지가 갖는 최적의 기초수준을 정하기 위한 **원초적** 욕구의 **부차적** 기능이다. 기초적 원기수준을 얻으려는 원초적 기능이 실패할 때 프로이트의 것과 같은 원초적 과정을 만나게 된다. 프로이트는 브로이어가 잠잠한 원기에너지와 역동에너지의 자유로운 순환 사이에 구축한 관계를 전도시킨다. 그러나 우리의 논의에서는 브로이어에게 잠잠함이란 에너지의 원초적 형태였다는 사실에 비판의 핵심이 있다. 따라서 원초적인 것과 부차적인 것 사이의 혼동 때문에 승화는 종종 프로이트에게 조차 목표를 방해받은 사회적 충동의 부차적 변이와 역반응형성의 방어기제와 혼동되었다. 나는 승화는 충동의 직접적 만족으로서 니르바나 원칙 하의 잠잠한 에너지의 숭고하고 자애로운 본질적 본성의 한 기능이라고 주장한다.

주

1 re−presentation: 영어의 presentation은 제시 혹은 현재화, 형상화 등으로 내재적 내용을 드러내는 것을 의미하는데 representation은 재현이나 표상으로 번역되어 마음속에 떠오른 이미지를 감각적 또는 언어적 방식으로 다시 드러낸다는 의미를 갖고 있다. 대부분 현대사회의 미디어와 텍스트는 이 재현방식을 취한다. 이 글에서 저자는 이 단어의 접두사re와 원어presentation을 분리해 놓아 재현방식이 관념적으로 떠오른 것을 감각적 방식으로 드러내는, 표상의 중첩된 단계를 강조해주고 있다(역주).

2 Sigmund Freud, "Instincts and Their Vicissitudes"(1915). *The Standard Edition of the Complete Psychological Works of Sigmund Freud* (New York: Norton, 1953−1974), vol. XIV, 118쪽.

3 같은 글.

4 Paul Ricoeur: 프랑스의 현상학자로 데리다, 하버마스와 함께 현대철학의 3대 거장으로 꼽혔고, 구조주의 비판에 앞장섰다(역주).

5 Jacques Lacan, *The Four Fundamental Concepts of Psycho-Analysis.* Jacques−Alain Miller 편집. Alan Sheridan 번역 (New York: Norton, 1977), 167쪽.

6 같은 글, 180쪽.

7 anaclisis: 타자에게 심하게 의존하는 성향을 의미하는 정신분석적 개념으로 특히 부모의 역할을 하는 상대에게 강한 애착을 보인다(역주).

8 Harari: 원문에 이름이 정확히 표기되지 않고 별도의 설명이 제공되어 있지 않아서 정확하지는 않으나 부에노스 아이레스의 정신분석가 로베르토 하라리를 지칭하는 듯하다. 라깡의 '불안'이론에 대한 저서로 유명하다(역주).

9 William Ronald Dodds Fairbairn: 스코틀랜드 출신의 정신과의사이자 정신분석가로 대상관계이론을 발전시킨 대표적 이론가이다. 원문에서는 이름 철자가 잘못 표기되어있다(역주).

10 Barbara Low: 영국의 초기 정신분석가 중 한 사람으로 영국에서 분석이론의 선구자적 역할을 했다(역주).

11 Nirvana: 생사의 윤회와 번뇌를 벗어나서 해탈을 얻은 열반의 상태. 원래 뜻은

소멸 혹은 불어 끈다는 의미로, 적, 적멸, 취멸 등으로 번역된다(역주).

12 신플라톤학파의 대표자인 플로니토스는 초월 신으로부터 세계가 생성되는 것을 철학적으로 고찰했다. 신은 일자이며 이 무한하고 형태 없고 어떤 성질도 없는 대립과 차별을 초월한 유일 절대 신으로부터 세계의 만물이 유출되는데, 이 유출에는 세 단계가 있다. 첫 번째 유출은 정신이자 사유인 누스이고 플라톤의 이데아계를 대상으로 삼는다. 두 번째 유출은 프시케, 즉 영혼이다. 마지막 유출은 물질이다(역주).

13 Sigmund Freud, *Beyond the Pleasure Principle* (1920), SE vol. XVIII, 56쪽.

14 reaction formation: 드러내고 싶지 않은 무의식적 충동을 그와 전혀 반대되는 방식으로 의식적인 생각이나 감정, 욕구 등을 고정시켜 그에 따라 행동하는 방어기제(역주).

15 defensive reactive formation: 불안을 낳는 정서와 충동을, 정반대의 경향을 과장함으로써 대응하는 방어기제(역주).

16 Josef Breuer: 신경생리학의 주요 개념과 이론을 구축한 정신분석의 선구자이다. 환자 '아나 O' 사례연구로 유명하다(역주).

17 '부착'이란 말로, 감정의 에너지와 느낌을 한 가지 사물, 생각, 대상에 집중하는 것을 의미한다(역주).

18 Sigmund Freud, *Project for a Scientific Psychology* (1895), SE vol. 1, 28쪽.

21세기의 정치와 리비도경제를 위하여

장-프랑수아 리오타르

'충동'[1]과 '장치,' 이 두 낱말은 프로이트주의 메타심리학의 용어에서 탄생했다. 「섹슈얼리티에 관한 세 가지 에세이」에서 프로이트는 "본능의 성격에 관한 가장 단순하고 명백한 가정은 본능이 그 자체로 어떤 자질도 없지만 심리적 생활에서 힘겨운 노력의 척도로 나타난다는 것이다"라고 쓴다.[2] 이것은 역학물리학[3]에서 직접 도출된 가설이다.

인간의 육체는 "간헐적인 외부적 흥분", 가령 냄새, 맛, 색, 소리와 촉각에 의해 자극을 받는다. 유기체는 이렇게 들어온 에너지를 신경적 흐름으로 변형시켜서 자극이 고통을 주면 흥분을 억제하려는 목적을 띤 행위로 흘러가게 한다. 반대로 자극이 쾌락을 주면 그것을 반복하려는 행동을 한다. 이것은 베버와 페이너의 심리물리학[4]에 기초한 자극-반응체계에 피드백을 첨가한 것이다. 나중에 와이너의 사이버네틱스[5]

의 기본 원칙이 되기도 한다. 생명의 차원이 환경과의 관계를 극대화하기 위해서 에너지를 변형하도록 프로그램화된 기계처럼 간주된다.

프로이트는 자신의 '충동' 가설을 가지고 '너무도 건조한' 기계주의적 개념에는 다소 복잡해 보일 이론을 구축한다. 첫째, 충동은 흥분을 통한 자극의 경우처럼 외부에서 오지 않는다. 그와 반대로 '신체적 기원'을 갖고 '기관 내부'에 존재한다. 둘째, 충동을 통한 자극은 지속적이다. 반면 환경으로부터 온 흥분은 '간헐적'이다. 충동의 원천은 '계속해서 흐른다.' 마지막으로, 충동의 존재는 증명할 수 없다. 단지 심리적 효과로만 나타나기 때문이다. 충동의 추진력은 '심리적 재현형태'이다. 반사모델은 여기서 적용될 수 없다. 신체내부에서 출원된 추진에너지의 액체화는 심리가 항상 열심히 작동하기를 요구한다. 충동의 질을 밝혀내기는 어렵지만 그 양을 변형에 필요한 심리적 작용의 결과로서 측정할 수는 있다. 프로이트가 '심리적 장치'(이 글에서 언급하는 '장치')라고 이름부친 것은 여전히 에너지변형체로 사유되지만, 그 추진에너지는 내재적이며 꾸준하게 압력을 행사한다. 이 장치는 재현을 만들지 않고는 '소멸'되지 않는다. 이런 조건들을 고려하면 문제는 위험천만해 보인다.

테이블 위에 놓인 시들어가는 꽃은 내버릴 수 있다. 하지만 썩는 냄새가 폐에서 나와서 주변의 공간에 퍼져간다면 어떤가? 간에서 멜랑콜리아가 생겨난다면? 천식이 있을 수도 있고 간염을 앓고 있을 수도 있다. 그렇지만 음악작업은 할 수 있다. 그 음악은 천상에서 온 영감의 산물일 수도 있고 숨이 멎을 만한 시일 수도 있으며, 섬세한 수채화, 혹은 인종혐오나 평화신학일 수도 있다. 충동은 외부에서 기원한 자극으로 제거될 수 없다. 거기엔 쉽게 사용할 수 있는 자체적 원심성 경로가 없다. 유기적 신체의 생리학은 충동의 방출을 규제할 만큼 충분하지 않다.

프로이트에 의하면 충동이 놓인 차원은 '하구'를 찾아가는 '강'이다. 적어도 일정한 시간동안 거기엔 어떤 '자연적 경로'가 없다. 오직 육체의 지도 위에서만 강어귀를 찾을 수 있다. 이것은 재현의 작업이다. 이런 시각으로 보면 심리적 차원이란 범람을 두려워해서 압박을 받아온 정상적이지 않은 흐름에 경로를 내주려는 충동이다.

이렇게 우리 자신에겐 알려져 있지 않은 어린 시절의 이상한 시련이 우리 몸 안에 있다. 불어난 물이 어디로 향해야할지 불확실한 경우 종잡을 수 없다. 유아의 몸에 영향을 주는 외적인 흥분들은 오직 충동을 무작위로 발산할 통로를 표시하는데 도움을 줄 뿐이다. 성인이 된다는 것은 이 충동의 흐름을 일정한 성과의 경로를 따르도록 방향을 잡아주고 다른 곳으로 향하는 통로를 막는 법을 배우는 과정이다. 성향은 사회적 법에 순응해가고 이 '엔지니어 부대' 같은 것으로부터 지배당한다. 파라오의 영광이나 고대 이집트의 권력이 홍수를 막기 위해 했던 대사업도 마찬가지다. 심리적 장치는 범람의 위험을 통제해서 재강화된다.

프로이트는 이 물결을 '성적', '유아적' 또는 리비도라고 불렀다. 이 강물은 생리학적, 사회적 의미에서 그 정상적 '강 하구'를 비교적 늦게 사춘기가 지나서, 생식기 단계에서 발견한다. 물의 수위가 올라가고 댐의 문이 열리는 것과 유사하게, 혹은 긴장과 이완의 교대처럼 충동적 쾌락의 두근대는 맥박이 존재한다. 독일인들은 이를 욕정이라 부르고 섹스를 통해서 실현한다. 이것은 즉시 계통 발생적 운명(종의 영속화)과 개인의 생리학적 조직화(사춘기에서 시작되는 성적 기능)에 조응하며, '적절한 대상선택'의 조건 하에서는 부모의 구조가 결정해놓은 양성 간의 역할 분담을 맡는다.

그러나 이 악명 높은 액체는 생식기적 강어귀로 향해서 싫든 좋든 정해진 경로를 따라가기 전에 몸의 각 부위들과 재현표상으로 다양한 분기점들을 찾게 된다. 소위 정상적인 종착지라는 관점에서 보면 이 종작없고 에로틱한 충동은 도착이라 불린다. 유아적 차원에서는 욕정의 모든 가능한 굴절이 전부 드러난다.

프로이트의 '성적'이란 말은 모든 것을 즐기려는 전부all의 힘이다. 신성한 열매를 따먹은 원죄이며 전능한 신에 대한 순수한 저항이다. 과잉흐름에 대한 공포가 곧 처벌과 정숙, 거세를 불러온다. 그것은 낙원상실(순수한 사랑의 상실)이다. 유체역학의 차원에서 도착적인 강은 댐, 수문과 제방으로 통제를 한다. 이 에너지의 질 나쁜 일부는 안전통제체계를 세우는데 복속된다. 체계에 내재적인 전반적인 힘의 일부가 그것을 구성하는 내적인 차이들을 유지하기 위해서 사용되며, 가능하면 차별화를 증대시키고 외부세계로 향해가는 수행성을 최적화시키려는 것은 모든 체계에 공통된 원칙이다. 심리, 육체, 사유가 내적으로 영원히 주의를 기울이고 가끔은 외적으로도 주의해야하는 취약한 체계도 마찬가지이다.

'심리적 장치'의 재현을 에너지체계의 모델에 따라 만들면서 프로이트는 여기서 단순한 유추 이상의 것을 구축한다. 그는 직접적으로 영혼에 영향을 주어 '무기력한' 몸으로 바꾸는 역학을 빚어낸다. 이 역학은 개인적이거나 사회적이다. 모든 물질은 체계로 구체화된 에너지이다. 특정한 체계들은 은하계처럼 막대하다. 다른 체계들은 지구상의 단세포생명체처럼 매우 작다. 그 체계들의 복잡성은 '충분히 그럴법한'에서부터 '매우 그럴법한'(지구상의 두발달린 동물의 뇌는 언제나 미성숙한 상태로 태어난다)에 이르기까지 다양하다. 하지만 모두가 엔트로피법칙을 따르게 된다. 원심성 에너지가 부족해지면 내재적 차별화가 유지되지 못하고 체계는 '매우 그럴법한' '죽 쑨' 상태로 사라진다. 바로 혼돈인 것이다. 1920년 프로이트는 열역학원칙을 참고한다. 맥동의 범람은 결국 댐 쌓기 작업의 긴장체계와 불안을 완벽하게 가라앉힌다. 다시 말해서, 파멸시켜버린다. 에로스는 복합적이므로 가라앉는 순간을 지연시킬 뿐이다. 강은 장치에 생명을 가져오고 그렇게 죽음으로 이끈다.

생명에 적용된 체계의 가설은 다윈과 스펜서[6]로부터 프로이트에게 이른다. 이들은 맬서스, 스미스, 리카르도 등의 사회학자와 자유주의 경제학자들[7]로부터 이 가설을 빌어 왔다. 인간의 공동체는 여타 체계와 마찬가지로 사용가능한 에너지가 결여되면 그 동기가 무엇이든간에 소멸할 위험에 처한다. 자유주의적 자본주의가 여타 집합적 조직체들보다 우월한 것은 수행적 차원을 아무런 제약 없이 상승시켜서 경쟁력을 높일 수 있는 불가역적 이로움이 있기 때문이다. 자본주의는 새로운 자연에너지를 취하도록 프로그램되어 있으며 인간의 생산력을 잠재적 최대치로 동원할 수 있다.

그러나 체계는 반드시 에너지 배분을 위해 작동체들을 운영해서 적자와 이윤을 규정하는데 동의해야 한다. 시장의 법칙이 반드시 중심 통제장치로 남아 있어야 한다. 경쟁이 전 체계를 수행적 차원을 증대시키도록 몰아세울 것이기 때문이다. 체계를 참고 견딜만하게 유지하기 위해서는 절제를 통해서 격한 경쟁을 통제해야 한다. 1929년의 대공황은 10년 이상 서서히 끓어올랐다. 대공황은 확실히 무질서를 미리 방지하기 위한 경영(계획된 경제)이 전 지구적 차원에서 필요하다는 것을 보여주었다.

그렇다면 세계 자본주의는 소위 과잉생산을 해결하기 위해 투자, 실업, 전체주의와 6천만 명 이상의 학살[8]이외에 다른 방법을 강구해야 한다는 점은 분명해진 듯하다. 재건 뒤 체계는 성장의 들뜬 분위기에 휩싸여 과거의 악행을 망각하면서 굴러갔다. 하지만 우리 체계는 두 번째 천년[9]으로 향해가는 와중에 오랜 시간 지속될 이중적으로 치명적인 위협과 마주친다. 한편으로는 제3세계와 소비에트제국이 내파된 이후 2세계의 남은 지역들에 국지화된 잠재적 에너지를 통합시켜 사용해야할 필요가 있고, 다른 한편으로는 기술과학적 진보가 전통적인 인간의 노동력을 대부분 쓸모없이 만들고 있는 소위 선진국의 고용문제(이 문제는 외부적이다)를 시급히 해결해야 한다. 진보는 오직 두뇌와 키보드를 칠 손가락만 요구하고 있다.

우리는 여기서 다시 한 번 무차별적인 에너지 확산이 초래할 불안을 만나게 된다. 국제적 규모로 섹스의 족쇄가 풀렸다. 출구 없는 충동의 범람이며 체계의 함몰이다. 상승하는 수위를 제어하기 위해 세운 모든 댐들이 불안의 표지를 담고 있다. 외국인, 이방인, 추방된 자들, 집도 안정된 직장도 없는 이들이 증식하면서 갈라진 틈에 기어들어가 시스템의 속도에 적응하면서 평화와 미래를 찾을 방법을 모색한다. 체계의 측면에 몰려들어 맥박치던 모든 것들이 색출되고 방출되거나 때로는 봉쇄되기도 하고 오류가 생긴 추진의 불경함으로 쫓겨나게 된다.

21세기, 그리고 그 이후에 올 시대를 맞이하기 위해 시급한 문제들은 이미 결정된 듯 보인다. 힘의 경로장치를 재조직하고 금지를 풀고 현재 사용하고 있는 것들보다 더 새로운 형태의 에너지를 받아들이도록 시스템을 준비시키는 것이다. 이 목표에 도달하려면 체계는 반드시 다른 것들을 추가하기 위해서 현재 사용하고 있는 에너지 일부를 기꺼이 소비해야 한다. 다시 한 번 이것은 교육의 문제이지만, 이번에는 좀 더 큰 규모가 될 것이다. 왜냐하면 전체 인류의 사활이 걸려 있기 때문이다. 또한 정치적, 문화적 경제의 문제이다. 체계는 비자본주의적 문화가 남긴 것들을 파괴해야할 것이다. 이런 문화들은 '유아적 이론'이거나 야만적이고 짐승 같은 실천행위들로 간주된다. 일반화된 대중시장으로 전통에서 박탈된 사람들을 결합시킴으로써 이 파괴가 진행된다. 체계 내적으로는 노동주간을 축소하고 도처에서 인구증가의 압박을 속도조절해서 고용을 재분배해야할 것이다. 이와 같은 도전에 어떻게 맞설지 누가 예견할 수 있을까. 또 다른 학살과 인종 학살을 피할 수는 있을까? 반드시 필요한 '좋은' 흐름의 유입에 관해서 국제적 권리라는 개념은 너무 낡은 것으로 보이진 않을까?

힘의 정치경제적 문제들이 전 지구적 차원에서 해결되었다고 가정해보자. 그 결과 모든 성공한 체계들의 리비도경제에서 야기된 문제들은 매우 명확하게 나타날 것이다. 3세계와 2세계가 존재한다는 의미는 1세계가 구성되었음을 함축한다. 지구의 서반구(일본을 포함해서)[10]는 모든 것을 알고, 시도하며 소유한다. 그들은 모든 것, 즉 전부가 되려고 한다. 서반구는 서서히 모든 터부와 제한을 철폐하고 충동의 강물을 모든 가능한 경로로 흘려보냄으로써 물이 흐르는 대로 내버려둘 것이다. 이 복합적인 수역학이 알고 있는 유일한 '법칙'은 간단하다. 그런데 이 법칙은 쌍방 합의된 것이고 '민주적'이며, 흐름의 자유로운 순환을 위한 필수조건이다. 그 법이란 바로 흐름이 체계를 작동시켜야 한다는 것이다. 체계의 작동은 수행성을 높이는 것이다. 충동의 소비는 교환될 수 있을 때 '생산주의적'이고, 그 주이상스가 재투자될 때에만 좋은 것이다. 보들레르와 마르크스는 매춘이야말로 이런 자본주의적 조건이라고 불렀다. 일 세기 후에 우리, 가진 자들은 공급 쪽의 경제학 법칙이 갖는 도착적 충동에 적응해왔다. 우리는 요구에 즉각적으로(비릴리오[11]가 "실재 시간에"라고 부른 것) 반응하고 행동하라는 쉼 없는 명령의 부름을 받아들인다. 대중매체의 문자와 오디오, 시각적인 통신 스크린에 암시적이거나 명시적으로 찍혀있는 "바로 전화하세요(*Call Now!*)"[12]라는 말이 단적인 예이다.

우리는 타협해왔다. 그렇지만 우리는 걱정한다. 시스템의 광기는 편집증인가 도착인가? 이 시스템은 모든 것을 갖고 모든 것이 되라고 요구한다. 자연은 자연이 할 일을 한다*Natura Naturans*.[13] 하지만 그것은 신이다. 자유주의적 자본주의는 모든 성감대를 터부로부터 '해방'시켰고 수

문을 활짝 열어두었다. 모든 것이 말해진다. 선악과가 우리에게 말해준 모든 것이 존재한다. 모든 것이 주이상스로 주어지고 효과적으로 이루어질 것이다. 하지만 오직 교환 가능해야 한다는 절대적 조건하에서만 그렇다. 동시에 체계는 '성적인 것'에 자유통치를 주어 실제화하고 심지어 그것을 실현한 듯이 굴 것이다. 물론 이 체계는 성에 대해서는 아무것도 모르는 척 하지만 말이다. 소비의 재투자를 강요하는 교환가치의 법칙은 생산을 추동시키는 소비로서만 주이상스를 허용한다.

논의를 바꾸어서 이렇게 말할 수도 있다. 이 체계는 거세를 인정하려고 하지 않는다. 과거 200년간 신의 죽음에 대해 발언되고 글로 써진 것들은 이 부인 외에 아무것도 아니다. 상징의 파괴, 가치의 위기, 허무주의 등이 전체주의에 내재되어있다. 전체주의는 전혀 정치적이지 않다. 이와 달리 자본주의적 기계의 생산증대에 대한 통제에 함축된 '전부 원하기'에는 거세에 대한 부정이 내재되어있다. 가령 어떤 '사건'을(미디어에서 사용할 때) 실제 시간으로 복구하려는 강박은 동일한 '전부 원하기' 징후에 의존한다. 이는 지연을 가리려는 강박이며 희미하게 사라지기 전에 현재를 소유하고 시간을 정복하려는 것이다. 유사하게 미래도 마찬가지다. 미래는 예측되어야 한다. 물론 이것은 거세 그 자체의 형상, 전부가 아닌, 죽음의 형상 너머로 향해가는 문제이다. 모든 것을 원함으로써 체계는 죽음 자체의 죽음을 원한다고 아도르노는 최종적 해결책[14]에 관해 말했다. 하지만 끝이 없음은 또한 끝의 해소이기도 하다. 우리는 우리 자신의 죽음에 어떤 권리도 갖지 못한다. 가령 심각하게 병에 걸린 사람을 무조건 살려놓으려는 의학적 광증을 떠올려 보라. 같은 기준에서 이는 또한 '유아적인 것'의 해소이다. 즉 '최초'initium를 최종적으로 해결하는 것이다. 빅브라더[15]로서의 체계는 유아적 단계가 없는 인간을 몽상적으로 생산한다. 알려진 바에 따르면 그들은 '생산'의 최대 혜택을 얻을 능력을 극대화할 목적을 갖는다. 그리고 거기서 멈추진 않는다. 체계는 유아기를 갖고 싶고 그렇게 되기를 원한다. 체계는 유아기가 말하기를 원한다. 체계는 침묵하고 도착적이며 공포에 떠는 태도를 문제시하려고 한다. '유아적'이란 우리가 '인간'으로 태어나지 않았다는 것, 즉 사용되고 부당한 대우를 받으며 변해가고 교환되도록 만들어져있다는 것을 궁극적으로 증명한다. 우리는 유동적이고 고통스러운 최초의 방랑을 통제할 수 없다. 전치와 억압, 압축과 승화를 통해 '작은 괴물'을 위해 필요한 규정적 속도를 적정하게 맞추기 위해 충동의 흐름을 조절할 수 없다는 것을 의미한다. 자유주의적 자본주의는 가족, 교회, 학교로부터 훈육과 길들이기를 행사하는 엄격한 기능을 건네받게 되었고 그 결과 아이는 주인 없이 자라게 될 것이다. 여기서 아이러니는 아이가 그럼에도 언젠가는 어떤 종류의 주인을 만나게 되리라는 것이다. 그러나 이 아이가 진정 그 주인을 믿기에는 이미 너무 늦을 것이다. 주인은 완전하고 무례하게 작용하는 체계를 경험적으로 체화한 보스의 형상을 취할 것이다. 보스의 법은 우리, 한때 어린아이였던 우리에게 전혀 존경할 가치가 없는 공인되지 않은 법으로 등장한다. 1968년 문화혁명기에 우리는 고용가능하고 착취당할 가능성에 저항해서 데모를 하곤 했다. 오늘날, 그들, 어린아이들은 실직을 당한 뒤 이제 더 이상 착취당할 수 없다는 사실에 항의하러 시위에 나선다. 이 두 경우 모두 '가치, 즉 교환가치의 법'에 대항해서 시위를 한다. 이 법의 아름다운 꽃이 만발하는 최상급은 더 진정한 법을 침묵시키는데 간신히 성공한다. 양자의 경우 그들의 시위는 다음과 같은 질문이 요약하고 있는 분노를 표현하고 있다. "그게 정말 당신이 우리에게 원하는 것 전부인가?" 그들은 법을 향해 소리친다. "왜 당신은 우리를 버렸나?"

우리는 전부 원한다. 전부를 '자유롭게 한다.' 상징은 시들어간다. 불안은 고통에 이른다. 체계가 위에서 언급한 이중적 도전을 감당하게 될 것이라는 사실로도 불안은 희석되지 않는다.

주인도 신도 갖지 않는 존재가 [대문자]신 외에 누가 있는가? 이 신은 바로 '유아적'이며 '성적'이다. 이 신은 충동의 힘, 그것의 과잉이다. [대문자]신은 그 자신의 무한한 고독 속에서 과연 어떤 대타자로부터 법을 받을 수 있을까? 신의 주이상스가 무작위적으로 폭발함으로써 고통의 압박이 야기된다. '도착적' 혼란은 이 거대한 화재로부터 생겨나고 곧 세상이라는 이름을 얻는다. 에너지의 유아적 소비는 선물이라며 역사적으로 숭배되어왔고, 질서의 모델을 통해 인간조건으로 만들어졌다. 빅뱅 이야기를 전하면서 저 거대한 지구상의 모나드[단일체][16]가 어디서 어떻게 자신이 기원했는지를 합리적이고 세속적으로 설명하려고 시도한다. 이 모나드는 스스로 신성한 부적합성과 허영의 징후가 되었다. 그리고 자신의 총체적이고 절대적이며 불확실한 고독 속에서 어떤 대타자도 없이 전능한 자의 두려움을 불러내고 있다.

(영역: 미셸 발렌틴/ 편집: 패트리샤 블렌포드)

주

1 정신분석적 개념인 충동을 의미하는 프랑스어 pulsion이 영역본에 그대로 사용되었다.

2 Sigmund Freud, *Three Essays on the Theory of Sexuality* (New York: Basic Books, 1962), 34쪽.

3 힘, 질량, 운동량, 에너지 등 운동의 물리적 요인을 통해 물체의 운동을 기술하는 물리학의 분야(역주).

4 심리적 사례[감각]와 물리적 사건[자극] 사이의 정량적 관계를 연구하는 학문. 베버페이너의 법칙은 자극의 변화에 대한 지각을 정량화하는 심리학적 법칙이다(역주).

5 Norbert Wiener: 동물이나 인간의 감각기능·신경계통의 구조와 기계장치 특히 자동제어장치의 구성과 인간과 기계와의 관계를 다루는 학문으로 사이버네틱스를 주창했다(역주).

6 Herbert Spencer: 영국의 철학자이며 생물학자, 인류학자, 사회학자이자 저명한 고전적 자유주의 정치이론가로 다윈과 함께 진화론을 발전시킨 대표적 이론가. 특히 '적자생존' 개념으로 유명하다(역주).

7 사회계약론에 기반한 자유주의를 지향하는 경제활동이며 애덤 스미스와 데이비드 리카르도, 토마스 맬서스 등이 대표적 이론가이다(역주).

8 나치의 유대인학살을 의미(역주).

9 2000년대를 의미. 이 글을 쓰던 당시는 아직 21세기가 오지 않았던 때로 '새천년'에 대한 기대 및 불안이 가득했다(역주).

10 보통 서반구, 즉 원문에서 사용된 '옥시텐트'는 '오리엔탈'과 반대인 서구를 의미하므로 일본은 지형 상 포함되지 않으나, 서구지역이 대체로 자본주의경제의 발전된 선진국을 함축하고 있어 선진국에 꼽히는 일본을 포함시킨 것이다(역주).

11 Paul Virilio: 프랑스의 문화이론가로 도시연구와 기술문명연구로 잘 알려졌다. 특히 속도와 권력이 기술과 맺는 관련성을 고찰했으며, 건축, 군사와 전쟁무기 등 도시를 중심으로 한 기술, 권력, 전쟁 등을 비판, 분석한다(역주).

12 [프랑스어] 원문에 영어로 표기되어있음.

13 라틴어 표현으로 자연은 자연의 일을 한다, 자연의 자연화 등을 의미하는 것으로 스피노자의 철학과 연관된다. 자연의 자발적 원인, 자체 원인적 행동을 의미하며, 자연 자체가 물리적 자연의 인과관계에 수동적으로 따르는 형태를 가리킨다(역주).

14 나치의 유대인학살(역주).

15 영국소설가 조지 오웰의 소설『1984』에서 처음 사용된 표현으로 전체주의 사회의 정보와 통신 그 외 개인적 자유를 통제하고 독점하는 막강한 독재권력을 가리킨다(역주).

16 독일 철학자 라이프니츠의 개념으로 궁극적 실재를 구성하는 극소한 정신물리적 실체를 의미한다(역주).

충동은 발화다[1]

자크 알랭 밀러

주체는 대타자의 성sex으로부터 추방당했다.

성은 팰러스와 관계있다.

주이상스는 외톨이 먹잇감이다.

리비도의 두 형식은 순환과 정지다.

언어는 습관적으로 의미를 만든다.

지난 시간에는 실패와의 관계에 관해서 내가 강의를 해왔던 내용과 여러분들이 생각하는 여정을 요약했다.

이 실패와의 관계라는 공식이 의미를 가지려면 라깡의 강의에서 일[평생의 역작][2]과 관련된 실패의 개념을 따로 분리할 필요가 있었다. 이 개념은 다양한 형식으로 지속해서, 전방위적으로 등장하지만 설명이 제공되거나 주제로 다루어지지 않아서 결국 구체적으로 성적인 차원에서 일어나는 일종의 브레이크다운[3]으로 이해된다. 나아가 라깡이 이 점을 인식하고 이 작동 불가능의 상태를 자신이 진행해온 추론을 중단하고 새롭게 출발하기 위한 기점으로 삼기 전까지 어느 정도 그것을 이해하기 위해 일정한 시간이 필요했다. 내가 오늘 제시할 내용 중 하나가 바로 이것이다.

앞서 나는 "구체적으로 성적인 차원"이라고 말했다. 지난 시간에 프로이트가 "섹슈얼리티"라고 이해했던 것과는 구별해서 "구체적으로 성적"이라는 표현을 이해할 필요가 있다고 설명했다. 프로이트는 섹슈얼리티라는 표현에 일반화된 개념을 부여했었다. 그 때문에 프로이트의 이론이 전개되는 과정에서 특히 섹슈얼리티가 프로이트 시대 이전까지 제한적으로 적용되었던 영역을 훨씬 더 벗어나게 되어버리자 아주 공공연한 스캔들이 되어 버렸다.

「섹슈얼리티에 관한 세 가지 에세이」에서 프로이트는 이미 현존하고 — 가령 어린아이의 행동에서 — 쉽게 발견되는 섹슈얼리티를 제시했다. 이 섹슈얼리티는 담론과 일, 예술, 문화 등에 침투해 있다. 섹슈얼리티는 멀리까지 확장되어간다.

섹슈얼리티를 재구성해서 새롭게 구조화하면서 라깡은 구체적으로 성적인 것에 관한 제한적인 개념을 제공한다. 정확히 말해서 지난 시간에 나는 성 구성sexuated되어있고, 특히 성차로 구성되어있다는 조건하에서 대타자의 성, 대타자의 몸에 관련된 것에 라깡이 관심을 가졌음을 강조했다. 이렇게 섹슈얼리티의 범위를 제한하고 성적인 것을 몸과 몸 사이, 성적으로 구성된 몸과 또 다른 성적으로 구성된 몸 사이의 관계에 집중함으로써 라깡은—물론 이런 각도에서 프로이트의 이론을 취해서—다른 곳, 즉 발화와 언어, 의사소통과 절합에서의 지배적인 관계가 이 구체적인 성의 차원에서는 무력해지거나 스스로 구성할 수 없다는 사실을 제시해주었다. 성적 주이상스의 차원에서 지연된 관계, 다시 말해서 바로 그 자리에서 취했어야 했던 관계는 실패로 대치되거나 실패의 형태를 취한다.

이것은 '성관계란 없다'는 명제의 번역이자 접근법으로, '성의 실패가 존재한다'라고 말하는 것이다. 번역이라는 표현은 내겐 적절해 보인다. 성의 실패란 [성적] 대상이 결코 [우리가 얻고자 하는] 선이 아니며, 더 정확히 말해서 육화된 주체가 결코 대타자의 성이 놓인 차원에 이를 수 없다는 의미이다. 주체는 추방되었고, 그곳에 장애물이 되어 놓여 있다.

예비적인 유사품이자 일종의 출발점이기도 한 주이상스의 차원에서 대타자는 존재하지 않는다.

1.

라깡은 이미 프로이트의 언어로 충동을 인식했고 구성했으며, 적어도 이론화했다. 여기 있는 몇 사람들도 알고 있는 라깡의 텍스트인 세미나 11『정신분석의 네 가지 기본개념』에 그의 이론이 설명되어있다. 이 책은 프로이트의 충동개념을 다루면서 충동이 근본적으로는 오직 부분충동이라는 점을 강조한다.

충동에 관한 이 공식[충동은 부분충동이다]은 '성관계란 없다'는 정리(定理)에서 다루어질 내용의 밑그림이었다. 만일 충동이 무의식에서 섹슈얼리티를 재현한다는 점에서 오직 부분충동이라면, 보편적이며 전반적인 통로를 통해서는 나와 다른 성[異性]의 대타자로 다가갈 수 없다는 뜻이다. 충동의 차원에서 보편적 통로는 존재하지 않는다. 오직 부분충동의 길을 통해서만 접근할 수 있다.

즉 프로이트의 용어를 그대로 이어받아서 라깡이 표현한 대로 말하면 충동은 대타자 자체에 접근하는 길을 허용하지 않는다. 대상을 부분충동으로 만들어야만 대타자로 접근 가능하다. 그러므로 대상은 조직샘플일 뿐이다.

자신이 소대상이라고 부르는 것을 설명하기 위해서 라깡은 어디선가 "살 조각"이라는 표현을 사용한다. 이런 표현은 대타자에 부여된 가치를 제거하고 대타자로서의 지위를 몰수하며 충동으로부터 소대상의 위치로 강등시키기 위한 것이다. 세미나『대타자로부터 소타자로』의 제목은 바로 이런 의도를 담고 있다. 이런 일련의 시도는 자신의 이론이 프로이트의 충동이론을 변형시킨 것으로서, 충동을 부분충동으로만 국한시킴으로써 성관계란 없다고 이미 말하고 있는 셈이다. 대타자와의 성관계란 없다. 오직 항상 대상과의 관계만 있다.

나아가—이 '나아가'란 표현은 절합 과정에서 또 다른 접근통로를 연결시켜준다—이것이 라깡이 거세라는 말로 의미하는 바이다. 라깡이 이 주제에 관련해서 제공한 많은 것들은 프로이트의 거세콤플렉스를 충동의 이론으로 교묘하게 결합시키게 해준다.

우리가 지금 그 주위를 돌면서 조심스럽게 건너가려고 하는 이 모호한 지역으로 나아가기 전에 라깡은 강의 중 한 부분 전체를 거세콤플렉스와 충동의 혼합에 할애한다.

예의 그 커다란 그래프[4]에서 라깡이 그려 넣은 상단 선이 가리키는 내용이 바로 이것이다. 라깡은 주이상스에서 거세로 움직이는 커다란 벡터를 그린다.

그러나 우리가 향해 가고 있는 이 어려운 지대는 개인이 스스로를 멀리 떼어내고 라깡이 제시한 이 개념적 전술, 즉 주이상스와 거세를 항상 결합시켜주는 이 팰러스 기능을 포기하고 매번 이 결합기능에 전혀 다른 가치를 부여한다고 가정한다.

관계맺음이 놓인 차원을 살펴보자.

라깡주의적 의미에서 우리가 통상 엄마와 아이의 관계라고 말하는 곳에는 관계가 있다. 라깡은 네 번째 세미나『대상과의 관계』에서 이 모자관계를 제시하면서 엄마와 아이의 관계가 발전해가는 여러 단계를 정립한다. 엄마가 여자라는 사실과 함께 그녀는 거세를 겪고 팰러스에 대한 상상계적 노스탤지어를 경험하며, 이 노스탤지어 속에서 아이를 임신하게 되어 — 프로이트의 이론에 충실하다면 — 아이를 팰러스의 대체물로 여기게 된다. 여기에서 엄마인 이 여성은 거세의 기호 아래에 놓인다.

라깡의 이론이 변할 때마다 거세의 기호 아래에 놓인 엄마는 만족을 취하도록 허용되기도 한다.

그의 유명한 글「팰러스의 의미화작용」에서 라깡은 엄마가 자신이 사랑하는 남성의 몸에서 욕망의 기표로서 팰러스를 찾으면서 만족한다고 했다.『세미나4』에서는 엄마인 여성은 의심할 것도 없이 아이의 몸을 통해서 자신의 결핍을 채운다고 했다. 세미나『다시 한 번』의 도입부에서 라깡은『세미나 4』에서 발전시킨 내용과 일치한 주장을 피력하면서 성관계에서 상대 여성은 엄마라고 발언하는 대목은 주목할 만하다. 물론『세미나 4』에서는 엄마가 여성이라는 사실을 강조하지만,『다시 한 번』에서 라깡은 여성은 언제나 엄마였고 본질적으로 어린아이라는 형태를 취하는 대상과 관계한다고 강조한다. 어린아이는 진정 거기에서 확실히 뭔가를 대체하는 용어로 이름 부칠 수 있는 것, 즉 여성의 전부 아닌(not all) 주이상스에 꼭 들어맞는 코르크마개이다.

라깡이론의 변화추이를 잠시 미뤄두고 여성이 팰러스와 관계를 갖는다는 점, 또 아이와 맺는 관계 등을 우리가 확인할 수 있다는 사실을 강조하고 싶다. 하지만 여성이 이와 같은 관계를 남성과 맺을 수 있는지는 알 수 없다. 남성을 제외한 모든 것이 가능하다. 잘 알려진 바대로 성관계에서 남성은 팰러스에 대해 특권적 관계를 갖는다. 나는 지난 시간에 이것을 남성의 근본적 어리석음이라고 불렀다. 이 점은『다시 한 번』에서 등장하는 수사를 상기시킨다. “성관계에서 남성은 팰러스와의 관계를 유지하는 동안 거세의 기호 아래로 들어오지 않는다.”

성관계 대신에 팰러스와의 관계가 있다. 이 관계의 존재를 라깡은 팰러스를 주체가 변수로 등록되는 함수로 만들어 놓으면서 이렇게 쓴다.

$$\Phi x$$

라깡은 함수와 변수의 형태를 띠는 이 표기를 관계라고 불렀다. 잘 알고 있듯이 그의 저서『얼빠짐』[5]에서 라깡은 양성이 각자의 위치에서 팰러스 기능과 관계를 갖고 있고 한쪽에서 다른 쪽으로 경도된 관계이며, 양쪽 모두 거세로 표지되어있다고 제시한다.

거세는 성적인 것이 항상 구조적 부정성으로 표지된다는 점을 보여준다. 이 구조적 부정성은 분리되어있으며, 양 성의 관계는 한 쪽이 팰러스에 따르는 주체 속에서 제시되고 설립되며 다른 방식의 성 구성을 따르는 파트너와의 관계에서는 자체 등록되지 않는다. 이런 성 구성 방식은 라깡이 거세콤플렉스에 부여한 보편적 가치이다. 성경에는 다음과 같은 구절이 나온다. "남자는 소돔을 가질 것이고 여자는 고모라를 가질 것이다." 라깡은 프로이트를 읽으면서 이렇게 말한다. "남자는 팰러스를 가지며 여자도 팰러스를 가질 것이다." 이 두 경우 각기 충만함과 상실로서의 팰러스를 의미한다. 양 성 각자의 섹슈얼리티는 이렇게 조건화되고 결정된다. 그것, 그 기관을 갖는다는 것은 그것을 잃을까봐 두려워하는 것이며, 그 기관을 갖지 않는다는 것은 그것을 얻으려고 노력한다는 것이다.[6] 기관을 가졌든 갖지 못했든 어떤 경우든 그것이

되지는 못한다. 따라서 양쪽 모두 구조적 부정성이 발견되다. 그것이 아니라는 것—즉 팰러스가 아니라는 것—은 욕망에 관심을 갖게 될 때마다 동일화를 만나게 된다는 의미이다. 욕망은 이로써 동일화로 가득해진다.

라깡은 상상계적 현상에서 상징계적 구조를 찾았다. 하지만 상징계적 구조는 언제나 욕망과 관련된다. 우리가 직접 주이상스에 도달하려고 노력한다면 완전히 다른 것을 발견하게 된다. 라깡은 세미나『다시 한 번』에서 찾으려고 시도한다. 그곳, 바로 그곳에는 오직 팰러스만 있다. 참조점은 없다. 그러나 잘 살펴보면 남근적 주이상스라는 관점이 들어온다. 팰러스를 무엇보다 남근적 주이상스로 정의하게 되면 많은 것들이 변한다.

참고자료로 내가 방금 인용한「팰러스의 의미」를 찾아보라. 이 글은 라깡의 강의를 읽는 일정한 방식을 제시한다. 여기서 라깡은 본질적으로 팰러스가 기표이며 동시에 동일화 기능이라는 사실을 발견해내고 가정했다. 의미화작용의 팰러스는 본질적으로 남근적 동일화이다.

이런 시각을 참조해서 라깡의 세미나『다시 한 번』이 제시한 내용을 읽게 되면 본질적 핵심은 팰러스가 기표가 아니라 주이상스이며, 나아가 주이상스의 모델이라는 점을 알게 된다. 팰러스와 관련되어있는 어리석은 실행과정에서 대타자와의 비관계를 구현한다는 점에서 팰러스는 주이상스의 모델이다. 나는 지난 시간에 반원을 그린 벡터를 따라가며 그곳에서 이 주이상스의 벡터가 더 이상 나아가지 않게 되고, 따라서 대타자와 관계를 이루지 못하는 것을 보여주었다.

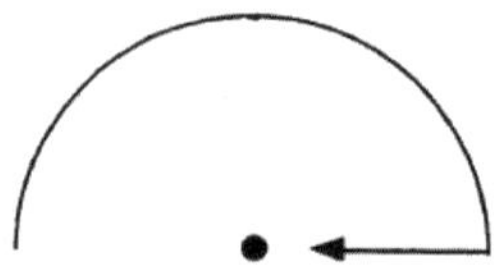

이런 의미에서 라깡은 성적인 것 뿐 아니라 주이상스도 남근적이라고 이 세미나에서 말할 수 있게 된다. 이 말은 주이상스가 갖는 우선적 지위는 성적이지 않다고 말하는 것이 된다. 주이상스의 지위는 남근적이다. 다시 말해 — 내가 인용한 대로 — "그것은 대타자 자체와는 관계하지 않는다."

바로 이런 이유 때문에 이 세미나에서 라깡은 주이상스 쪽에 그것의 대타자, 즉 사랑을 즉시 위치시킨다. 이것을 한 점에서 다른 점으로 향하는 벡터를 통해서 재현할 수 있다. 우리는 여기서 주저 없이 회귀의 벡터를 그린다. 이 벡터는 라깡 그래프의 토대부분에서 볼 수 있다.

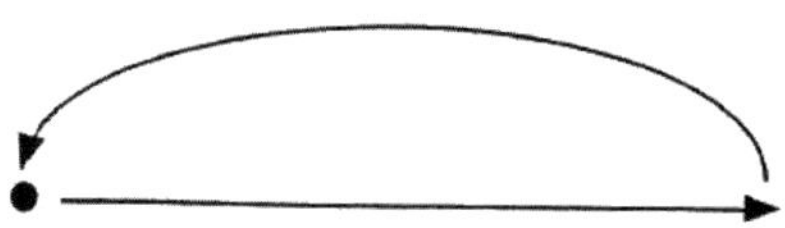

라깡의 그래프 전체는 이처럼 출발과 회귀로 구성되어 있으며, 사랑의 주제에 관련해서 이는 매우 적절하다. "사랑은 항상 쌍방향이다"라고 라깡이 말할 때 그는 위트를 의도했다. 따라서 이 진술은 액면 그대로 받아들이면 안 된다.

라깡은 이 역설을 내가 당신을 사랑하면 당신은 나를 사랑한다고 말하는 정도까지 몰고 가지는 않는다. 이 진술은 사실관계를 통해 부인할 수 있다[……][7] "사랑은 항상 쌍방향이다"를 아무 설명 없이 말하면 그렇게 하지 않을 수 없게 되고 그렇게 하려고 노력하는 모습을 상상하게 된다. 그보다는 **내가 당신을 사랑한다면 그건 당신이 사랑받을 만하기 때문**이라고 말하는 게 더 낫다–물론 그 사랑이 상호적이라는 조건이 있지만, 그렇다고 반드시 성공의 왕관을 쓰지는 못한다. 지금 우리가 논의하는 차원에서 이 점은 의문의 여지가 없다. 확실히 **만일 당신이 사랑할만하다면 당신은 내가 당신을 사랑한다는 사실에 책임을 져야 한다**. 이 진술은 상대에게 의무감을 부여하게 된다. 그렇다고 이 과정이 반드시 설득력 있진 않다.

우리가 세미나 『다시 한 번』의 도입부에서 아주 기묘하게 보이는 이 주이상스와 사랑의 한 쌍을 만나게 되는 이유는 바로 여기에 있다.

주이상스가 근본적으로 남근적이라고 말하는 것은 그것이 바보의 것이라는 말이다. 즉 우리가 항상 그렇게 불러왔듯이 바보의 주이상스이며, 그것은 고독하다. 이런 시각의 토대에 주이상스의 고독이 있다. 이 점은 '성관계란 없다'는 공리를 강조한다. 또 이 공식은 '성관계란 없다'는 공리를 함축하면서 동시에 그 공리에 의해 함축된다. 주이상스가 근본적으로 고독하다면, 우리는 어리석음의 남근적 주이상스 모델을 취하게 되고, 성관계란 없다. 이는 주이상스가 고독하다기보다는, 내 식대로 표현한다면 연대적[8]이라는 의미를 함축한다.

주이상스의 연대, 이건 아마 괜찮은 슬로건이 될 수도 있다.

어쨌든 우리는 이따금 이 연대를 찾는다. 주이상스의 연대를 열정적으로 구하는 주체들이 있다. 그들은 동시성이 연대성을 확보해준다고 믿는다. 한계상황까지 밀어붙이고 자신이 알고 있는 것을 급진화해서 주이상스의 요구를 통해 대타자와의 관계를 교착시킨다.

이렇게 되니 가령 대타자를 성적 대상으로 환원시키게 된다는 반론을 열어놓았다. 현대 페미니즘은 **여성들이 성적 대상으로 환원되지 않으려고 저항한다**는 사실을 공론화 시켰다. 이런 이상적 진술은 환상이 그것과 완전히 일치하지 않거나, 혹은 상호충돌하게 되면 훨씬 어려워진다.

이 수업을 듣지 않는 어떤 여성이 이번 주에 "내가 말하는 것과 즐기는 것은 서로 다르다"라고 말했었다. 이 여성은 내가 방금 언급했던 현대적 이상을 자신이 갖고 있다고 말한 셈이다. 하지만 복수심에 찬 그녀는 주이상스를 얻기 위해서는 환상 속에 자신을 대접받지 못한 사람으로 상상해야할 필요가 있다.

이 주이상스는 대타자와의 관계에서, 그리고 두 주체들 사이의 상호주관적 관계를 지배하게 될 거라고 우리가 상상하는 어떤 지위를 가정할 때 소소한 어려움을 빚어낸다.

주이상스가 대타자와의 관계에서 만들어내는 이와 같은 난관을 우리는 라깡 강의를 시작하면서 이미 지적했다.

내가 지난 강의에서 지적한대로 라깡이 리비도를 처음 개념화할 때 '거울단계'의 구성을 도와주는 것은 관계이다. 우리는 리비도가 순환하는 상상계적 관계 a−a′를 프로이트의 「나르시시즘 입문」에 기대어 완벽하게 구성된 관계로 제시한다[……][9] 해로운 방식으로 진정한 상호주관적 관계를 손상시킨다. 여기서 구성요소들, 전체가 아닌 것들을 보게 되는데, 다시 라깡의 네 코너 공식을 사용해보자.

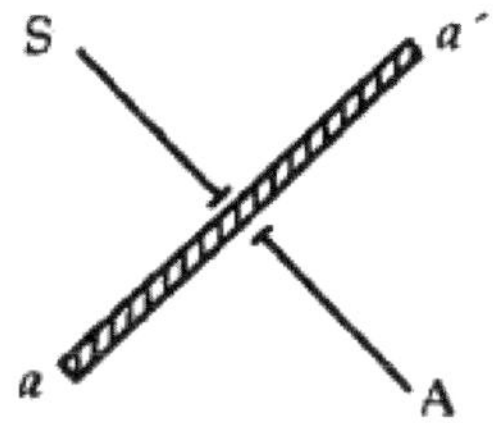

만일 이런 관점에서 본다면 리비도가 기입된 축이 주체와 대타자의 현실적인 상징계적 관계와 간섭하기 시작하고 방해하기 시작한다는 것을 알 수 있다. 이미 거기에 존재하는 리비도는 대타자와 맺는 진정한 의미의 고유한 관계에서 주이상스가 만들어낼 장애물의 밑그림을 그려놓는다. 이미 리비도는 시작부터 장애물이다. 따라서 분석적 경험에서는 주이상스의 관계, 리비도적 관계를 넘어서기 위해 대타자와의 진정한 관계를 위한 공간을 반드시 마련해야 한다.

유례없는 낙관주의와는 별개로 라깡은 치료의 방향이 잘 설정된다면 최종적으로 주이상스는 문제될 것이 없고 주체의 실존에 따른다고 생각한다. 확실히 이 상상계적 주이상스는 언제나 천천히 어슬렁거리며 무게감도 있고 비교적 움직임이 없다. 하지만 종국에는 공급부대가 뒤따를 것이다.

『에크리』는 「도둑맞은 편지」를 다룬 탁월한 첫 페이지로 시작한다. 이 부분은 라깡을 어떻게 읽어야 할 지 그 방향을 정해준다. 나는 가끔

이 페이지를 다시 읽는다. "우리는 물론 의미화연쇄를 매혹적으로 만드는 상징계적 대안의 부분화과정에서 상상계적 함의가 갖는 중요성을 깨닫는다." 따라서 상상계적 리비도가 갖는 함의는 중요하다. 하지만 의미화연쇄에는 상징적 관계인 S—A가 적합하다. 이 상징적 관계는 결정적인 정신분석적 효과들, 가령 부인, 억압, 봉쇄 등을 지배하고 매우 성실하게 기표의 움직임을 따르며, 대타자에 대한 상징계적 관계의 논리에 복종한다. 상상계적 요소들 중 첫 번째 항렬은 지금까지도 라깡에게는 상상계적 리비도이다. "그 무기력함에도 불구하고 그곳에서 그림자이며 반영의 형상으로 존재한다."

나는 앞서 주이상스는 최종적 분석에서 문제되지 않고 복종한다고 말함으로써 이 진술을 설명했다. 비록 주이상스가 시간을 질질 끌고 어슬렁대긴 해도 최종적으로는 대타자와의 고유한 관계에 끼어드는 상징계적 움직임을 따른다. 하지만 여기서 내가 강조하는 이 도식은 『다시 한 번』에 제시된 이론적 발전의 밑그림이 되는 것으로서 남성과 여성 간에 남근적 주이상스라는 벽이 있다는 것을 의미한다.

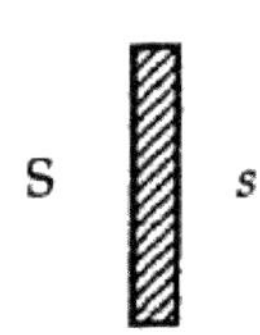

거기서 주이상스는 어슬렁대지 않고 복종하지 않는다. 간혹 끼어드는 주절거림은 고작 그림자이며 반영일 뿐이다. 『에크리』의 첫 페이지와 세미나 20『다시 한 번』 사이에는 발화가 주절거림으로 환원되었음을 보여주는 놀라울 정도의 역전이 생긴다.

라깡이 도입부에서 그림자와 반영으로 제시한 것은 상상계적 리비도의 요소들로서 주이상스의 고정화이다. 확실히 이런 시각은 대타자와 맺은 상징계적 관계를 주절거림으로 모아갈 수 있다는 것을 고려할 때 절대적으로 모순된다. 주이상스의 곡선은 자체적으로 맞물려서 '자기성애'적이 된다.

『마음은 외로운 사냥꾼』[10]이라는 미국소설이 있다. 이 소설의 제목은 제법 그럴듯해서 다음과 같은 내용을 잘 담고 있다. **우리는 대타자를 찾아야 하며, 그 일은 각자 홀로 감당해야 한다.** 여기서 우리가 탐색을 하고 있는 이 지대에서 상반된 공식이 제공된다. **주이상스는 외톨이 먹잇감이다.** 우리는 사냥하지 않는다. 그것은 그저 거기 있다. 동시에 사냥을 한다 해도 이 고독감은 해결되지 않는다.

2.

놀라운 것은—나는 이미 충분히 놀란 뒤에 이 주제에 관해 글을 쓴 적이 있다—라깡이 모호한 지점에서 진일보하면서도 충동을 다루는 프로이트의 언어를 여전히 사용하지 않는다는 점이다. 프로이트의 충동으로부터 라깡은 주이상스를 빼왔다.

왜 그는 충동에 관한 프로이트의 언어를 폐기했나? 내 생각에 라깡은 충동을 요구로 이론화했다. 라깡의 고전적 강의를 대표하는 텍스트에서 확인할 수 있다.「치료의 방향」이나「주체의 전복과 욕망의 변증법」등과 같은 텍스트가 우선 떠오른다. 이 중 두 번째 글에는 라깡의 큰 그래프[11]가 수록되어있다.

이 큰 그래프에서 우리가 참조점으로 사용할 만한 구성단계들은 무엇인가? 이 그래프는 연역추론인데, 라깡은 이 표현을 해당 텍스트 어디에선가 사용하고 있다. 연역추론은 의미화연쇄로 규정되는 무의식에서부터 시작한다. 의미화연쇄는 반복되며, 주체의 욕망—혹자는 탐내기[12]라고 부른다—에도 불구하고, 고집스럽게 주체에 작동한다. 이 연역추론의 프레임에서 라깡은 충동을 요구로 규정하는 지점에 이르기까지 강제한다. 이때 충동은 분명히 제한적 형태의 요구이다.

나는 라깡이 알고리즘으로 제시하는 충동의 수학기호, 기표의 주체와 요구 사이의 명확한 관계를 제시해주는 ($ ◇ D)를 주목했다.

그는 이렇게 분명히 밝힌다. "이것은 다른 요구들과 같은 종류의 요구가 아니다." 이 요구는 주체가 사라지고 요구 또한 사라지는 것으로서, 오직 기표의 단절만이 남게 된다. 이 단절은 프로이트의 성감대 개념에서 발견되며, 부분충동의 개념에서도 나타난다. 확실히 이 요구는 변형된 형태지만 적어도 나에게는 더 중요해 보인다. 요구로부터 시작했고 요구의 형태로서 여전히 사유되기 때문이다. 또 이 요구는 동일한 연역추론의 스타일에 따른다.

담론으로서의 무의식에 따른 결과로서 이 큰 그래프에 활기를 부여하고 그 절묘한 기계적 구조에 중요하게 작동하는 중심 질문은 '누가 말하는가?'이다. 무의식에 대해 말한다고 할 때 누가 말하는 것인가. 라깡이 제공한 대답은 프로이트의 개념틀을 통째로 내던져 버리게 된다.

바로 주체는 다양한 방식으로 말하며 전달메시지도 다양한 형태로 존재한다는 것이다.

본질적으로 대타자가 말한다. 주체는 단지 대타자의 발화가 되돌아오는 길이다. 우리는 파노라마적 시점에 서 있으므로 내가 세세한 사항을 전부 다룰 필요는 없다. 다만 여기서 우리가 충동이 발화라는 중요한 사실에 도달하게 된다는 점을 말하겠다. 라깡은 이 공식을 내버리지 않으면서 우리를 이끌어 간다. 이 공식, 즉 충동이 발화라는 공식은 내 발명품이다.

충동의 개념에 관한 연역추론이 어떻게 이런 공식으로 진화될 수 있는가? 내가 여기서 제시하는 추론은 '누가 말하는가?'라는 질문에서부터 생겨난다.

우리가 무의식에 대해 말할 때 '누가 말하는가?' 무의식의 주체가 말한다. 간단히 말하면 우리는 이 무의식의 주체를 발화의 차원에서는 지시할 수 없다. 그리고 발화하는 주체가 발화의 차원에 있다고 말할 수 없다. 라깡은 유기적 지점들, 구강과 항문 등을 지시하면서 발화지점을 지칭할 수 있다고 추론한다. 이미 인용했던 816쪽을 나는 다소 허세를 부리며 인용하려고 한다. 우리는 무의식의 주체를 유기적 항문과 구강 등의 지점들에서 지시한다. 라깡은 말한다. "그것이 충동이다." 이것은 무의식의 주체를 제시한다. 누가 말하는지 더 이상 밝혀낼 수 없을 때, 충동이 말하는 것에 의존하게 된다. 그것은 말하고, 계속 말한다.

다르게 표현하면, 의사소통의 공식에 특권을 부여하고 대타자와의 상징계적 관계에 자리를 내어줌으로써 충동은 무의식의 언술enunciation

로 규정된다. 나는 이 용어들을 거의 강조하지 않고 있다. 라깡이 설명하는 대로—그것이 충동의 지점인지 개념인지는 확실하지 않다—"그것이 말을 하면 할수록 발화로부터 더 멀어진다." 나는 이 구절에 다소 복잡하게 얽혀있는 공식을 단순화하기 위해서 이렇게 말한다. **마침내 우리가 얻을 교훈은 충동이 발화**라는 것이다.

라깡이 충동에 관한 프로이트의 언어와 이론을 가지고 어떤 일을 했는지를 봐라. 라깡은 충동을 발화, 즉 언어에 되돌려주었다. 그리고 나는 뒤이어 충동의 개념은 옆으로 밀어놓고 주이상스를 도출해냈다고 말하련다.

라깡이 여기까지 얼마나 몰아쳐 왔는지 보라. 이것은 단순한 밑그림이 아니다. 그는 엄격하게 충동을 의미화연쇄로 구성한다.

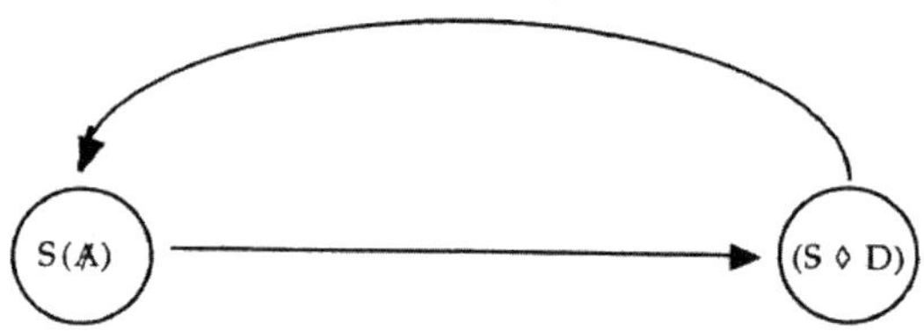

여기에 어휘와 단어의 장면이 있고 회귀의 도정을 갖춘 의미화 연쇄망이 있다. 게다가 그것의 기의로서 낮게 진행되는 욕망이라 불리는 것이 있다. 그 모든 것을 완성시키기 위해서 잘 구성된 의미화연쇄가 있어야하므로 라깡은 그 자리에 결절점을 덧붙인다.

다시 말해서 라깡은 충동을 의사소통의 도식에 완전히 통합시켰다. 이제 일종의 두 번째 대타자라고 할 수 있는 충동의 대타자를 갖기에 이른다. 이 대타자는 충동의 기표들을 넣어둔 금고를 갖고 있다. 라깡은 이 개념을 지나치게 발전시키진 않는다. 정확을 기하다보면 충동의 대상을 기표의 등가물로 만드는 것은 너무 극단적이기 때문이다. 라깡은 이를 그래프의 상단에 놓인 기표의 연쇄망이라고 불렀다. 이 연쇄망을 구성하는 기표들은 충동의 용어가 된다. 라깡은 말한다. "연쇄망은 충동의 차원에서 진화한다. 그리고 정확히 무의식적 욕망은 충동의 기표로 엮인 연쇄망의 기의가 된다."

나는 이 그래프를 이와는 다르게 읽는 방법을 알지 못한다. 라깡은 이렇게 체계를 구성했다. 사실들 속에 있는 어떤 것, 그 무엇인가가 이 근본성에 저항한다. 라깡은 이를 나중에 포착하게 된다.

충동의 차원에서 질문과 대답이 있다는 점을 라깡은 고려한다. 이 질문은 기표의 금고로서의 대타자와 관련된 것으로서 기표들의 가치를 묻는다. 대답은 충동의 대답이 될 것이다.

S(Ⱥ)에 대해 여기서 자세하게 검토하진 않겠지만, 충동이 총체적으로 기표의 망으로 동화되는 지점을 보여주려고 한다. 연쇄망이 있고 기표의 금고와 결절점 그리고 기의가 있다. 이들은 복합적으로 구성된다. 충동은 무의식적 메시지로 완전하게 구성되어있다.

라깡의 강의에서 배우게 되는 잘 정리된 교차점들 중 하나에서 우리는 이런 질문을 할 수 있다. 욕구, 요구, 욕망이 있다면 충동은 어디 있는가. 라깡의 구성에서 확실히 욕망은 기의의 벡터가 된다. 그리고 모든 기의는 요구이다.

라깡은 요구를 몇 가지 유형으로 구분했는데, 적어도 세 가지를 말할 수 있다.

욕구의 요구가 있다. 욕구의 대상을 찾을 때 반드시 언어의 장치를 통해야 한다. 이 점은『세미나4』에서 제시되었다. 여기서 도출된 결과는 욕망의 벡터이다.

두 번째로 사랑의 요구가 있다. 이미 그곳에 있는 사랑은 대타자를 도입하는 기능이다. 단순히 사랑이 줄 수 있는 대상이 아니라 사랑의 기표 이외에 아무것도 아닌 대타자이다.『에크리』에서 라깡은 욕망을 이 두 가지 형태의 요구 사이에 등재한다. 그는 말한다. "욕망은 이쪽에서 그리고 그 너머에서 과잉 확장된다." 우리는 욕구의 요구와 사랑의 요구 사이에서 욕망을 만난다.

그런데 세 번째 요구가 있다. 주이상스의 요구이다. 라깡은 멈추지 않고 요구의 형태로 충동을 동화시킨다.

나는「주체의 전복」이란 텍스트에서 제시된 그래프의 구성과 그 완결된 형태 사이의 비연속성에 관해 오랫동안 의문을 품고 있었다. 그곳의 작은 못들이 각각의 작은 구멍들에 맞지 않는다. 뒤에 이어지는 대여섯 페이지에는 다른 시각이 담겨있다. 이 시각은 감각적으로 모순적인 발전과정, 즉 있는 그대로의 주이상스로 구성된다.

구성된 충동, 즉 의사소통의 도식에 있는 충동은 주이상스 개념으로부터 도출된 이것이 이미 거기에서 필연적이라는 사실을 정당화시켜 줄 요구조건을 사실상 거의 만족시키지 않는다. 라깡은 주이상스에 관련되어 한 가지를 덧붙인다. 주이상스는 충동의 개념에 놓여있는 것과는 완전히 다르다는 조건에서만 주이상스이다. 그는 기표들의 금고와 결절점 등을 갖고 있는, 메시지로서의 주이상스에 대해서는 전혀 말하지 않는다. 우리는 순수한 주이상스 자체에 대해 이론을 발전시켰다. 분명 이 주체 S(Ⱥ)라는 결절점에 특수하게 연결해서 주이상스를 배치해야 한다.

3.

이제 새로운 질문이 생긴다. 전체 그래프는 욕망의 질문, '너는 무엇을 원하는가?'라는 질문 위에서 구성된다. 이 그래프는 다른 지면에선 욕망의 그래프라고 불린다. 라깡은 텍스트의 결미부분을 '나는 무엇인가?'라는 주이상스의 질문에 관한 내용으로 조직했다. 이것은 같은 질문이 아니다.

이 에크리,[13] 즉 「주체의 전복」에서 주이상스는 무엇인가?

810쪽에서 827쪽에 이르는 몇 페이지 정도의 텍스트는 의심의 여지없이 세미나 『다시 한 번』의 구성들을 잘 전달해준다. 어쨌든 그 부분은 반드시 이론화할 필요가 있다.

이미 그곳에서 팰러스에 중심을 둔 주이상스에 관한 사색이 등장한다. 팰러스의 주이상스라는 개념은 팰러스를 기표로 다루기 때문에 확실히 완전한 개념이다. 그러나 그 옆에서 둘 다 절합하려는 꽤 비상한 노력을 기울여서 순수하게 남근적 주이상스에 관한 사색도 발전시키리라 상상해 볼 수 있다. 그만큼 주이상스에 실체를 부여하도록 미리 정해져있다. 이 문장은 이미 주이상스의 모델이 팰러스적 주이상스라는 생각을 선언하고 있다. 이렇게 해서 라깡 세미나의 독창적 요소를 얻게 되었다.

라깡은 분리된 두 개의 리비도를 대립시킨다. 나로부터 나와서 외부세계로 순환하는, 나르시시즘의 원칙을 따르는 리비도는 소통가능하다. 또 하나의 리비도는 고정되고 정지된, 남근적 자기성애의 리비도이다. 인용을 하면 "프로이트는 상상계적 기능을 개념화했다. 바로 대상의 나르시시즘적 투자가 담당하는 기능이다." 라깡이 『나르시시즘 입문』에서 관해서 언급한 대표적 진술이다. 라깡은 이렇게 말한다. "리비도는 상상계적 차원, 거울상 차원의 모든 것들 앞에 있다. 그곳에서 우리는 거울상, 거울의 이미지가 몸의 리비도를 대상으로 향하게 해주는 경로라는 것을 보여줌으로써 우리 자신에게로 돌아간다." 그러나 곧 이렇게 덧붙인다. "한 부분이 흡수를 통해 남아있게 된다. 그 속에 아주 친밀한 자기성애를 집중시키는 부분이다." 이 순환에서 유지되는 한 부분은 특별히 남근적인 일부이다. 이 두 가지 형태의 리비도—전이의 리비도와 고정 리비도—를 대립시킴으로써 라깡은 이후 발전시킬 내용의 밑그림을 이미 제시했다. "주이상스라는 이름으로 적절히 불리는 이 모델은 리비도의 정지되고 남근적인 부분이다."

다소 수수께끼처럼 남아있을지 모를 어떤 것을 여기서 이해하게 되는데—앞으로 몇 년간 내가 제공하게 될, 이 몇 페이지의 글에 담긴 여러가지 고찰 속에서 정확히 어디에 위치시켜야 할지를 몰라서 이것을 회피했었다— 바로 이 대목에서 라깡은 주이상스의 금지를 발전시켰다.

그는 금지된 주이상스, 죄의식으로서의 주이상스라는 개념을 특별히 다루었다. 이 개념은 세미나 『다시 한 번』에서 주요하게 다루지는 않는다. 이 세미나에서 주이상스는 쓸데없는 것으로 소개되었다.

무엇에 대한 대응일까?

우리가 취하고 있는 이 파노라마적 시각을 견지하면 무엇에 대해 대응하는지를 이해할 수 있다. **너는 바보처럼 아무것도 향유하지 못할 것이다**는 대타자를 향해서 쾌락을 얻으러 갈 때 필요한 요건을 부과하는 공식으로서 정전의 반열에 오를 만하다. 이것은 남근적 주이상스의 차원에 남아있을 필요가 없게 하는 — 명령적이고 법령적인 분위기에서 취하는 — 역설적 접근이다. 따라서 금지와 죄의식을 다루면서 남근적 주이상스의 고독한 위치와 대타자와의 관계 사이의 대립에 관여한다. 나중에 세미나 『다시 한 번』에서는 죄의식과 금지의 싸구려 누더기를 벗겨버림으로써 이 대립을 다루게 된다. 하지만 현재 이 텍스트에서 남근적 주이상스를 다루기 시작할 때 라깡은 금지와 죄의식, 즉 주이상스의 자기성애적 지위와 대타자와의 관계 사이에 있는 대립을 통해서 이 문제에 접근한다. 라깡이 서 있는 곳이 어딘지를 파악하면서, 그 지점에서 남근적 주이상스의 필연적 거세로 이것을 번역할 수 있다. 이제 그는 주이상스와 거세를 잇는 상단 벡터를 그리게 된다.

이 주이상스로부터 거세로 이르는 벡터는 『다시 한 번』에서 남근적 주이상스로부터 나오는 길을 보여준다. 남근적 주이상스는 사랑, 즉 대타자와의 관계와 대립적이다. 그러나 오늘은 사랑의 유혹이라고 생각할 만한 각도에서는 거세라고 잘 이해되지는 않았을 것이다.

우리는 이 구절의 마지막 문장을 이해할 수 있다. 솔로몬 왕의 발언에 버금갈 만한 라깡의 발언이다. 『다시 한 번』에서 라깡은 솔로몬을 해당 장르의 원형으로 감정장인senti-master[14]이라고 할 만하다고 언급하기도 했다. 라깡의 문장은 진정 감정장인의 문장이다. 아마 여러분들도 암기하고 있을 그 문장을 나는 꽤 오랫동안 마음속에 품고 있었다. 나는 그 문장을 다른 식으로 표현했었다. 라깡은 말했다. "거세는 주이상스가 반드시 거부되어야 한다는 의미다. 그래야 욕망의 법 반대편 자리를 주이상스가 차지할 수 있기 때문이다."

이 문장을 어떻게 번역할 수 있을까? 더 나은 프랑스어로 번역하자는 게 아니다. 프랑스어 문장은 훌륭하다. 다만 어떻게 이 문장을 도식화해서 번역할 수 있을까? 이 문장은 거세가 남근적 주이상스의 거부라고 말하고 있다. 라깡이 그렇게 말했다면 도움이 되었을 지도 모른다. 남근적 주이상스는 반드시 거부되어야 하며, 이것이 거세이다. 그래야 대타자의 주이상스인 그녀를 얻을 수 있다.

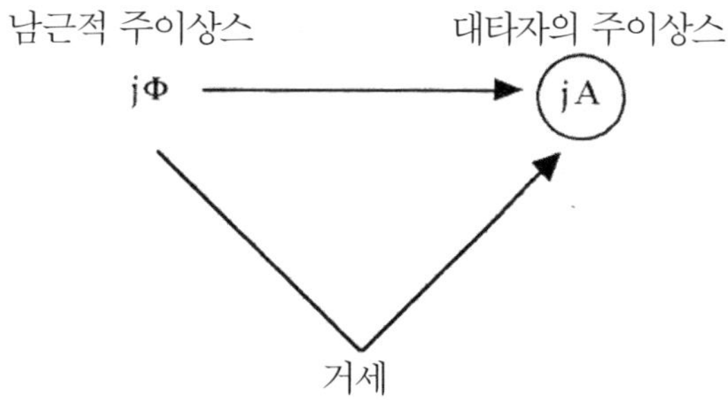

욕망의 법칙에 따르기 — 욕망의 법은 대타자의 욕망의 법이다 — 는 고독한 주이상스를 대타자와의 관계에서 포기하는 것이다. 다른 형태의 주이상스, 아마도 성적인 주이상스를 재전취하기 위해서 포기해야 한다. 이 주이상스는 남근적 주이상스, 혹은 성 구성된 대타자의 주이상스와 대립한다.

이제 전체적인 문제 지형이 도입된다. 이 문제지형의 중심에는 이쪽, 즉 벡터의 토대부분에서 일어나는 일이 놓여있다. 대타자의 주이상스를 강조하는지, 그 일이 일어나기 위해 필요한 것을 강조하는지의 여부, 말하자면 주체의 거세를 강조하는 것의 여부에 달려있다.

다시 말해서 이 도식에서 시작되는, 두 가지 임상적 형태를 본질적으로는 연역추론이 가능하다.

첫 번째 형태는 대타자의 쾌락에 강조를 둔다. 대타자가 쾌락을 원한다는 의미에서 그렇다. 라깡은 이것을 남근적 주이상스의 포기에 대한 도착적 형태로 발전시킨다. 대타자가 쾌락을 원하는 바로 그곳에서 내 주이상스를 대타자에게 준다는 의미에서 나는 나 자신을 대타자를 위해서 주이상스의 도구로 만든다.

두 번째 형태는 신경증적 형태이다. 동일한 주체의 거세에 강조점을 둔다. 이때 **대타자가 쾌락을 원한다**가 아니라 **대타자가 내 거세를 요구한다.** 이 말은 신경증환자에게 법은 결코 대타자로부터의 요구 이상은 아니라는 의미이다. 이 신경증적 위치에서 대타자의 구조는 의심받는다. 라깡의 말은 이렇게 번역될 수 있다. "신경증환자는 대타자가 자신의 거세를 요구한다고 상상한다." 승인받은 도착자가 대타자의 주이상스를 받아들이는데 비해 신경증환자는 대타자에게서 온 거세의 요구가 일체의 것보다 앞서게 되어 욕망의 법을 거세의 요구로 환원시킨다.

라깡이 분석 끝에 신경증적 주체가 대타자의 주이상스에 자신의 거세를 희생시키기를 거부하도록 만드는 이유가 바로 이것이다. 또 "대타자가 그를 위해 존재하지 않는다"라는 역설적 공식을 통해 설명할 수 있다. 이 이상 더 이해할 수는 없다. 대타자는 그를 위해 존재하지 않는다는 것을 의미한다. 오직 남근적 주이상스가 충분히 문제가 된다는 의미에서 그렇다. 이 순간 바로 그곳에서 그는 대타자가 존재하기 위해 필요한 희생을 거부한다. 라깡은 말한다. "그가 존재한다면 내 거세를 통해 쾌락을 얻을 것이다."

내가 여기에 정리한 정식은 이 텍스트의 문장들 때문에 머리가 쪼개질 정도로 아픈 사람들에게는 공식들의 많은 부분을 해명해 줄 것이다. 그 밖의 사람들은 만일 그들이 정말 원한다면 한 번 읽어보라. 그러면 그 의미가 명확해 지리라.

"대타자의 요구를 넘어서 대타자의 의지를 경험한다"고 라깡은 말한다. 나는 다른 사람들처럼 이미 이 진술에 대한 해설을 제시했다. 여기서 라깡은 거세에 굴복하는 다른 양식들, 남근적 주이상스를 거부하는 다양한 양식들을 다룬다. 그는 잘 정리된 두 가지 형태를 구별한다. 하나는 불교이고, 다른 하나는 상실된 원인의 나르시시즘을 향한 투쟁이다.

한편에서 라깡은 전능한 대타자의 의지에 저항한다. 이 의지는 남근적 주이상스의 억압을 요구하고 주체를 오로지 대타자를 즐겁게 하는 존재로 환원시킨다. 그 결과 주체는 피학증적 위치에 놓인다. 하지만 그저 가장무도회인 것만은 아니다. 주체는 대타자를 믿고 있다. 이 위치는 대상, 말하자면 소대상의 위치이다. 두 번째 형태인 상실된 원인은 인정하고 받아들이는 이의 방식이다. 그들은 대타자가 거짓이고 엉망이며 존재하지 않는다는 것을 알고 있다. 그럼에도 불구하고 죽을 때까지 자신을 그의 이미지에 부착시키고 헌신한다.

이 두 번째 형태를 지적하면서 라깡은 정신분석의 윤리를 체화하고 있는 안티고네의 나르시시즘을 고찰한다. 세미나 『다시 한 번』의 104쪽에서 이 주제가 울려 나온다—이 부분을 자세히 다룰 시간이 부족하므로 요점만 간추리겠다. 이 대목에서 라깡은 한 번 더 불교를 언급하고 주이상스와 앎의 관계를 다룬다. 이 부분은 자세히 다루진 않겠다.

내가 지금 시작하려고 하는 이 신속하면서도 잘 절합된 여정에서 남근적 주이상스와, 형태가 갖춰지고 있는 대타자의 주이상스 사이의 연결점을 볼 수 있다. 「주체의 전복」의 마지막 부분은 이미 거세의 각도에서 본, 남근적 주이상스와 대타자의 주이상스 사이의 변증법에 근거하고 있다. 일정한 한계선에 일자가 있다. 우리에게 제시된 것은 특별하세 현존하며 무세를 갖춘 대타자의 형상이기 때문이다. 내타자의 의도는 어쨌든 좋지 않다. 이 도식의 접근법을 통해서 욕망의 법은 거부와 뿌리근절과 희생을 통과해 간다. 여기에 우리는 즐겁게 동의하거나 거부할 수 있다. 하지만 이 법은 특히 공포감을 일으키며 요구하는 잔인한 대타자의 이미지를 세워 놓는다.

이런 형상은 세미나『다시 한 번』에서는 완전히 부재한다. 이 병리학, 혹은 대타자를 이런 식으로 낭만화하는 것에 대해 아무 의심이 없다. 대타자는 남근적 주이상스와 대타자의 주이상스를 절합하기 위해서 널리 퍼져있다.

만일 이 세미나에 내가 낭만주의라고 부른 것이 있다면 그것은 남근적 주이상스와 대타자의 주이상스가 맺은 관계의 정점이 거세이기 때문이다. 라깡이 이 연결성을 제공할 때는 의사소통의 목적은 전혀 없으며, 이런 맥락에 첨가된 이미 전혀 다른 기능을 한다. 하지만 거세를 중심으로 삼는 순간에 시작되어 뒤에 이어지는 것은 주이상스에 대한 끔찍한 담론이라고 말할 수 있다. 이 담론은 무시무시하다. 그리고 그곳에는 듣기 위해 만들어진 커다란 기관들이 있다. 이 점은『다시 한 번』의 자발적 측면과는 대조적이다. 여기서는 이 끔찍한 형상을 전혀 만나지 못한다. 반대로 세미나『다시 한 번』에는 신의 문제, 즉 여성의 주이상스와 관련된 신의 문제가 있다. 이 신은 단테의 베아트리체 형상이 제시하는 것과 밀접하며 나중에는 바로크식 걸작을 통해 환기되는 이미지다. 이 드라마 전체는 완전히 사라지고 남근적 주이상스와 대타자의 주이상스 사이의 연결점은 완전히 다른 키로 연주된다.

한편 라깡이 이 모든 극적인 성격을 상실해버린 거세를 일반화했다고 말해야 한다. 이에 반해 몸의 언어 등과 같은 효과들 탓에 주이상스가 상실되는 차원에서 거세는 복구된다. 따라서 우리를 완전히 손에 넣을 거세의 작동인을 출현시켜서 꼿꼿하게 세워 줄 필요는 없다.「주체의 전복」의 마지막 페이지에서 제시된 드라마에는 주체에 의해 살게 될 만한 극적인 의미의 어떤 것이 있다. 그러나 이런 일이 일어나게 되고 궁극적으로 피분석가의 차원에서 합법적일 그 모든 끔찍한 현상학의 울림을 즉각적으로 만들어야할 의무는 이론상 없다.『다시 한 번』에서는 더 이상 거세의 작동인이라는 형상이 필요없으며 거세의 위치는 겉으로 보이는대로 주어진다. 거세는 상실로부터 시작된다. 주이상스의 상실에서 시작하는 거세는 극적인 형상이 아니다. 마치 거세를 동반한 대타자의 형상이 필요한 듯이 보인다. 이 형상은 실재에서 거세와 함께하며 여기엔 중력의 보편적 법칙 외에는 어떤 드라마도 없다. 성관계가 없다고 말하는 바로 그 순간, 거세를 말하는 것이 아니다. 성관계란 없다는 공식은 같은 내용을 더 건전하고 조용한 방식으로 말한다. 또 어떤 지점에서는 그것을 과학의 매혹으로 다루기 위해서 채택하려 시도한다.

사랑 역시 형상이다. 분명히 더 행복한 형상으로 대타자와의 관계를 체화하기 위해 도입된다.

무엇이 대타자와의 이런 관계를 좀 더 기본적인 방식으로 재현하는가? 우리는 이 관계를 잘 이해할 수가 없다. 우리는 바보가 아니다.

우리는 조직하고 종합한다. 라깡이 조용히 남근적 주이상스를 도입하고 재정립하는 순간 이 대타자와의 관계를 실현하는 것은 무엇인가? 내 생각에는 라깡에게 중요해져버린 담론의 개념이다. 이 사실로부터 호출되어 담론의 개념은 자아의 차원, 그 곡선모양의 차원을 격리시킨다. 그리고 성관계란 없다—이것 때문에 우리는 대타자로부터 성적 차원을 분리시킨다. 하지만 대신 담론이 있고 이 담론에서 대타자 안에서 통제되는 관계들이 있다. 담론이 있다는 것은 본질적이다. 이것이 라깡이 주체를 늘 그의 주이상스에 고립시키면서까지 이 개념을 가져오는 이유다. 주체는 고립되는 동시에 담론의 개념에 의해서 보상받게 된다. 특히 관계의 파괴, 즉 관계의 붕괴에서—내가 이미 신속하게 지적했던 것으로—기표와 기의의 탈골이 일어날 때까지 진행되는 것이 중요하다.

"성관계란 없다"라고 말할 때 라깡은 그것을 말할 뿐 아니라 의사소통의 도식을 팽개쳐 버린다. 그는 **어떤 대화도 없다**고 말한다. 따라서 그를 이해하기가 다소 어렵다.

어떤 대화도 없다. 그 말은 성관계란 없다는 것의 토대에 기표와 기의의 관계란 없다는 의미다. 라깡이 그 전까지 지적해오던 모든 것들은—그와 반대로—기표와 기의의 관계를 세우려는 노력의 일환이었다. 그는 심지어 이 관계를 가졌고, 두 가지 주요한 기표와 기의의 관계의 형태들과 규칙들, 즉 비유와 환유를 따로 분리시켰다고 생각했다. 내가 기억하는 바로는 라깡은—항상 함수의 형태로—기의가 기표의 함수라고 썼다. 특정한 기의에서 기표들의 일정한 절합이었다.

$$f(S) \longrightarrow s$$

하지만『다시 한 번』세미나는 이와 반대로 내가 기표와 기의 사이에 위에서 그려 넣었던 그 유명한 벽을 세운다.

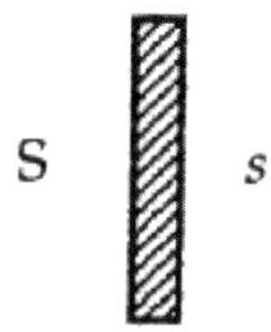

이 벽은 단순히 — 소쉬르가 말했듯이 — 기표의 임의성이 아니다. 그것은 기표의 관계에 기의가 의존하는 것이다.

그래서 라깡은 세미나『다시 한 번』의 34쪽에서 "기의는 듣는 귀와는 아무 관련이 없다 — 그것은 우리가 듣는 기표와 아무 관련이 없다. 오직 읽기만 관련이 있다"라고 말한다. 그는 의미론적 무관계를 성관계 옆에 둔다. 의미론적 관계는 없다. 그는 처음부터 이 독해의 개념을 약속한다. 이것은 해석의 근본적 형태이다. 즉 그것이 무엇을 의미하는지는 중요하지 않다. 기표에 제공하는 읽기를 제한할 수 있는 유일한 것은 우리가 언급하는 담론이다. 우리를 대타자와 만나게 해주는 것은 관계이며 나를 하나의 독해에서 다른 독해를 향해서 이끌고 설립하는 것은 바로 관계이다.

기표와 기의 사이에는 매우 근본적인 벽이 남아있다. 기표가 무엇을 의미하는지는 중요하지 않다. 라깡은 필요할 때마다 이에 관한 이론을 발전시킨다.

의미론에서의 이 절대적 고독함에 유일하게 질서를 부여해준 것은 사회적 연결성, 혹은 담론에서 만들어진 주이상스의 고독과 평행을 이룬다.

만일 사회적 연결성으로부터 분리된다면 이는 대타자와의 전형적인 관계의 유형화 외에 아무것도 아니며 이때 기표와 기의의 관계—비유와 환유의 기계적 차원에서는 완전하게 설립될 수 없다—는 라깡이 담론이라고 불렀던, 전형적 관계로서의 대타자와 맺는 관계를 참조함으로써 설립될 수 있을 뿐이다. 이것이 주이상스의 고립, 즉 기의의 독립성이 동시발생적인 이유이다. 이것만이 사회적 연관성에의 요구를 급진화 한다. 즉 대타자와의 관계의 전형적 형태들을 요구하게 된다. 라깡은 세미나『다시 한 번』의 51쪽에서 다음과 같이 놀라운 방식으로 말하게 된다. "오직 이 사회적 연결성만이 있다." 이 사회적 연결성에서 자신을 재발견할 어떤 기회도 없다. 이런 이유로 라깡의 학생들 중 일부가 비동일성 혹은 비동일성으로서의 정신분석의 높이에 대해서 뛰어난 성취를 이룩한 이유이다. 이런 관점에서는 다소 위험해 보이겠지만 반대로 오직 전형적인 사회적 연관성에 의해서만 독해가 가능하고 해석도 가능해지며, 대화거부에 제한을 가할 수 있는 기회를 갖게 된다. 사회적 연결망에 의해서 기의는 최종적으로 동일한 의미를 유지할 수 있다. 언어는 습관으로부터 의미를 갖는다.

오늘은 이걸로 충분하다. 습관처럼 우리는 다음 시간에 돌아올 것이다.

(영역: 커스틴 스톨트)

주

1 밀러의 강연 *L'orientation lacanienne* 1995-1996년 중 1996년 2월 14일에 했던 아홉 번째 강연. 프랑스어 원본은 *Quarto: Revue de L'Ecole de la cause freudienne- ACF en Belgique* (vol.60, 1999년 7월)에 수록되었다.
2 일, 작업, 걸작 등을 의미하는 용어로 불어의 l'oeuvre와 함께 영어표현 work가 영어 번역본으로 사용되었다(역주).
3 밀러의 원문에 영어로 표기되어있다. 브레이크다운이란 고장이 나서 작동이 불가능하거나 시스템에 발생한 오류 또는 신경증에서의 발작을 의미하는 말이다(역주).
4 주체의 욕망 그래프를 의미한다. 이 책 43쪽에 수록되어 있다(역주).
5 1973년 파리프로이트학파의 저널 *Scilicet*에 실린 라깡의 유명한 논문으로 '성관계는 없다'는 라깡주의 성 구성을 제시한 난해하기 이를 데 없는 글로 알려져 있다(역주).
6 라깡의 이론에서 남성과 여성을 개념화하는 방식이다. 기존의 생식기를 기준으로 한 성구분에서 출발하지만 단지 생물학적 기관의 유무로 귀착되는 것이 아니라, 있고 없음의 양 측이 팰러스에 대해 상실의 두려움과 선망의 방식으로 각각 구성되며 둘 다 팰러스를 얻는데 '실패'한다는 의미로 성적화된 주체이다(역주).
7 이 대목에 한 문장이 빠져있다.
8 영어원문에서 고독을 solitary라는 단어로 사용한 것과 운율에 맞추어 연대를 의미하는 solidary가 사용되었다(역주).
9 이 대목에 한 문장이 빠져있다.
10 미국 남부출신 작가 카슨 맥컬러스의 장편소설(역주).
11 앞 주 4에서 언급한 욕망의 그래프를 의미한다(역주).
12 desiderato는 이탈리아어로 절실한 요구와 기대, 열망을 뜻한다(역주).
13 프랑스어로 '글로 쓴' 것이라는 의미에서 라깡이 쓴 논문을 의미한다(역주).
14 '감정'과 '장인'을 의미하는 단어를 합성에서 만든 표현이다(역주).

필자 및 역자 소개

조운 콥젝

무의식의 저널 『엄브라』를 뉴욕주립대(버펄로) 재직 당시 정신분석문화센터에서 대학원생 편집위원을 조직해서 출간했다. 정신분석 영화이론 전문가로 지젝과 라끌라우 등 유럽의 정신분석이론가들을 미국학계에 소개했다. 저서로 『내 욕망을 읽어봐』, 『여자가 없다고 상상해봐』가 있다. 현 미국 브라운대 현대문화와 미디어학과 교수.

슬라보예 지젝

정신분석이론가이며 철학가로 슬로베니아 류블랴나 대학교 사회연구소 선임연구원이다. 다수의 정신분석 철학, 문화비평이론서를 출간했다.

자크 알랭 밀러

정신분석가이고 자크 라깡의 세미나를 책임편집 하고 있다.

자크 데리다

대표적인 해체주의 철학자로 2004년 작고했다.

다니엘 콜린스

정신분석 비평가로 뉴욕주립대(버펄로)에서 영문학을 전공했고 무의식의 저널 『엄브라』의 편집자로 수년 간 활동했다.

레나타 살레츨

슬로베니아 출신 철학자, 사회학자이며 법이론가. 류블랴나 대학 법학교수이며 동 대학 범죄학연구소 수석연구원. 런던대학교 버크벡 칼리지 교수직도 겸함. 대표저서 『불안들』(2015), 『선택이라는 이데올로기』가 한국어로 번역 소개되었고 그 외 편역서에 다수의 논문이 번역 수록되어 출간되었다.

엘리 래그랜드

정신분석과 비평이론가로 미국 미주리 대학교 영문학과 명예교수. 현재 라깡정신분석 전문학술지 『리턴』 편집자이다.

줄리엣 플라우어 맥캐넬

정신분석이론가로 미국 캘리포니아 대학(어바인) 영문과 명예교수.

데이비드 멧츠거

올드도미니언 대학 영문과 교수로 유대교연구와 수사학을 전공했다. 정신분석에 관한 다수의 논문을 발표했다.

제임스 클로고스키

뉴욕주 버펄로의 심리치료사로 뉴욕주립대 정신의학과 교수를 역임했다. 정신분석과 문학이론에 관한 다수의 논문을 발표했다.

브루스 핑크

미국 듀케인 대학 교수이며 정신분석가이다. 대표 저서 『라깡의 주체』가 한국어로 번역되었다.

찰스 쉐퍼드슨

정신분석 이론가로 미국 뉴욕주립대(알바니) 영문과 교수이다. 대표 저서로 『바이탈 싸인: 정신분석에서 자연과 문화』가 있다.

러셀 그리그

정신분석가로, 호주 정신분석문화센터 회원이다. 저널 엄브라 『나의 타자』에 논문이 수록되어있다.

스튜어트 슈나이더만

정신분석가로 활동했고 정신분석이론가로 국제적 명성을 얻었다. 그의 저서 『자크 라깡: 지적 영웅의 죽음』은 세계 각지로 번역 소개되었다.

제인 말모

변호사이고 법학교수를 역임하다 르네상스문학과 정신분석이론을 공부했다. 법과 정의, 문학을 연구하면서 정신분석이론을 접목시켰다. 현재 뉴욕 대에서 강의를 하고 있다.

라울 몬카요

캘리포니아의 버클리에 있는 정신분석라깡학파의 수석분석가이며 다수 대학에서 강의를 했고 최근 저서로는 『셀 수 없는 숫자들의 실재적 주이상스』(2016;공저)가 있다.

로버트 사무엘즈

미국 캘리포니아 대학(샌디에이고) 교수로 최근 저서로는 『도널드 트럼프 이후 좌우파를 정신분석하다』(2016)가 있다.

장-프랑수아 리오타르

대표적인 포스트모던 철학가로 저서 『포스트모던의 조건』으로 알려졌고 1998년 작고했다.

역자 강수영

문학연구가, 전문번역가, 강사.

2007년부터 무의식의 저널 『엄브라』 번역프로젝트를 진행하고 있으며 최근 역서로 『프랑크푸르트학파의 삶과 죽음-21세기 비판이론』(스튜어트 제프리스)이 있다.

충동의 몽타주 : 충동에 관한 18개의 텍스트
– 자크 라깡의 충동이론

발행일 1쇄 2019년 11월 30일
2쇄 2020년 5월 20일
지은이 슬라보예 지젝/자크 데리다 외
옮긴이 강수영
펴낸이 여국동

펴낸곳 도서출판 인간사랑
출판등록 1983. 1. 26. 제일 – 3호
주소 경기도 고양시 일산동구 백석로 108번길 60 – 5 2층
물류센타 경기도 고양시 일산동구 문원길 13 – 34(문봉동)
전화 031)901 – 8144(대표) | 031)907 – 2003(영업부)
팩스 031)905 – 5815
전자우편 igsr@naver.com
페이스북 http://www.facebook.com/igsrpub
블로그 http://blog.naver.com/igsr
인쇄 하정인쇄 **출력** 현대미디어 **종이** 세원지업사

ISBN 978 – 89 – 7418 – 592 – 3 93100

* 책값은 뒤표지에 있습니다. * 잘못된 책은 바꿔드립니다.

이 도서의 국립중앙도서관 출판시도서목록(CIP)은 서지정보유통지원시스템 홈페이지(http://seoji.nl.go.kr)와 국가자료공동목록시스템(http://www.nl.go.kr/kolisnet)에서 이용하실 수 있습니다.(CIP제어번호: CIP2019046016)